¿Hasta Cuándo, Señor?

FRANK GONZÁLEZ

ISBN: 979-8-9910359-1-0

CONTENIDO

INTRODUCCIÓN

Una canción popular pregunta: "¿De qué sirve la vida, si a un poco de alegría, le sigue un gran dolor?" Lo que da lugar a otras preguntas, tales como: ¿De qué sirve el dolor? ¿Qué de bueno tiene? Y si admitimos que, con desconcertante frecuencia, "a un poco de alegría, le sigue un gran dolor", ¿qué –si saber se puede– le sigue a "un gran dolor"?

Nosotros los seres humanos solemos juzgar las cosas, ora *buenas*, ora *malas*, de acuerdo a cómo nos afectan en el instante que ocurren, y, por la estela de complicaciones sicosociales y dudosas dichas que éstas presentan. Y si se trata de aquellos durísimos encuentros del alma con el sufrimiento, entonces no debe sorprender que el dolor ponga la razón y la paciencia y hasta la fe, en un hilo quebradizo.

El dramaturgo irlandés George Bernard Shaw decía que hay que ser "una fuerza de la naturaleza, en vez de un montoncito agitado y egoísta de achaques físicos y de motivos de queja". La recordada copla del poeta español Manuel Machado le añade al buen consejo, poesía: "Yo voy de penita en pena como el agua por el monte saltando de peña en peña".

Sí, tarde o temprano, el dolor golpea la puerta de todo corazón humano.

¿Qué hacer cuando nos visita?

Decía Maeterlinck: "Se sufre menos del dolor mismo que de la manera cómo se lo acepta". Pero, ¿cómo aceptarlo? ¿Por qué aceptarlo? ¿Tiene algo que decirnos?

El autor

1 ¿HASTA CUANDO, DIOS MÍO?

Es el grito más agónico del ser humano. Algunos lo exteriorizan, otros, no se atreven. Pero el lastimoso clamor se deja ver en la actitud, en el pavoroso vacío que hay en sus vidas.

¿El grito?: *¿Hasta cuándo, Dios mío?*

Muchas veces el hombre es tentado a pensar que Dios lo tiene olvidado, especialmente cuando sus dificultades o sufrimientos resultan intensos y prolongados. Como fuera de sí, David, aquel rey escogido y ungido por la Providencia, levanta la clamoreada: *¿Hasta cuándo, Señor? ¿Me olvidarás para siempre? ¿Hasta cuándo esconderás tu rostro de mí?* (Salmo 13:1).

Tarde o temprano la fe de *todo* creyente se somete al crisol. Llega el diluvio de tristezas que encierra al sufriente dentro de un arca de angustias, cuya puerta pareciera haber sido cerrada con cerrojos de acero impuestos por el propio Dios.

Pensemos, por ejemplo, en las sentidas palabras que brotaron de los labios del más grande de todos los profetas. Juan el Bautista se hallaba a la sazón encerrado en una obscura prisión, lejos de la obra que amaba, cuando le dirige a Jesús la lamentable misiva: *¿Eres tú el que había de venir, o esperaremos a otro?* (San Lucas 7:19). Sí, Juan había oído la voz que proclamaba: **"Este es mi Hijo amado..."** (San Mateo 3:17), pero al mismo tiempo veía su propia obra obstaculizada. Habían desaparecido para él las grandes y

1

atentas multitudes, sustituidas ahora por interminables horas de prisión. ¿Dónde estaba la obra de purificación violenta que él esperaba que realizara el Mesías? ¿Dónde estaba el fuego consumidor? ¿Cómo podría ese humilde y cordial Amigo de los pecadores cumplir las profecías justicieras de la Sagrada Escritura? La fe del Bautista fue sometida a una terrible prueba de fuego. Pero triunfó, a Dios gracias.

En el caso de Noé y su familia, allá en las agitadas aguas del diluvio, los días de espera resultaban tan largos como escalofriantes. Y, sin duda, Noé, mal que le pesara, no podía sino albergar cierta preocupación por la situación en que se encontraban él y su familia. ¿Había cumplido a cabalidad las instrucciones del Altísimo al construir su arca salvadora, o había incurrido él en algún defecto de ingeniería o fabricación? Como si aquella inquietud fuera poco, una mayor lo sacudía más acá de los sacudones de viento, trueno y marea: Noé temía que Dios, que aborrecía el pecado hasta el punto de enviar un diluvio para destruirlo, estuviera a punto de apartar su faz del hombre para siempre. Hubiera resultado natural para el famoso constructor, como para nosotros hoy, dar voz al clamor del Salmo 77:9: *¿Ha olvidado Dios el tener misericordia? ¿Ha encerrado con ira sus piedades?* Pero Dios no había olvidado a Noé, ni a la preciosa carga que contenía el arca. En Génesis 8:1 se nos dice: *Y se acordó Dios de Noé...* Estas palabras no implican que Dios hubiese caído en el olvido. Se trata de una manera de expresar que Dios estaba por actualizar la promesa que había hecho al patriarca. No, Dios no olvidó a Noé. Tampoco nos olvidará a nosotros.

¿Dónde está Dios?

Su presencia se manifiesta en todo lo que nos rodea. Decía Isaac Newton: "Puedo tomar el telescopio y penetrar millones y millones de millas en el espacio, pero puedo dejarlo e ir a mi cuarto, cerrar la puerta, arrodillarme en oración ferviente y divisar así más del cielo y acercarme más a Dios que cuanto lograría con todos los telescopios e instrumentos materiales de esta tierra". Federico Herschell, uno de los más grandes astrónomos alemanes, afirmó: "Todos los descubrimientos humanos parecen haber sido hechos solamente con el propósito de confirmar cada vez más las verdades contenidas en las Sagradas Escrituras". El gran biólogo y químico francés, Luis

Pasteur, empleó lengua y pluma para consagrar estas palabras extraordinarias: "Algún día la posteridad se reirá de la moderna filosofía materialista. Cuánto más estudio la naturaleza, tanto más me asombro de las obras del Creador. Oro mientras trabajo en el laboratorio".

Dios está en el aire que nos rodea y que respiramos. Si la composición química de ese aire se alterara en lo más mínimo, la vida desaparecería de inmediato, y, con ella, nosotros. Pero la fórmula del aire no la calculó la mano humana; ningún laboratorio de la tierra sería capaz de producirla; la creó y la estableció el Autor de la vida.

El Creador está también en el río que baja de las laderas de las montañas, y que es claro y cristalino, o turbio y cargado de limo según por donde pase, y, que llega al mar para fundirse con él. Dios está en el agua que bajo la acción del calor se evapora y se encarama sobre el viento para que, convertido en nubes, se remonte hasta allí donde el aire desata las nubes y las derrite y las resuelve en lluvia deseada.

Dios está en la planta, milagro maravilloso y perpetuo. Brota de una semilla que encierra la vida, y que con timidez se asoma sobre la superficie de la tierra, conque según su naturaleza, a las pocas semanas puede haber alcanzado el estado de adulta, ora para darse en una profusión de flores que son todo color y perfume, ora para crecer lentamente a través de muchos años, hasta llegar a adquirir la estatura y la fortaleza del roble o la secoya.

Ocurre, aunque felizmente no muy a menudo, que una madre, indigna de ese nombre, escoge sepultar en olvido la memoria de sus hijos, extrayéndolos para siempre de sus afectos. Nunca así con Dios y sus hijos. Las palabras de Isaías 49:14-16 nos aseguran que los hijos de Dios, tú y yo, lector amable, vivimos perpetuamente en la memoria y en los afectos de nuestro Padre celestial: *Pero Sion dijo: Me dejó Jehová, y el Señor se olvidó de mí. ¿Se olvidará la mujer de lo que dio a luz, para dejar de compadecerse del hijo de su vientre? Aunque olvide ella, yo nunca me olvidaré de ti. He aquí en las palmas de mis manos te tengo esculpida; delante de mí están siempre tus muros.*

Vale repetirlo: Dios nunca olvidará a sus hijos. Se acordará de ti y de mí en toda hora de necesidad. ¿Olvidó a Abrahán cuando las ciudades de Sodoma y Gomorra estaban a punto de ser destruidas? Dice la Escritura: *Así, cuando destruyó Dios las ciudades de la llanura, Dios se acordó de Abraham, y envió fuera a Lot de en medio de la destrucción, al asolar las ciudades donde Lot estaba* (Génesis 19:29).

Dios recordó la promesa hecha a Abraham de que no destruiría a los justos junto con los pecadores y, por lo tanto, salvó a Lot, sobrino del anterior. No olvidó a Raquel, madre de José, ni a Ana, madre de Samuel. No olvidó a Daniel, ni a sus tres compañeros. No olvidó a Elías, ni a la viuda que le preparó sustento: la tinaja de la viuda jamás conoció vacío. No olvidó a Jeremías, ni a Ezequiel. No olvidó a su Hijo en las riberas del Jordán, ni al apóstol San Pedro en la prisión de Herodes, ni a San Juan en su destierro en la isla de Patmos.

La Palabra de Dios enseña que nuestros días serían parecidos a los días en que vivió Noé. Dice que *como los días de Noé... así será también la venida del Hijo del Hombre* (véase San Mateo 24:37-39). Y en aquella obscura hora de la humanidad, Dios no perdió de vista a Noé. Lo preservó para un mundo nuevo. Y en la hora presente el Creador tampoco olvidará a los suyos; hará que lleguen salvos a la tierra renovada, el nuevo mundo por excelencia. El arca protegió a Noé de la destrucción, y, en los días finales, los cristianos podrán decir con el salmista: *Porque Él me esconderá en su tabernáculo en el día del mal; me ocultará en lo reservado de su morada; sobre una roca me pondrá en alto* (Salmo 27:5).

Una escritora muy sabia y conocedora de las promesas animadoras del Buen Libro, asevera que "gloriosa será la liberación de los que han esperado pacientemente y cuyos nombres están escritos en el libro de la vida" (El Conflicto de los Siglos, página 602).

Los nombres de todos aquellos que aman a Dios están escritos donde nada ni nadie puede borrarlos. Escribió el profeta Malaquías: *Entonces los que temían a Jehová hablaron cada uno a su compañero; y Jehová escuchó y oyó, y fue escrito libro de memoria delante de él para los que temen a Jehová, y para los que piensan en su nombre. Y serán para mí especial tesoro, ha dicho Jehová de los ejércitos, en el día en que yo actúe; y los perdonaré, como el hombre que perdona a su hijo que le sirve* (Malaquías 3:16,17).

Amiga, amigo que lees, ¿No deseas hallarte entre aquellos a quienes Dios recuerda? ¿No deseas que tu nombre figure en el libro de la vida? Pon tu confianza en el Señor, y Él no te abandonará jamás. Y no desmayes nunca, ni aún en la aflicción, pues Dios cuidará de ti con solícita y cuidadosa diligencia.

"¡Pastor González, ayúdeme, soy terrorista!" El inesperado pedido salía de los labios de un apuesto joven colombiano, cuya impecable indumentaria y ojos inteligentes no daban el menor indicio del nefasto oficio que éste decía ejercer. Era él uno de los casi ocho mil concurrentes que se dieron cita cada noche en un estadio de Bucaramanga, Colombia, para escuchar las conferencias de *La Voz de la Esperanza*.

Habiendo respondido al llamado esa noche de seguir a Jesús, el mencionado joven se hallaba ahora lo suficientemente cerca de la plataforma como para que su grito de angustia llegara a oídos del orador.

Confieso que lo sometí a una mirada probativa. La palabra "terrorista" no inspira confianza, ¿no le parece? ¿Estaría armado el joven? ¿Qué propósito lo traía a la reunión? Pensé en el pelotón de soldados que merodeaban por los predios cada noche, ¿dónde estaban ahora?

En verdad no había motivo para preocuparse. Este joven estaba abriendo su corazón. El Espíritu Santo lo había alcanzado; un rayito de luz empezaba a parpadear en aquella alma habituada a las tinieblas.

Entonces me incliné para verlo mejor y para prodigarle toda mi atención. Tuvimos una conversación relámpago (la multitud lo apretujaba, y, en mi caso, los agentes de seguridad exigían el éxodo rápido de rigor). Pero, no olvide el lector que en menos de un abrir y cerrar de ojos Dios puede salvar cualquier alma hundida en el pecado. ¿Acaso no salvó Jesús a Pedro en el preciso instante cuando éste se perdía en las olas?

El diálogo con aquel joven prosiguió así:

__Dígame qué debo hacer.

__ ¡Deja esa vida, hay algo mejor para ti!

__Pero, ¿cómo? (¡Qué angustia vieja se retrataba en ese joven rostro!)

Ya me jalaban los guardias, urgiendo mi salida y alejándome de él. Tuve que gritar la respuesta a todo pulmón.

___ ¡Jesucristo, Jesucristo! ¡Aférrate a Él!

A partir de esa noche, no podía predicar sin que inconscientemente mis ojos recorrieran minuciosamente la vasta concurrencia queriéndolo ubicar.

Felizmente, llegó la noche en la que el joven me buscaría nuevamente. Había expectativa en mi corazón, ¿qué me habría de decir? ¿Sería positivo? La respuesta no se hizo tardar. La verdad es que ya la delataba su rostro. Me dijo: "Pastor, quiero que me bautice, he decidido seguir a Jesús hasta las últimas consecuencias".

Nos fundimos en un prolongado abrazo. Había solemnidad en nuestro gozo. Supimos que Dios había obrado el milagro. ¡Qué poderoso Salvador es Cristo Jesús!

Jesucristo no nos ha abandonado. Antes de ascender a los cielos, después de su gloriosa resurrección, prometió acompañar a sus seguidores hasta el fin del mundo. "No se turbe vuestro corazón", dijo el Señor, "creed en Mí".

Existe otro motivo, otra razón poderosa para tener valor y confianza en esta hora de confusión y desconcierto, se encuentra en estas palabras de Jesús: *Y si me fuere, y os preparare lugar, vendré otra vez, y os tomaré a mí mismo, para que donde yo estoy, vosotros también estéis.* He aquí la gran promesa, la sublime enseñanza, la suprema esperanza que resplandece como un hilo de oro a través de todas las Sagradas Escrituras. Es la bienaventurada esperanza en el regreso glorioso del Señor. El cristiano contempla el futuro enmarcado en estas palabras insustituibles de Jesús: "Vendré otra vez".

No permitamos que en estos tiempos difíciles se turbe nuestro corazón. Creamos en Dios y en su Hijo Jesucristo. Creamos que el Señor está preparando un lugar para nosotros en el cielo desde el cual muy pronto volverá a esta tierra para consumar así el triunfo del bien. Digamos, pues, con el poeta:

¡Mirad, mirad, ya viene el Rey de gloria
en medio de su corte angelical;
proclamad su inminente advenimiento
en su himno triunfal!
En fe y en gracia el santo pueblo aguarda

al victorioso Mártir de la cruz.
¡Desciende y ven, que ansiosos te esperamos!
¡Oh, ven, Señor Jesús!

"Cristo Viene" (fragmento), de Julio Macías Flores

2 CUANDO EL DOLOR LLAMA A TU PUERTA

Muchos son los que sufren, lloran y se preguntan, "¿Por qué yo?" Y no entienden que la respuesta raramente está a la vuelta de la esquina, y que, con frecuencia, se hace esperar. No obstante, hay en el dolor una razón, un propósito, acaso una lección que necesitamos aprender y hasta una bendición que no recibiríamos de ningún otro modo. Decía Calderón de la Barca: "Callemos en nuestras penas, y oigamos la de los otros".

Leola Mae Harmon –una joven y atractiva enfermera de las Fuerzas Aéreas de su país– iba rumbo al hospital de su empleo cuando fue embestida por un camión de remolque. Como consecuencia del accidente, perdería su bebé, sufriría graves heridas, y quedaría con la cara totalmente desfigurada. Cuando su esposo la visita en el hospital, queda tan horrorizado, que no puede habitar la idea de convivir junto a aquel reducto monstruoso de la esposa antigua. El divorcio no se hizo tardar.

"Casi sin tener siquiera la certeza de que viviría –cuenta Leola– comencé a preguntarme si el sobrevivir tendría sentido. Amargada, culpaba a la suerte e insistía en recibir respuesta a mi pregunta: '¿Por qué yo, Dios mío? ¿Por qué yo?'"

A la sazón, no estaba ella preparada para entender que ya estaba recibiendo la respuesta. Pero lo comprendería más tarde. Tras varios años de implacable sufrimiento, y después de 45 operaciones, su rostro recobraba su belleza perdida. Su valor, su fe y su esperanza fueron fortalecidos y fortalecedores. Y al fin, pudo no sólo reintegrarse a su profesión en una dimensión aún más profunda de humanidad, sino que conoció el amor de un hombre que la aceptó y la amó tal como ella era. Aquel hombre resultó ser el mismísimo cirujano que meticulosamente había reconstruido su rostro y en gran medida su alegría. "Todos los días –decía Leola– doy gracias a Dios por haber respondido a mi pregunta: '¿Por qué yo?'"

Tras la muerte de su esposa, el poeta español Antonio Machado escribía: "Ayer soñé que veía a Dios y que a Dios hablaba... Soñé a Dios como una fragua". Nada más exacto para identificar el propósito de su dolor. En la fragua, el herrero caldea los metales para seleccionar el que sirve, y desechar el que no sirve, a fin de forjar el que le es útil de acuerdo a sus planes. Y Dios hace lo mismo con nosotros. Por eso dice: *Te he purificado... te he escogido en horno de aflicción* (Isaías 48:10). Nunca nos aplica más fuego del que podemos soportar (1 Corintios 10:13). Sólo lo justo. Sólo lo necesario para hacernos *útiles para los usos del Señor* (2 Timoteo 2:21). No temamos el entrar en su "fragua". Pensemos más bien en el resultado final de su obra. Porque el Herrero divino lo asegura: *Yo sé los pensamientos que tengo acerca de vosotros, pensamientos de paz, y no de mal, para daros el fin que esperáis* (Jeremías 29:11).

Lokman –filósofo oriental– fue en su juventud esclavo de un amo muy bondadoso, que siempre lo trató como a un verdadero hijo. Un día, sin embargo, para probar la fidelidad del joven frente a unos amigos, el hombre le ordenó comer un melón amargo. El muchacho obedeció serenamente, sin evidenciar molestia alguna. Y todos quedaron sorprendidos. Entonces, el amo le preguntó: "¿Cómo has podido comer, tan resignado y sonriente, semejante fruto que causa náuseas a todo el mundo?" Y Lokman contestó: "Señor, he recibido tantos favores de vuestra alteza durante mi vida, que no es ninguna molestia comer una vez un melón amargo de vuestra mano". Conmovido por la respuesta, el amo de Lokman le otorgó su libertad.

Lo interesante de este hecho es que fue real, y que sigue siéndolo toda vez que enfrentamos la adversidad con una actitud positiva, aquella que levanta los ánimos para las acciones nobles.

Cuando nos dejamos vencer por la tristeza, y nos rebelamos, y protestamos, no sólo no resolvemos ni aminoramos el problema, sino que lo agravamos, pues ese revoleteo de emociones que nos permitimos gustar, y hasta saborear, produce indefectiblemente aquellos trastornos físicos que originan o aumentan enfermedades. En cambio, si mantenemos una actitud serena, controlada, y hasta optimista, nos veremos libres no sólo de los trastornos referidos, sino de una esclavitud peor: la de la ambición y la amargura desmedidas que impiden disfrutar tanto del placer presente como del futuro.

Hay aún otra razón para aceptar de buen grado los "melones amargos" que nos llegan, y esta es: la bondad total de nuestro Amo. Dice la Escritura: *Porque el Señor no desecha para siempre; antes, si aflige, también se compadece según la multitud de sus misericordias; porque no aflige ni entristece voluntariamente a los hijos de los hombres* (Lamentaciones 3:31-33). Esa es su promesa.

No hace mucho conocimos a una joven que tenía una pierna enyesada. Se trataba de una estudiante de enfermería, inteligente, expresiva y cordial, que ahora añadía a sus virtudes la de poder identificarse plena y decididamente con la gente que sufre. "Esta experiencia –decía– ha sido muy útil para ponerme 'del lado del paciente'. Hay enfermeras que actúan como si el enfermo no le doliera todo lo que le duele. Espero ser diferente".

Cuando los demás sufren –sea por enfermedad, por la pérdida de un ser querido, o por cualquier otro revés–, no siempre sabemos cómo ayudarlos. A menudo usamos expresiones que no consuelan para nada, como es el relatar nuestros propios problemas o el de los ajenos, olvidando que el dolor pasado no resuelve el dolor presente.

La actitud de la enfermera a que aludíamos nos resultó tan sencilla como reveladora. No tenía en mente fatigar a sus pacientes alargando pláticas ensimismadas sobre las peripecias que había vivido ella en torno a su pierna quebrada. Simplemente, se impuso la obligación de ser dulce, afable, solícita y decidida a prodigar a sus pacientes los más altos cuidados. Así los consolaría. Decía Nino Salvaneschi:

Si un día el dolor llama a tu puerta, no se la cierres ni se la atranques; ábresela de par en par, siéntalo en el sitial del huésped escogido, y, sobre todo, no grites ni te lamentes, porque tus gritos impedirían oír sus palabras, y el dolor siempre tiene algo que decirnos.

Oigamos lo que nos dice, pues cuando habla es como un manantial fresco de consuelo de cuyas aguas podemos no sólo beber, sino aun llenarnos como cántaros de un contento y gozo nunca vistos, capaces de saciar también la sed existencial de otros. Porque es Dios quien habla a través del dolor. Y nos da esperanza de que nuestro dolor es útil; que ha venido con sabias enseñanzas y futuras utilidades. Según Anatole France:

El dolor es lo que más educa a los hombres; es quien les ha enseñado las artes, la poesía, y la moral; es quien les ha inspirado el heroísmo y la compasión; es quien da precio a la vida y permite que se ofrezca en sacrificio; es quien, augusto y noble, puso infinito en el amor.
Anatole France, *Pedro Nozière*, *"Infancia"*, capítulo 2.

En el caso de Luis Braille, perder la vista significó darla, compartirla con miles de ojos invidentes. El asombroso método de lectura que creara, sus símbolos matemáticos y su código de anotación musical para ciegos, fue para él —y para muchísimos más— una verdadera bendición. Cuando su patria, Francia, agradecida le condecoraba por sus méritos, Braille humildemente declaró: "Me he permitido llorar tres veces en mi existencia; la primera vez, cuando perdí la vista; la segunda, cuando logré perfeccionar mi sistema de escritura; y por fin hoy, al saber que mi vida no ha sido un fracaso".

El novelista norteamericano Frank Crane decía: "El que se compadece de sí mismo, ya está vencido a medias". Si inevitablemente debemos sufrir alguna enfermedad o carencia, ¿por qué no asumir una actitud positiva? En vez de arrullarnos en tristes letanías o maldecir "nuestra suerte", podríamos encontrar en ésta, un medio de comprender y compensar el dolor ajeno, lo cual, automáticamente, mitigaría el propio.

El apóstol Pablo sabía sacar fruto de cada alegría y de cada tristeza. Decía: *He aprendido a contentarme cualquiera sea mi situación. Sé vivir humildemente, y sé tener abundancia; en todo y por todo estoy enseñado, así para estar saciado como para tener hambre, así para tener abundancia como para padecer necesidad. Todo lo puedo en Cristo que me fortalece* (Filipenses 4:11-13).

Bajo esta "fórmula", su dolor se trocaba en poder y bendición para los demás. Estaba seguro de cuál era su misión: sacar de cada noche oscura, la luz que consigo trae. Es sólo en el silencio de la noche que vemos la claridad de la luna. Es en la noche agónica del dolor y sus "lunas" que aprendemos a, *consolar a los que están en cualquier tribulación, por medio de la consolación con que nosotros somos consolados por Dios* (2 Corintios 1:4). En los momentos de desesperación nos puede parecer que estamos desamparados, de Dios abandonados. Alguien, no hace mucho, con profunda tristeza nos decía: "Dios se ha olvidado de mí".

Debiéramos aprender lo que sabe el águila, que apresa entre sus garras a su aguilucho, alza el vuelo, y luego, desde tremendas alturas, lo lanza al vacío. Cuando parece que éste va a estrellarse contra la roca, la madre, que lo ha seguido bien de cerca, lo alcanza y vuelve a agarrarlo, y, repite la operación tantas veces como sea necesario, para que su polluelo aprenda a volar. Si el aguilucho pudiera pensar, seguro que dudaría de semejante método de aprendizaje. Después de todo, un error de cálculo podría ser fatal. Pero no sabe dudar, no puede dudar.

Como el aguilucho, el ser humano también se siente a veces "desprendido", suelto, como... cayendo al vacío. Sólo que, a diferencia del ave, el hombre piensa y confía... o duda. Muchas veces, en los momentos de desesperación no encuentra razón para su caída. Ni ve ayuda. Más de una vez clama con angustia: "Dios mío, Dios mío, ¿por qué me has desamparado?" Sin embargo, ahí, en el lugar y en el instante agónico preciso, absolutamente infalible, está Dios. La Escritura dice: *Sostiene el Señor a todos los que caen, y levanta a todos los oprimidos* (Salmo 145:14).

Es particularmente significativo que el versículo citado dice "todos" y no "algunos". Dios nos ama a todos. El abandono que sentimos es sólo aparente. Como el águila, Dios está con el ojo atento y la actitud alerta. Sí, vale la pena repetirlo: ¡Dios está ahí!

3 CUANDO DUELE EL ALMA Y PESA EL CORAZÓN

Quizá la crisis más dolorosa dable sea la pérdida de algo o alguien muy querido. Si a usted le ha tocado ver con sus propios ojos y tocar con sus mismas manos ese peor de todos los infiernos, seguramente ha de recordar la profunda sensación de vacío interior que experimentó entonces, como si la tierra estuviera al punto de tragárselo. Perdió el color y el apetito, le faltó el aliento, se le atravesó un nudo en la garganta, y la sonrisa usual huyó de sus labios; ni siquiera podía caminar con su agilidad habitual. En su corazón sentía como si hubiera llegado para usted, el fin del mundo.

Muchas personas que sufren una pérdida irreparable se hunden en una profunda depresión que les impide un desempeño normal, tanto en el trabajo, como en la vida social y familiar. Otras se sienten tentadas a contemplar el suicidio como una posible salida.

Una de las consecuencias más tristes es que la persona que se deja arrastrar por la depresión se convierte, sin saberlo, en una carga. A nadie le gusta la compañía de un individuo cargoso y lastimero que vive rodeado de una nube negra de sentimientos negativos y de autocompasión (aquello de "pobrecito yo"). Entonces las relaciones más estrechas de amistad y cariño, aun entre familiares queridos, se enfrían, y los demás lo evitan como si se tratara de un leproso. En vez de obtener el apoyo de los más cercanos, el sufriente pierde esta importante fuente de estabilidad y simpatía, precisamente cuando más la necesita. De este modo, la persona que se deja transmutar así por el sufrimiento, agrava su depresión al rodearse de, y hundirse en, y arrinconarse por, los síntomas de su aflicción.

En vista de lo dicho, ¿qué debe hacerse? ¿Habrá que tragarse las lágrimas, y aparentar una alegría artificial que no se siente y que tampoco convence a nadie?

No, nada aprovecha recurrir a medidas artificiales ni a la hipocresía para aliviar las cargas legítimas que la tristeza trae consigo. Hay alivio al alcance de todo aquel que sufre. Y para ayudarle a encontrarlo, le ofrecemos *trece pasos* sencillos, pero eficaces, con que derribar por el suelo las banderas de la depresión, romper con todas las dificultades que la acompañan, y salir de ellas "más que vencedores".

1. **Acuda a Dios.** En primer lugar, conviene recordar que Dios no ha muerto. Por el contrario, es nuestro mejor Amigo. Dice el Señor, en el libro del profeta Jeremías: *Yo sé los pensamientos que tengo acerca de vosotros . . . pensamientos de paz y no de mal, para daros el fin que esperáis* [una traducción angloparlante reza así: "para daros un futuro y una esperanza"] (Jeremías 29:11). Créalo.

2. **Haga amistad con Dios.** En cuanto decidimos creer que tenemos un Amigo tan poderoso, una lucecita comienza a brillar en nuestra senda. Dios tiene planes de traer prosperidad a nuestra vida. Recuerde que un amigo es alguien con quien podemos conversar libremente sin temer una respuesta dura, hiriente o desconsiderada. Pues, cuanto más cuando se trata de nuestro Amigo divino. Él nos hace la siguiente promesa: *Entonces me invocaréis, y vendréis, y oraréis a mí, y Yo os escucharé* (Jeremías 29:12). ¡Hay esperanza para todos nosotros!

3. **Evite los excesos del paladar y el apetito.** Cuando llevamos una carga sobre nuestro corazón, no recarguemos el estómago. Si usted tiene el hábito de comer en exceso como una forma de apaciguar sus penas y aliviar su dolor emocional, le conviene detenerse. La alimentación excesiva

enturbia la mente, de modo que no podemos pensar con claridad. Y es precisamente ahora cuando usted debe agudizar su capacidad de razonar con claridad, y de "dar lugar libre a la verdad" (Quevedo). Cuando a nuestro Señor Jesucristo le tocaba afrontar las más fieras tentaciones, Él solía acudir al ayuno. Hágalo usted también. Le ayudará a mantener una mente despejada, predispuesta al buen criterio.

4. **Evite las bebidas alcohólicas.** No hay problema alguno que el alcohol no empeore. El vino y la cerveza son engañosos. *Cualquiera que por ellos yerra no es sabio*, dice el sabio Salomón en Proverbios 20:1. El estímulo que provee el alcohol es una ilusión. Actúa como un anestésico emocional que amortigua la capacidad de razonar. El problema, sin solución, sólo se agrava con la bebida. Su gran proeza consiste en destruir el auto-estima del bebedor, robándole lo que queda de su fuerza y antigua valentía. Deponga la bebida y póngase bien los pantalones, amigo mío. Recuerde que tiene un Amigo que le ha prometido "un futuro y una esperanza", no los venda por un trago de tequila.

5. **Haga ejercicio.** Cierto individuo que había caído en la depresión tramó un plan para suicidarse en forma "limpia", una salida olímpica que no le trajera vergüenza ni desgracia a su familia. Se propuso correr hasta caer muerto de un ataque cardíaco (ya hacía tiempo que le venía fallando el corazón). Partió, pues, en su carrera mortal. Pero, cuando llegó al límite de sus fuerzas, ¡su corazón todavía funcionaba! (¡Mejor que nunca!). Y para su sorpresa, su depresión se deshacía como humo ante viento.

6. **Haga de la oración un hábito diario.** Ahora bien, de algún modo debe eliminarse la amargura interior. Hay quienes pagan una fortuna para contarle estas cosas a un psiquiatra. Otros descargan en sus amigos o familiares sus deprimentes letanías. Jesús, nuestro Médico divino, ofrece la mejor solución, dice: *Mas tú, cuando ores, entra en tu aposento, y cerrada la puerta, ora a tu Padre que está en secreto; y tu Padre que ve en lo secreto, te recompensará* (San Mateo 6:6). Dios nunca traicionará nuestras confidencias.

7. **Evite el aislamiento.** No se convierta en un recluso. Justo ahora que confía en Dios, y que como resultado de ello no precisa descargar en otros todo el peso de sus problemas, verá cómo le resultarán más valiosas sus amistades y familiares. Ahora ellos se sentirán más dispuestos a prodigarle la ayuda y el apoyo anhelados. Recuerde que nadie es una isla; somos seres sociales, parte de una familia celeste y terrenal.

8. **Reconozca sus errores.** Si su problema es "la gente", le convendrá analizar su propio carácter, así como su conducta, para determinar si no alberga defectos que estén provocando las dificultades. ¿Por qué acusar a otros cuando el problema podría deberse a sus propios errores? Este paso no es tan fácil como podría parecer. En el espíritu humano surgen fuertes resistencias a la culpabilidad, que nos impiden aceptar la responsabilidad por nuestros propios errores. Sin duda el Señor Jesucristo ponía el dedo en la llaga de este fenómeno psicológico al decir: *¿Por qué miras la paja que está en el ojo de tu hermano, y no echas de ver la viga que está en tu propio ojo? ¿O cómo dirás a tu hermano, 'Déjame sacar la paja de tu ojo,' y he aquí la viga en el ojo tuyo? ¡Hipócrita! Saca primero la viga de tu propio ojo, y entonces verás bien para sacar la paja del ojo de tu hermano* (San Mateo 7:3-5). Es síntoma de madurez intelectual, emocional y espiritual reconocer que en todo conflicto humano hay potencial de crecimiento, si tan solo reconocemos y examinamos con atención nuestra participación en ello. El apóstol San Pablo decía, *todo lo puedo en Cristo que me fortalece.* Eso incluye aceptar con valiente humildad nuestros defectos sin caer en las garras del pánico ni del desánimo.

9. **Haga las correcciones necesarias.** Propóngase permitir que el Maestro y Enmendador de los sabios le ayude a corregir todas sus deficiencias. Supongamos que usted perdió un trabajo por haber incurrido en algunas fallas en su rendimiento o carácter. Si se deja arrastrar por la amargura o el cinismo, perderá toda esperanza de gozar del futuro luminoso que Dios le ha prometido. Reconozca que, si aprende la lección, las equivocaciones y los fracasos pueden ser peldaños hacia el éxito. Lo que necesitamos es confiar en

que el bien ha de triunfar. ¡Créalo! Nunca intente ser apreciado en más de lo que usted vale, porque eso es robar, y constituye la raíz de la corrupción. El verdadero cristiano debe asumir la práctica de ser "severo para sí e indulgente para los demás" (La Rochefoucauld)

10. **Estudie.** Cultive el amor por la educación, no desde un punto de vista meramente utilitario, por el dinero, sino por la satisfacción intelectual que provee la investigación. Lea buenos libros, aproveche las bibliotecas públicas y la riqueza de información positiva dable en la Internet. Si usted goza de buena salud, es imposible que las circunstancias le impidan a su mente hambrienta encontrar alimento. Como resultado, crecerá su autoestima.

11. **Lea las Sagradas Escrituras.** La Biblia es el mejor de todos los libros. Sus páginas están llenas de expresiones animadoras y de buenos consejos: los Salmos, los Proverbios de Salomón, los Evangelios, las cartas llenas de amor que escribieron los apóstoles San Pablo y San Juan, las profecías de Daniel y el Apocalipsis que infunden esperanza, los relatos de las pruebas por las que pasaron Abrahán, Jacob y José.

12. **Ayude a otras personas.** Aligere la carga de un semejante. Cuando los enemigos de José lo arrojaron en prisión, el joven hebreo se negó a entregarse a la autocompasión. Por el contrario, aprovechó toda ocasión prudente para ponerse al servicio de los otros presos, y ser un instrumento en las manos de Dios para traer palabras de ánimo a los demás. Esta actitud de abnegación produjo eventualmente su libertad, y lo elevó al trono de Egipto, que era el "futuro" que se le había prometido en sus sueños juveniles, como lo registran los capítulos 37 al 41 del libro de Génesis. Recuerde que Dios se complace y especializa en transformar nuestras derrotas en victorias. Él afirma que su poder se perfecciona en nuestra debilidad. Por eso, si en nuestra ceguera espiritual rehusamos poner nuestra confianza en su fortaleza y sabiduría, perderemos precisamente lo que anhelábamos alcanzar.

Si como José tú también sueñas con un futuro exitoso en el amor, el matrimonio, la educación, los negocios, y en la vida misma, y si al igual que el joven hebreo has perdido algo o alguien muy querido, es natural que el futuro pueda parecerte sombrío. Pero es allí, frente a las circunstancias más desalentadoras que, tal como José, tú podrás descubrir que el amor de Cristo es la llave que te abre tu prisión actual y te concede el futuro brillante que anhela tu alma. Miremos más allá de nuestro dolor, y digamos con el poeta:

Señor, yo nunca me acerqué a tu lado
con pena y dolor, sin que dijeras
a mi alma atribulada una palabra,
una de tus palabras, dulces, buenas...

Tú nunca permitiste que si vine
con ojos tristes, triste yo me fuera.
Algo siempre Tú hiciste por mi herida,
algo siempre Tú hiciste por mi pena.

Cuando yo conversé contigo a solas
diciéndote mis íntimas dolencias,
Tú nunca te cansaste, y siempre oíste
las palabras azules de mis quejas.

Fuiste más que un hermano en mis dolores,
más que un amigo, fuiste en mis problemas;
siempre, siempre, poniendo en mis ensueños,
una canción, un lirio y una estrella.
GRATITUD, de José A. Fránquiz

4 ¿POR QUÉ?...
CINCO PASOS PARA DEJAR DE SUFRIR

Alguien, hace poco, nos preguntaba: "¿Por qué me castiga Dios de esta manera? Una cosa viene tras la otra. No he terminado de salir de una dificultad cuando ya estoy metido en otra. ¿Por qué?"

"¿Por qué?", preguntaba mi interlocutor. Son incontables las mentes y los corazones donde se levantan estos interrogantes que, aunque sean "más viejos que andar a pie", no por ello dejan de ser fáciles de contestar. No lo son, sobre todo, porque la persona que pregunta pocas veces conserva el dominio y la serenidad y el criterio requisitos para entender las respuestas que podrían proferirse. A veces no sólo no pueden entenderlas, sino que han llegado a un grado tal de excitación, de desconcierto y hasta de desesperación, que no oyen razón; lo que se les dice entra por un oído y por otro le sale.

Curiosamente, la historia ha demostrado, a todas luces, que muchas de las grandes obras de la humanidad fueron ejecutadas por hombres y mujeres que, a la sazón, se hallaban sometidos a terribles padecimientos, ya fueran éstos de carácter físico, o de carácter moral o intelectual. Cervantes, el gran Cervantes, no escribió la obra máxima de la literatura en días luminosos exentos de sombras y tropiezos. No, la escribió cargado de prisiones y cadenas, y en compañía de ladrones y homicidas. Es probable que de Cervantes no haber sido abofeteado así por la vida, don Quijote, con Sancho a la zaga, no hubiera emprendido jamás las delicias de tantos millones de lectores. La *divina comedia* de Dante Alighieri se originó en condiciones muy similares. Privado de la luz natural de sus ojos, pero no de la del Infinito, Juan Milton sacó a la luz su inmortal obra *El paraíso perdido* dictada por él a su hija vidente. Julio César, Beethoven, Descartes, van Gogh, Goya, Kant, Lincoln, Churchill, Hawking (la lista es interminable) llegaron a la fama universal a pesar de arrastrar con una salud física o mental fatigada de continuas dolencias.

No, el dolor no es castigo; es, más bien, una disciplina necesaria para ablandar el ferro ego con el calor de la fragua. El dolor reduce la vanidad, el amor propio, el orgullo que nos infla y nos infla hasta hacernos parecer a aquellos gallos que, tras vencer en sus peleas, luego cantan y se pompean.

El sufrimiento es la medicina que con frecuencia necesitamos. A veces, como la que receta el médico, tiene mal sabor, pero sana y purga y desecha del corazón todo defecto y malicia y vanidad. Y esto es lo que importa.

Decía Concepción Arenal:

El dolor es el gran maestro de la humanidad. El dolor espiritualiza al hombre más grosero, torna grave al más pueril, le aleja de las cosas de la tierra y parece que le hace menos indigno de comunicar con Dios (El visitador del pobre).

¿Por qué entonces alarmarnos, cuando el sufrimiento llama a nuestra puerta? Llama a la de muchos otros también. ¿Por qué creer que debemos ser una excepción? Ante los lamentos quejosos de hijos y nietos, abuela sentenciaba: "Siempre que llueve, escampa." Aprendamos de los que saben sufrir con dignidad y sin lamentos, sin arrojar su dolor para que lo manosee el primero que pase y que quiera oírlo. Llevémoslo en todo caso a Dios. Y llevémoslo con el espíritu con que Jesús de Nazaret llevó el suyo allá en el Getsemaní cuando dijo: *Padre mío, si es posible, pase de mí esta copa; pero no sea como Yo quiero, sino como Tú* (San Mateo 26:39).

Tenía razón el apóstol San Pablo al afirmar que todo lo que nos ocurre, si somos juiciosos, si lo miramos con serenidad, encontraremos que es para nuestro bien: *Sabemos que a los que aman a Dios, todas las cosas les ayudan a bien* (Romanos 8:28).

¿De veras que "todas las cosas"? El versículo no permite excepciones. Entonces, ¿qué utilidad puede tener el sufrimiento para el cristiano?

Pensemos en esto. Caída la humanidad, Dios sabía que el hombre se envilecería cada vez más. El hombre precisaba una ocupación que absorbiera su tiempo; algo que lo preocupara, algo que lo obligara a una lucha que, con la ayuda del Todopoderoso, lo mantuviera lo más alejado que fuera posible del mal, y lo condujera a depositar su esperanza en el Mesías que se le prometía. Y Dios le dijo que la tierra sería maldita y que ellos con dolor obtendrían sus frutos; produciría espinas y cardos y el pan les costaría el sudor de sus frentes (Génesis 3:16-19).

¿Era esto una maldición? ¿Era esto un castigo? No, era una bendición. El trabajo, el dolor, el esfuerzo físico y emocional que eso implica, era una especie de profilaxis contra el pecado. Es decir, era una especie de tratamiento que le permitiría al hombre mantenerse lo más alejado posible de la fuente del mal y del pecado. Sufriría preocupaciones, tendría que afrontar y superar problemas, la lucha absorbería todas sus fuerzas y sus energías, tanto físicas como mentales, pero todo ello aproximaría al hombre a su redención.

Alguien ha dicho: "La mente vacía es el taller del diablo". Cuando el sufrimiento la ocupa, cuando el dolor la absorbe, está sanamente ocupada. El dolor tensa la acción; es un crisol que consume la escoria; es una especie de salvavidas que nos impide caer en el fondo del abismo existencial y nos lleva a confiar en Jesús, el Salvador del mundo.

Por ahora, Dios no nos exime del sufrimiento. Cristo nos advierte: *En el mundo tendréis aflicción.* El cristianismo no esconde el dolor, pero sí ofrece una actitud triunfadora ante la adversidad, pues Cristo añade a la declaración anterior las palabras: *... pero confiad, Yo he vencido al mundo* (San Juan 16:33). No siempre podemos evitar el sufrimiento; lo que sí podemos lograr es conquistarlo, porque todo lo podemos en Cristo que nos fortalece.

Con la humildad solidaria de un camarada en el

camino del dolor, ofrecemos aquí cinco pasos, principios sólidos tomados de la Palabra de Dios, que nos permitirán salir airosos del valle de lágrimas, con la capacidad de mantener un estado mental sano y positivo.

Primer paso: Al hablar con Dios, no escondamos nuestros sentimientos. ¡Expresémoslos! Dios desea que ventilemos nuestros verdaderos y auténticos sentimientos ante el dolor y la pena, aun cuando nos consuma el rencor o nos embargue el pensamiento de que Dios nos ha abandonado. Él no desea que le digamos lo que creemos que Él quiere escuchar. ¡No! Podemos comunicarle libremente lo que agita y abate el corazón.

En el salmo 88 (¿mesiánico?) el salmista se pone en términos de agraviado ante su Dios de la siguiente manera: *Me has puesto en el hoyo profundo, en tinieblas, en lugares profundos. Sobre mí reposa tu ira y me has afligido con todas tus ondas... Has alejado de mí mis conocidos; me has puesto por abominación a ellos... ¿Por qué, oh Jehová, desechas mi alma? ¿Por qué escondes de mí tu rostro?* (6-14).

El mismo Señor Jesucristo, mientras colgaba de la cruenta cruz, gustando la muerte por todos los hombres, expresó la cruda realidad de su situación con estas palabras: *Dios mío, Dios mío, ¿por qué me has desamparado?* (Salmo 22:1).

Segundo paso: Adueñémonos del problema. Es posible que nuestro dolor tenga algún causante, alguien que lo originó, y, nos sentimos con todo el derecho de culpar o incriminar a esa persona; queremos que el culpable sea confrontado con su injusticia. Pero, muy a menudo, esa "justicia" resulta ser un desgaste infructuoso. Esa persona que nos ocasionó tanto daño, anda feliz y campante, mientras que nosotros vivimos ensimismados en, y anonadados por, nuestra amargura.

La realidad es que nuestro problema, nuestro dolor, es precisamente eso: *nuestro* dolor, *nuestro* problema. A nadie más le toca coexistir con él. Adueñémonos de nuestro problema, de nuestra pena. No se la pasemos a otro; es nuestra. Aceptemos, pues, que nuestro dolor nos pertenece, y que sólo nosotros podremos superarlo.

Ahora estamos listo para dar **el tercer paso** para dejar de sufrir. Al aceptar que nuestro problema es nuestra propia responsabilidad, tengo para usted las mejores noticias. Otro Ser, infinitamente mayor y más poderoso que nosotros, se ha adueñado también del problema que tanto nos mortifica. Se trata de Alguien que cuenta con todos los recursos del cielo y de la tierra: ese Ser, ese Alguien, es Jesucristo. Él dice: *Toda potestad me es dada en el cielo y en la tierra* (San Mateo 28:18).

Cristo, "Varón de dolores, experimentado en quebranto", vino a este mundo con el propósito anunciado por el profeta Isaías: *Ciertamente llevó Él nuestras enfermedades, y sufrió nuestros dolores... Mas Él herido fue por nuestras rebeliones, molido por nuestros pecados... y por su llaga fuimos nosotros curados* (Isaías 53:4, 5). Créalo.

Autorice a ese Amigo poderoso para hacer lo que Él vive y se desvive por hacer. La Palabra de Dios declara: *Por lo cual puede también salvar perpetuamente a los que por Él se acercan a Dios, viviendo siempre para interceder por ellos* (La Epístola a los hebreos 7:25). La misma epístola nos recuerda que, *no tenemos un sumo sacerdote que no pueda compadecerse de nuestras debilidades, sino Uno que fue tentado en todo según nuestra semejanza, pero sin pecado* (4:15).

Cuarto paso: Ahora que sabemos que al adueñarnos de nuestro problema no estamos solos –pues contamos con el Socio más poderoso dable– podremos resistir la inútil e inoperante tentación de permitir que el sufrimiento se adueñe de nosotros. Somos más que nuestro sufrimiento; somos más y tenemos más que nuestro dolor. Expandamos nuestra visión y pongamos nuestro sufrimiento en la perspectiva correcta.

Por ejemplo, si usted tiene cáncer, no se vea a sí mismo como un "canceroso". Usted es mucho más: es padre, madre, hijo, hija, hermano, hermana; es obrero, estudiante, es una persona con responsabilidades que cumplir, consejos que dar, con afectos y simpatías por prodigar. Alguien lo necesita.

Pasemos al **quinto y último paso** para dejar de sufrir. Hagamos todo lo que esté a nuestro alcance por mejorar nuestra situación y la de nuestro prójimo. Este paso tiene dos fases, cada una importantísima. El refrán: "A Dios orando y con el mazo dando", a menudo pasa por versículo de la Biblia. No lo es, pero encierra una gran verdad o principio, apoyado por las Sagradas

Escrituras y la buena lógica. En inglés tenemos la famosa consigna de Cromwell a sus famosos "ironsides" en la mañana de la batalla de Dumhar, el 3 de septiembre de 1650: "Put your trust in God, my boys, and keep your powder dry" (confiad en Dios, mis muchachos, y conservad seca la pólvora).

La ayuda que Dios nos brinda no pretende eximirnos de hacer nuestra parte; al contrario, nos da el respaldo emocional, psicológico y espiritual que nos capacita para tomar decisiones acertadas y valientes. Con la ayuda poderosa de Cristo, podemos dejar de perjudicarnos, de cortarnos la mano derecha con la izquierda, por así decir, y de, por fin, plantar bien los pies en el camino de la recuperación.

Si estamos sufriendo por alguna enfermedad cardíaca, o algún cáncer ha invadido nuestro cuerpo, es mucho lo que podemos hacer para combatir y hasta librarnos de estos males. Se ha comprobado que una dieta vegetariana, baja en consumo de grasa, y que evita los alimentos procesados, es tan buena terapia como el más sofisticado tratamiento.

Por otra parte, cualquiera que sea su problema, con seguridad se complicará y empeorará si usted recurre al alcohol u otra droga estupefaciente. Sí, hay siempre algo que podemos hacer para darle a nuestra situación algún género de alivio, sino salir por completo de nuestro mal estado.

Muchas veces, la mejor forma de salir de la depresión en que caemos a raíz de algún pesar, consiste en ponernos al servicio de otra persona cuya situación es peor que la nuestra. Cuando Cristo estaba en la cruz, sus pensamientos a favor del ladrón arrepentido, y la actitud perdonadora que adoptó para con sus verdugos, y la tierna solicitud que mostró hacia su madre terrenal, permitieron que su mente escapara de la intensidad de su dolor y se enfocara en el propósito redentor de su misión. Hagámoslo nosotros también, pues hay gracia y fuerzas insospechadas *a través del dolor*:

Yo sé del dolor amargo,
no sé qué dirá el mañana,
se confunde el bien y el mal en mí.

Pero en toda circunstancia siempre,

Él me da consuelo, sin fin,
y me siento fuerte en mi interior.

A través del dolor
aprendí a confiar en Cristo,
ya sé confiar en Dios.

A través del dolor
llegué hasta el fondo del amor.
Gracias por mis dolores
y también mis alegrías.

Gracias a Dios por mis tormentas
me ayudaron a fortalecerme,
hoy solo en Él confío,
y por siempre en Él he de confiar.

5 SI DIOS ES TAN BUENO, ¿POR QUÉ UN MUNDO TAN MALO?

Pocas veces resultan agradables las noticias que cada tarde se presentan por la televisión. Nos muestran una serie de horrores en rápida sucesión, como si una mente maestra los estuviera planeando para lograr el máximo efecto de terror.

Una noche aparece en la pantalla un terremoto devastador, y nos imaginamos atrapados bajo los escombros. Pocos días más tarde nos enteramos que un avión se ha estrellado, y nos identificamos con los deudos de los fallecidos. Pronto les llega el turno a escenas de patrullas de rescate que se esfuerzan por extraer víctimas de entre los fierros retorcidos y las astillas de un choque ferroviario, un tornado devastador, una tormenta de fuego, o de otro asesino enloquecido que acaba de rociar una sala de clases con las balas de su rifle semiautomático.

Algunos dicen que estas tragedias no se dan hoy con mayor frecuencia que antes; lo que sucede −así va el argumento− es que hoy por hoy los medios de comunicación se refieren a ellas con mayor frecuencia que antes. La mayoría de nosotros no nos dejamos convencer y menos aún consolar.

Entre una y otra gran calamidad, se oyen los ecos de sequías, inundaciones, el SIDA, el COVID, la escasez de ozono, el crimen, los trastornos climatológicos, y la persistente presencia de los "sin-casa". En años recientes considerados "de paz", la guerra entre Irán e Irak, el conflicto de Afganistán, la Guerra del Golfo, el conflicto armado entre Rusia y Ucrania, y la perenne disputa territorial entre Palestinos e Israelitas, entre otros, ocasionaron la muerte de más de dos millones de soldados y civiles. Entretanto, y por todo el mundo, un constante socioeconómico se encrudece: los ricos se enriquecen y los pobres se empobrecen. Sin ánimo alguno de caer en la política, ¿cuánto más puede durar esta situación sin que llegue el momento de un terrible conflicto de clases entre los de arriba y los de abajo?

No falta quien pregunte: ¿Cómo puede Dios mantener la indiferencia ante tanto sufrimiento humano? ¿Será posible que nos imite a nosotros, que miramos las noticias comiendo cacahuetes tostados, fríamente, sin dar señales de haber sido afectados por ellas? Si Él tiene "todo el poder", ¿por qué permite tales cosas? ¿Acaso no tiene sentimientos? ¿Por qué no hace *algo*?

La canción *Dime* del cantante español José Luis Perales levanta una queja que parece tomada de las Lamentaciones del profeta Jeremías. El canto exige a Dios a que dé razón por su extraño y alarmante mutismo ante las injusticias que presenta este mundo. Reza así:

Dime, ¿por qué la gente no sonríe? ¿Por qué las armas en las manos? ¿Por qué los hombres mal heridos? Dime, ¿por qué los niños maltratados? ¿Por qué los viejos olvidados? ¿Por qué los sueños prohibidos? Dime. Dímelo, Dios, quiero saber. Dime, ¿por qué te niegas a escuchar?; aún queda alguien que tal vez rezará. Dímelo Dios, quiero saber, ¿dónde se encuentra toda la verdad? Aún queda alguien que tal vez lo sabrá... pero ¡yo no!

No pretende quien aquí escribe gozar de la sabiduría y conocimientos requisitos como para contestar estas preguntas a satisfacción del lector, pero sí sabemos "dónde se encuentra toda la verdad": ¡En Jesús! Jesús fue, y sigue siendo, el camino, la verdad y la vida. Él está suma y supremamente calificado para contestar los interrogantes planteados por el autor del canto referido. De hecho, —sorpréndase usted— ¡ya lo hizo!

Un día sus discípulos le pidieron una explicación de la razón de ser del mal, y cómo se introdujo éste en el mundo. En su estilo característico, Jesús responde con una parábola:

El reino de los cielos es semejante a un hombre que sembró buena semilla en su campo; pero mientras dormían los hombres, vino un enemigo y sembró cizaña entre el trigo, y se fue. Y cuando salió la hierba y dio fruto, entonces apareció también la cizaña. Vinieron entonces los siervos del padre de la familia y le dijeron: 'Señor, ¿no sembraste buena semilla en el campo? ¿De dónde, pues, tiene cizaña? Él les dijo: Un enemigo ha hecho esto (San Mateo 13:24-28).

Intentemos interpretar esta parábola. El "hombre que sembró buena semilla" representa a Dios, que sólo creó lo bueno. La "buena semilla" simboliza todo lo bueno, todo lo justo, todo lo sano, en fin, todo lo positivo que encontramos en este mundo.

La "cizaña" representa todo lo malo, todo lo avieso, todo lo injusto que hay en este planeta. La mezcla de trigo y cizaña que había en el campo de la parábola es esa mezcla del bien y del mal que vemos por doquier a todas luces. Y, ¿quién es "el enemigo" que sembró la cizaña? Las Escrituras lo identifican como "Satanás", nombre que quiere decir "enemigo" o "adversario".

La presencia del enemigo de Dios en este planeta nos explica clara y comprensiblemente esta extraña mezcla del bien y del mal que encontramos en la naturaleza en general y en nuestra naturaleza humana en particular. Él es el enemigo que sembró cizaña en este mundo.

Dios no creó un mundo malo, sino un planeta que era bueno en gran manera. Ni siquiera creó a Satanás. Satanás se creó solo, como consecuencia de sus propias decisiones, puesto que Dios lo hizo libre. Cuando Cristo murió en la cruz se selló la derrota definitiva de Satanás y la victoria absoluta del bien sobre el mal. Pronto vendrá Jesús por su "trigo", es decir, por todos los que lo habrán recibido en sus corazones. Éstos reinarán con Él en un mundo sin "cizaña" alguna, pues el mal habrá sido erradicado, devolviéndole al planeta Tierra su condición edénica de "bueno en gran manera".

Un mundo nuevo, un mundo donde haya perfecta paz y

comunión entre los hombres; un mundo, amigo Perales, sin armas de guerra;

"armado" sólo de amor y comprensión perfectos.   ¿Utopía? ¿Esperanza fatua y quimérica? ¿Vale la pena luchar por ella?

Décadas hace que el académico español don José María Pemán, sugería, con su característica delicadeza humorística, la creación de un mundo nuevo, en el que otra pareja volviera a ser objeto de la tentación satánica. Ofrece, sin embargo, una diferencia. El tentado esta vez sería Adán, y no Eva. La tentación no consistiría en sugerirle que comiera una fruta, sino en la promesa de que comprendería la teoría de la relatividad de Einstein, la filosofía de Kant, y que tendría la capacidad de prever las cotizaciones de la bolsa y los números que resultarían premiados en los juegos del azar.

A pesar del tono ligeramente alegre con que el autor trata este asunto, no deja de haber en el fondo una señalada inquietud.   Está allí presente el hecho de que el hombre anhela otro mundo, un mundo mejor, un mundo que no tenga las complicaciones en que ha caído el nuestro, un mundo donde haya verdadera paz en, y armonía entre, los ocupantes del planeta Tierra.   Porque no ha sido don José María Pemán el único que ha dado voz a este anhelo.   La mar de escritores, filósofos, psicólogos, estadistas, religiosos, ecónomos, políticos, y también ... don fulano y doña mengana, lo han hecho, porque soñar así es patrimonio universal.   Es que, por mucho que sea el optimismo de que deseemos hacer gala, por muy luminoso que sea el cristal a través del cual deseamos ver el actual estado de las cosas, no nos queda más remedio que reconocer que, en lo que toca a esta humanidad, parece que hemos llegado al fin de nuestro camino.

Y no hay en nuestras palabras, ni exaltación, ni fanatismo, ni desánimo.   Encaramos esta situación desde el punto de vista de la tremenda necesidad que hoy vivimos y, sobre todo, desde el punto de vista sustentado en las páginas de la Sagradas Escrituras.   En ellas se nos habla de un mundo nuevo.

No hay en toda la historia una promesa más exaltada, más maravillosa, asombrosa y consoladora como la que hiciera Jesús a su seguidores antes de su partida.   Dice así: *No se turbe vuestro corazón; creéis en Dios; creed también en mí. En la casa de mi*

Padre hay muchas moradas; de otra manera os lo hubiera dicho. Voy pues, a preparar lugar para vosotros. Y si me fuere y os aparejare lugar, vendré otra vez, y os tomare a mí mismo, que para donde yo estoy, vosotros también estéis (San Juan 14:1-3).

Cristo se fue para volver. Su vida no fue la finalización de un sueño, sino el comienzo de una gran esperanza que habrá de culminar en su gloriosa aparición.

Pero, sorpréndase usted, por siglos a la doctrina de la Segunda Venida de Cristo se le hizo caso casi omiso. No en balde se le ha llamado "la cenicienta de las doctrinas bíblicas". Pero en el siglo 19, un grupo de hombres y mujeres estudiosos de la Palabra de Dios, se dieron a la tarea de desempolvar esta milenaria enseñanza y darle el lugar preferente que hoy por hoy ocupa entre los creyentes. Recibieron el nombre de "milleritas" y luego el de "adventistas", porque cifraron todas sus esperanzas en un segundo *advenimiento* de Jesús, convertido por el mismo Señor Jesucristo en el punto climático de su enseñanza profética:

Y entonces se mostrará la señal del hijo del hombre en el cielo; y entonces lamentarán todas las tribus de la tierra, y verán al hijo del hombre que vendrá sobre las nubes del cielo, con grande poder y gloria. Y enviará sus ángeles con gran voz de trompeta, y juntarán sus escogidos de los cuatro vientos, de un cabo del cielo hasta el otro (San Mateo 24:30,31).

Será un evento irrepetible, tan impresionante como inenarrable. En Hechos 1:9 al 11, San Lucas, al relatar la ascensión de Jesús declara:

Y habiendo dicho estas cosas, viéndolo ellos, fue alzado; y una nube le recibió y le quito de sus ojos. Y estando con los ojos puestos en el cielo, entretanto que él iba, he aquí dos varones se pusieron junto a ellos en vestidos blancos: los cuales también les dijeron: varones Galileos ¿Qué estáis mirando al cielo? Este mismo Jesús que ha sido tomado desde vosotros arriba en el cielo; así vendrá como le habéis visto ir al cielo.

Como desafiando las leyes de la gravitación universal que Él mismo había creado; Jesús se eleva más y más ante los ojos atónitos y asombrados de los discípulos. Su figura se va achicando a medida que se eleva, más y más hasta perderse en las nubes. La vista de todos queda clavada en el cielo, fija en el punto donde desaparece su persona entre las nubes. Es entonces cuando los ángeles preguntan: *¿Qué estáis mirando al cielo?"...y ellos mismos contestan: este mismo Jesús...este mismo Jesús vendrá otra vez como lo habéis visto ir al cielo. Como ustedes lo vieron ir, así mismo lo verán ir, así mismo vendrá.*

¡Qué emoción sintieron los discípulos! ¡Qué emoción sentimos nosotros al saber que Cristo viene a buscarnos! Es una certeza irrefutable la que nos sostiene, una esperanza segura y gloriosa. Se fue con un cuerpo real; nosotros también tendremos un cuerpo real, un cuerpo espiritual; pero no nos equivoquemos, no se trata de un fantasma incorpóreo. No hay vida sin cuerpo. Se fue visible. El mundo entero lo verá en su venida. Se fue literalmente; vendrá literalmente. Se fue con un cuerpo glorificado; vendrá con gloriosa corporalidad. Se fue personalmente y vendrá personalmente.

¿Qué hará Jesús tan pronto regrese? San Pablo lo describe como ningún otro:

Porque el mismo Señor con aclamación (con un grito), con voz de arcángel, y con trompeta de Dios, descenderá del cielo; y los muertos en Cristo resucitarán primero (I Tesalonicenses 4:3-17).

Notemos las palabras: "el mismo Señor descenderá del cielo con un grito". En la cruz gritó, "consumado es", ahora grita para que los santos resuciten. Ese grito retumbará por los confines del espacio y por todos los rincones de la tierra. La voz del hijo de Dios penetrará por todas partes: por el aire, por la tierra y por el mar. Es la voz que hace temblar los cementerios, que abre las tumbas, que rompe lápidas y panteones. Dondequiera que haya un santo aprisionado por la muerte, allí se oirá la voz de la esperanza; la gloriosa voz del Hijo de Dios. Cristo romperá las rocas con su voz omnipotente y los muertos en Cristo serán liberados; será la reunión de los redimidos de todos los tiempos, de todos los países.

En esa mañana de la resurrección volveremos a encontrarnos con nuestros amados difuntos. Ya no habrá más separaciones; no más hijos muertos, no más padres muertos, hermanos y amigos fallecidos. ¡No habrá más muertos! ¡No, nunca más! La voz de Cristo sonará diciendo: "¡Despertad, despertad, moradores del polvo!"

Ese día ya se acerca, claro como ninguno, glorioso como ninguno, esplendoroso como ninguno, el día del Retorno de nuestro Señor Jesucristo.

Bendito sea Dios, quien pone ante nosotros semejante esperanza. Luchemos por ella, y digamos con el querido y recordado orador, escritor y poeta, Braulio Pérez Marcio:

¡Un mundo, un mundo nuevo sin pesar ni dolor,
un mundo diferente, donde no haya egoísmo,
donde el hombre no encumbre lo primero a sí mismo,
un mundo sin pecado . . . eso quiero, Señor!

¡Un mundo sin reflejos de siniestro fulgor,
donde tras la palabra no se esconda el engaño,
donde no haya cohecho, ni perjurio, ni daño,
un mundo sin pecado . . . eso quiero, Señor!

¡Un mundo donde encuentre la paz el corazón,
un mundo donde reine para siempre el amor;
donde, por fin, se alcance toda noble ilusión!

¡Un mundo donde more Jesús el Redentor
y sea de la dicha sempiterna mansión;
un mundo sin pecado . . . eso quiero, Señor!

6 ANTE LOS IMPOSIBLES DE LA VIDA

Con la regularidad de un reloj, cada nuevo año trae consigo los vientos de renovación, y, con ellos, la mar de resoluciones. Decíamos en la introducción de nuestro librito DIEZ PROMESAS MILAGROSAS:

Enero es el mes de la transformación. Enero siempre es joven. En enero vuelven los ideales. En enero nos creemos capaces de todo: de cualquier aventura arriesgada; de cualquier acto heroico. En enero somos invencibles y por eso llueven las promesas... En enero el amor promete el sol, la luna y las estrellas; en enero renace la esperanza.

Algunas de estas resoluciones son importantes, pero no vitales, como sería aquello de rebajar por fin esos diez kilos (¿o se trata de quince o veinte o ...?) que nos van a devolver la figura que una vez gozamos (cuando el mundo era joven). Si se trata de eliminar vicios perniciosos como son: la fuma, la bebida, la pornografía, el enojo desorbitado, el jugarnos el dinero, o, aquello de atropellar con actitudes y palabras hirientes a nuestros hijos, o, a nuestro cónyuge, entonces no nos equivocaríamos al aseverar que es vital que esas resoluciones sean alcanzadas.

Pero existe un gran impedimento que se yergue en nuestra propia mente: el recuerdo de nuestros fracasos anteriores, los cuales, en honor a la verdad, fueron también precedidos por la misma fiebre sincera de renovación. No en balde, millones de personas sinceras se sienten inundadas por sentimientos de fracaso y de condenación propios. Quizás a usted le pase algo por el estilo. Por bien intencionada que sea la resolución, no nos equivocaríamos si le llamáramos a cada una, "misión imposible". "Imposible" porque en pocos meses descubrimos, mal que nos pese, que en nuestras promesas hay harta sinceridad, pero que nos falta poder para realizarlas; descubrimos que hemos colgado nuestras esperanzas del hilo delgado de la fragilísima "fuerza de voluntad", que tan pronto quiebra.

Amable lector, ¿cuál es su misión imposible? ¿Cuál es ese logro que al alcanzarlo redundaría en tanto bienestar para usted y sus seres queridos? En su caso, "misión imposible" no es una película o programa de televisión, es lo que le toca vivir, y tiene nombre, tiene apellido, tiene rostro.

Me atrevo aseverar que nadie hay que no tenga alguna misión imposible; usted sabe perfectamente cual es la suya. Somos un conjunto de misiones imposibles.

A las oficinas del programa radiofónico *La Voz de la Esperanza*, donde tuvimos el privilegio de servir por casi dos décadas, llegan más de 100,000 cartas o emails por año. En ellas, personas de toda condición hacen llegar pedidos de oración que fielmente son elevados ante Dios cada jueves en el Círculo Mundial de Oración.

No hay carta que no se lea y por la cual no se ore. No son fáciles de leer. Son vasijas repletas de lágrimas, producto de corazones adoloridos, de almas atribuladas, de sueños chasqueados, de esperanza fugada. Un esposo o esposa, o, una madre o padre, que abandona el hogar dejando atrás una estela de dolor y cicatrices que ninguna cirugía humana hace desaparecer. Una madre que ruega por un hijo preso o drogadicto o pródigo de la fe o prófugo de la justicia. Un alma solitaria. No hay verdugo más cruel que la soledad; sentirse solo, abandonado, anonadado. Una niña con un cáncer maligno. Una víctima de abuso emocional, físico o sexual.

Dice una de las rimas de Bécquer: *¡Tengo miedo a quedarme con* *mi dolor a solas!* Se entiende. Con todo, otro poeta, el gran Edgar Allan Poe, propone que "el hombre que quiere contemplar la gloria de Dios frente a frente en la tierra, debe contemplar esta gloria en la soledad".

Me complace poder decir, no, gritar a todo pulmón, ¡No, no estamos solos! Y, felizmente podemos agregar: Dios tiene una respuesta para nuestros imposibles: su gloria. De hecho, Él nos envía al mundo con una misión imposible: *Predicad, diciendo, 'el reino de los cielos se ha acercado. Sanad enfermos, limpiad leprosos, resucitad muertos, echad fuera demonios; de gracia recibisteis, dad de gracia* (San Mateo 10:7 & 8).

Dios es el Dios de lo imposible.

En cierta ocasión, cuando Jesús se había apartado con tres de sus discípulos a un monte para orar, los nueve que quedaron atrás intentaron sanar a un joven poseído por demonios. Para su gran sorpresa sufrieron la vergüenza de un fracaso tan rotundo como público. Fue tan amargo este fracaso y tan vergonzoso que aun después de que Jesús hubo regresado y sanado al joven sufriente, los nueve discípulos no estaban con ánimo de deponer la molestia y el resentimiento provocados por el incidente. A la primera oportunidad de estar a solas con su Maestro, de inmediato le requirieron: *¿Por qué nosotros no pudimos echarlo fuera?* Jesús, sin batir un ojo respondió: *Por vuestra incredulidad; porque de cierto os digo, que, si tuviereis fe como un grano de mostaza, diréis a este monte: Pásate de aquí allá, y se pasará; y nada os será imposible* (San Mateo 17:19 & 20).

Vale apuntar la divina promesa: con sólo un granito de la verdadera fe, nada nos resultará imposible. Es como para saltar de alegría. Pero, antes, conviene aseverarnos de que sabemos identificar la fe genuina; los sustitutos baratos son inoperantes, aunque se hallen en abundancia. Esto es serio. Nuestra capacidad de vivir vidas triunfadoras se cifra en ello. San Pablo declara: *El justo por la fe vivirá* (Romanos 1:17).

Pero, ¿qué es fe? ¿Habrá una definición de la fe que podamos identificar como genuina? Ciertamente, si Jesús mismo nos diera una definición tal, no cabría la menor duda que ésa sería la que aceptaríamos.

¡Le tengo, amable lector, las mejores noticias! Jesús mismo

formuló y nos dejó asentada la definición autorizada de la fe. La encontramos en el relato que registra San Mateo en el capítulo ocho del Evangelio que lleva su nombre, comenzando con el quinto versículo:

Entrando Jesús en Capernaum, vino a él un centurión, rogándole y diciendo: Señor, mi criado está postrado en casa, paralítico, gravemente atormentado. Jesús le dijo: Yo iré y le sanaré. Respondió el centurión y dijo: Señor, no soy digno de que entres bajo mi techo; solamente di la palabra, y mi criado sanará. Porque también yo soy hombre bajo autoridad, y tengo bajo mis órdenes soldados; y digo a este: Ve, y va; y al otro: Ven, y viene; y a mi siervo: Haz esto, y lo hace. Al oírlo Jesús, se maravilló, y dijo a los que le seguían: De cierto os digo, que ni aun en Israel he hallado tanta fe. [11] Y os digo que vendrán muchos del oriente y del occidente, y se sentarán con Abraham e Isaac y Jacob en el reino de los cielos; mas los hijos del reino serán echados a las tinieblas de afuera; allí será el lloro y el crujir de dientes. Entonces Jesús dijo al centurión: Ve, y como creíste, te sea hecho. Y su criado fue sanado en aquella misma hora.

Aquí hay algo extraordinario. Jesús, que se codeó con miles de personas en su ministerio, la gran mayoría de ellas religiosas, hace una declaración que tuvo que haber sorprendido aun a sus discípulos. Afirma que en todo Israel no encontró Él tanta fe como la que halló en este hombre que no era ni teólogo ni religioso. Más aun, ni siquiera era feligrés, ni estudiante de la Escuela Sabática.

Ahora bien, ¿qué fue lo que hizo este hombre para merecer esta agradable aprobación de los labios del Autor y Consumador de nuestra fe? ¿Sería acaso su prontitud para creer en el poder milagroso del Maestro? De ser así, no se distinguiría de los otros miles de necesitados, que, percatados de la fama de Jesús como Sanador, lo procuraban también. ¡No!, hubo algo adicional, algo extraordinario, completamente fuera de serie en la actitud del centurión romano que lo separó del montón, e hizo que Jesús lo señalara con honra y estimación:

Ante el generoso ofrecimiento del Nazareno de cambiar su itinerario para ir a casa del militar a fin de sanar al criado, nuestro centurión da una respuesta realmente inaudita (nadie en la multitud hubiera actuado así). Dijo: *Solamente di la palabra, y mi siervo sanará*. No sólo creyó en el poder de Jesús residente en su persona, de tocar y sanar enfermos, sino que se dispuso a creer en algo más (ese "algo más" es a lo que Jesús llama "fe", prestemos atención ahora). El centurión se atrevió a creer en el poder de la palabra de Cristo. Le bastaba la palabra de Jesús. Entendió que había en ella poder para realizar lo que declaraba. **Él escuchó la Palabra de Jesús, creyó en la Palabra de Jesús, y confió en la Palabra de Jesús solamente para que ésta realizara lo que había declarado**. Y a ese proceder –y sólo a ése– Jesús le da la designación que merece: "fe".

He ahí, amable lector, la definición de la fe. Fe es creer en lo que la Palabra de Dios declara, y, confiar en la Palabra solamente para lograr lo que la Palabra dice. No en balde el apóstol Pablo, en su Epístola a los Romanos declara: *Así que la fe es por el oír, y el oír por la Palabra de Dios* (Romanos 10:17).

La fe se activa por el oír de la Palabra de Dios. Por ende, la Palabra de Dios se constituye en el único medio para la fe. Entonces podemos decir sin temor a equivocarnos que donde no hay Palabra de Dios, no puede haber fe genuina. Y, recuerde usted, si tenemos sólo un granito de esa fe genuina, nada nos será imposible.

En este momento cabe hacer una distinción elemental pero vital, entre la palabra de los hombres y la Palabra de Dios. A esta diferencia alude San Pablo cuando felicita a los tesalonicenses de la siguiente manera: *Por lo cual, también nosotros, sin cesar, damos gracias a Dios, de que cuando recibisteis la Palabra de Dios que oísteis de nosotros, la recibisteis no como palabra de hombres, sino según es en verdad, la Palabra de Dios, la cual actúa* [energeo en el griego original] *en vosotros los creyentes* (1 Tesalonicenses 2:13).

No hay poder en la palabra del hombre para realizar lo que declara. Por fácil que sea lo que ha declarado o prometido hacer, requerirá que el hombre haga algo adicional para verla cumplida.

No sucede así con la Palabra de Dios. Cuando el Señor da su Palabra, hay en ese momento, en la Palabra misma, el poder viviente para realizar lo que declara. El salmista lo expresa con poética precisión: *Por la Palabra del Señor fueron hechos los cielos... porque Él dijo, y fue hecho; Él mandó, y, existió* (Salmo 33:6, 9).

El profeta Isaías registra el pensar de Dios referente a su Palabra, cuando escribe: *Porque como desciende de los cielos la lluvia y la nieve y no vuelve allá, sino que riega la tierra, y la hace germinar y producir ... así será mi Palabra que sale de Mi boca, no volverá a Mí vacía, sino que hará lo que Yo quiero, y será prosperada en aquello para que la envié* (55:10, 11).

La Palabra de Dios es toda-suficiente. Es por ello que la fe, que depende exclusivamente de la misma, también sea toda-suficiente. La fe genuina, la fe de Jesús, no es algo pasivo o muerto. La fe es activa, dinámica, viviente, ¡la fe obra!, depende de la Palabra de Dios solamente para que ella haga lo que declara. Jesús afirmó: *Si permanecéis en Mí, y Mis palabras permanecen en vosotros, pedid todo lo que queréis, y os será hecho* (San Juan 15:7).

Amable lector, hoy ha llegado la Palabra de Dios a tu vida. La Palabra que trae consigo todo el poder salvador y sanador del Infinito. La Palabra que cambia tu "imposible", por el "nada os será imposible" de Jesús.

¿Por qué no creer la Palabra y confiar en ella solamente? Hazlo ahora mismo, y verás cómo tú también escucharás las Palabras del Señor Jesús que te dicen, como al centurión: *Ve, y como creíste te sea hecho.*

El apóstol San Pablo lo pone así: *Mas, ¿qué dices? Cerca de ti está la Palabra, en tu boca y en tu corazón. Esta es la Palabra de fe que predicamos, que, si confesares con tu boca que Jesús es el Señor, y creyeres en tu corazón que Dios le levantó de los muertos, serás salvo* (Romanos 10:8, 9).

Su joroba pronunciada y lo exasperadamente lento de sus movimientos le daban la apariencia de ser un hombre muy anciano. Una dama noble y solícita, con santa paciencia le servía de muleta mientras que éste, a paso de tortuga, se me acercaba. Era la noche de apertura de unas conferencias que dictábamos en la ciudad de Los Ángeles, California.

Ya de cerca pude notar, para mi gran sorpresa, que se trataba de una persona insospechadamente joven. Su aspecto, hay que decirlo, era espantoso; su piel seca y descolorida estaba salpicada de costras y crecidos extraños que cubrían casi todo su horripilante cuerpo. Sin mucho preámbulo, la dama lo plantó a mi lado y, con tono suplicante y algo exigente, me dijo: "Pastor Frank, dígale algo, dígale algo, por favor". Entretanto, el caballero de aspecto calamitoso, sumido en un perfecto mutismo, me miraba con ojos que partían el alma.

¿Qué decirle a una persona en esas condiciones? ¿Qué podrían lograr mis palabras? Mi silencio hacia más incómoda la situación y nuestra dama se iba impacientando. En mi mente dirigí una plegaria al Cielo: "Señor, mis palabras no tienen poder alguno, pero si Tú hablas, si Tú te diriges a él, tus palabras son espíritu y son vida. Dime qué decirle. ¡Háblale Tú, Señor!"

Ahora era yo quien esperaba que se me dijera "algo". Bajo la tensión suplicante, los segundos parecían horas. De repente llegó la respuesta. No vino como audible voz celestial, sino a manera de rayo luminoso mi mente quedó elucidada con las precisas palabras que debía pronunciar. Se trata de una conocida declaración de Cristo, registrada para beneficio de todos en la Santa Biblia. *Mas buscad primeramente el reino de Dios y su justicia, y todas estas cosas os serán añadidas* (San Mateo 6:33). Era como si en ese momento la Biblia se redujera a ese singular verso. Fulgía en mi mente con una claridad y fuerza inconfundibles. Tan pronto salió de mis labios, pude notar la decepción que se retrataba en el rostro de la dama. No era lo que ella quería escuchar. Supongo que a sus oídos estas palabras, pese a su respaldo bíblico, parecían un cliché teológico gastado; algo para salir del paso. No se imaginaba ella el insospechado poder que hay en "buscar primeramente el reino de Dios y su justicia"; desconocía el poder del perdón.

Muy diferente al de la dama fue la actitud positiva que asumió nuestro "jorobado". Tomó él muy en serio aquellas palabras del Maestro. No faltaría a una sola noche de las conferencias. Escuchó las buenas nuevas de salvación en Cristo, poniendo en práctica todos los imperativos del reino que aprendía línea por línea y renglón por renglón. ¿Le serían añadidas las demás cosas?

En la penúltima noche de las conferencias, el joven llegó irreconocible: derecho como una flecha; ya no andaba con esa lentitud morbosa; ahora corría como lince. "Pastor Frank, tengo que dar mi testimonio; déjeme dar mi testimonio; tienen que saber lo que Dios ha hecho por mí". No hacía falta, en verdad, pues el público había observado su condición anterior y ahora todos dábamos gloria a Dios por su gran bondad. Pero él quería expresar su felicidad, y, siendo un hombre de pocas palabras, se valió de una ilustración muy dramática. "Quiero que vean" –dijo—, y sacándose la camisa dejó a la vista una piel completamente sana, limpia, el cuadro mismo de la salud. Entonces añadió: "¿No es Dios maravilloso? ¿No es Dios maravilloso? Sí, ¡Dios es maravilloso! Ese mismo Jesús nos dice a todos: *Ya vosotros estáis limpios por la palabra que os he hablado* (San Juan 15:3).

7 EL REPOSO QUE TU ALMA ANHELA SIN SABER POR QUÉ

Hace ya varios milenios que la lectura de los Salmos ha traído alegría y paz y consuelo sinfines al corazón de sus lectores.

Dicen los médicos que el cuerpo humano necesita vitaminas si ha de conservar su fuerza y salud. Del mismo modo, y aún en mayor grado, necesitamos una dosis diaria de vitaminas *espirituales*, la cual obtenemos leyendo estos poemas inspirados que tienen, cada uno, la virtud de vincular nuestros corazones al de Dios.

Entre los 150 salmos contenidos en las Sagradas Escrituras, el Salmo 92 es el *especialmente* designado por el salterio a exaltar el gozo que se experimenta al observar el día de reposo que Dios ha apartado, santificado y bendecido para el disfrute de sus hijos.

En este salmo no hay una sola nota discordante. Tampoco hay ni siquiera un solo momento triste en el día de reposo que viene a nosotros una vez por semana, como un santuario en el tiempo. Este día superespecial trae a nuestra tenebrosa existencia la sublime, pacificante y luminosa atmósfera del tercer y más alto cielo.

¿Es una carga legalística guardar este día? ¡No, mil veces no! El día de reposo es un *shabbat* (de esta palabra hebrea deriva nuestro "sábado" castellano); la palabra denota un cese, un reposo físico de envigoramiento sicológico, físico, emocional y socio-espiritual. En Éxodo 33, el mismo Señor anima a Moisés con estas palabras tan memorables como sentidas: *Mi presencia irá contigo, y te haré descansar* (versículo 14). Nótese que el reposo nuestro es obra de Dios; Él produce nuestro reposo.

El *shabbat* de Dios está muy lejos de ser un día de pereza física — esa idea es una caricatura que abarata la rica y compleja realidad comprendida en el verdadero día de reposo—, éste es, propiamente concebido, un día para reposar de la ansiedad, del temor, de la vanidad mundanal; es reposo de las mentiras y la crueldad, reposo del orgullo y la arrogancia. En resumen, el sábado es un día para gozar del cielo en la tierra. ¿Y qué es lo que transforma a uno de los siete días de la semana en un tesoro semejante? Es la presencia del Creador, que acompaña en forma muy especial su santísimo día.

Es como un huésped especial que viene a estar con nosotros.

Cuando se pone el sol, el viernes por la tarde, comienzan las horas sagradas de este don maravilloso. Nuestro Huésped especial se goza con nuestra compañía, y por eso con gusto apagamos la televisión, la radio, la música y los juegos de vídeo seculares hasta que pasan esas felices horas especiales. De hecho, cuando las horas del sábado llegan a su fin, nosotros y nuestros hijos nos sentimos un tanto tristes de que recaiga sobre nosotros otra semana con sus ineludibles afanes mundanales; y anhelamos su regreso.

En las casas de quienes lo observan se le da la bienvenida al Señor del sábado con un bello himno en el cual participan todos los miembros de la familia (incluso los niños). Luego leen juntos un pasaje bíblico sencillo que hasta los niños puedan entender. Y luego, como familia, se arrodillan juntos ante el Señor, y en oración le hacen saber que desean y agradecen su presencia ininterrumpida.

Nuestras Biblias nos dicen que el Salmo 92 es una "Canción para el sábado". Repasémoslo:

Versículo 1: *¡Cuán bueno es agradecerte, Señor, y cantar salmos a tu Nombre, oh Altísimo!*

¿Que qué hay de bueno en ello? Cuando cantamos al Señor, ¿quiénes cree usted, amigo lector, que se suman al canto? ¡Nada menos que los ángeles del cielo! Así, el canto no sólo adquiere belleza, sino que se convierte en una inhalación de la fresca y deliciosa atmósfera del cielo. Es "bueno" porque no hay nada que nosotros los humanos podamos hacer que nos produzca tanto gozo como el acto de cantar alabanzas a nuestro Creador y Redentor.

Versículo 2: *Anunciar tu amor por la mañana, y tu fidelidad cada noche.*

La "fidelidad" y el "amor" de Dios no nos dejan jamás; pero sólo cuando los "anunciamos" se vuelven especialmente deleitosos.

Versículo 3: ¡Sí, usemos en nuestro culto estos instrumentos de hermoso sonido, u otros semejantes! ... *al son del decacordio y el salterio, en tono suave con el arpa.*

Versículo 4: *Señor, por cuanto tus obras me han alegrado, en las obras de tus manos me gozo.*

¡Ah! ¡Ésta es la razón de observar el santo día del Señor nuestro Dios quien siempre obra en nuestro favor! Pensemos en lo que ha hecho por nosotros: A) Nos creó. B) En la cruz del Calvario nos salvó del mismo infierno. Cuando abrimos los ojos y caemos en sublime cuenta de los favores recibidos, no podemos más que caer de rodillas en solemne y excelsa e infinita gratitud, como transportados por la verticalidad del momento. Esta alegría es el secreto de la felicidad que trae consigo el reposo sabático.

Versículo 5: *¡Cuán grande son tus obras, Señor! Muy profundos son tus pensamientos.*

En el día de reposo nos detenemos, por así decirlo, en las playas del gran océano de los "pensamientos" de Dios, y comenzamos a captar, siquiera en escala mínima, cuán maravillosos son en realidad.

Y el más maravilloso de esos "pensamientos" de Dios es éste: *Aunque estoy afligido y necesitado, el Señor pensará en mí* (Salmo 40:17).

Amigo lector, piensa en esto por un momento, te lo ruego. El mismo Ser que creó todos los astros que ves resplandecer en el cielo nocturno... ¡piensa en ti! Dios es un vasto océano de amor en el cual se puede sumergir toda la humanidad; y, sin embargo, te selecciona como algo especial, y pasa tiempo pensando en ti, como si fuera tu mejor amigo... ¡y en efecto, lo es! Por lo tanto, el santo día sábado se convierte en el día en que pensamos en Aquel que piensa en nosotros (¡y lo hacemos sin las fastidiosas interrupciones de rigor! ¡Qué maravilla!). ¿Podría haber algo mejor en un mundo que piensa de contínuo en el mal?

Versículo 6: *El necio no sabe, el insensato no entiende.*

Cuando la Palabra de Dios dice que alguien es "necio" no está indicando por ello que se trata de un malhechor empedernido de ruindad irredimible. ¡Es simplemente alguien que no entiende! *Dos hombres subieron al templo a orar; uno fariseo, el otro publicano... El publicano, quedando lejos, no quería alzar los ojos al cielo, sino que golpeaba su pecho diciendo: 'Dios ten compasión de mí, que soy pecador'* (San Lucas 18:10-13).

Con todo, para un individuo orgulloso, es más fácil elevar la oración del publicano, que orar diciendo: "Dios ten compasión de mí, que soy un necio". Pero esto es lo que Dios dice que es cualquiera que "no entiende" cuánto gozo hay contenido en la bendición de su día de reposo. ¿No te sentirías necio o necia si descubrieras, demasiado tarde, que en el patio de tu casa hubo siempre enterrado allí un tesoro valorado en millones de dólares, sin que tu jamás lo supieras, y menos aun lo disfrutaras?

Ahora, el versículo 7 de nuestro Salmo 92 elucida un problema que inquieta a multitudes de gente buena y piadosa que se siente tentada a envidiar a los ricos y poderosos que prosperan en este mundo poblado de injusticias. Aprendamos la lección que aquí se nos participa: mientras más rápido prosperen y florezcan éstos, mayor será su caída: *Aunque broten los impíos como la hierba, y florezcan los malhechores, serán destruidos para siempre.*

Es como una maleza que crece con imparable celeridad. Pero, felizmente, cuando se la arranca deja simplemente un lugar vacío, el cual queda disponible para cosas mejores.

Versículos 8 y 9: *Pero tú, Señor, para siempre eres Altísimo y tus enemigos, Señor, perecerán. Todos los que obran maldad serán dispersados.*

¿Para qué desperdiciar un momento siquiera de nuestro tiempo envidiando a los ricos y poderosos del mundo? San Pablo nos recuerda cuando nosotros, con dinero o sin dinero, estuvimos *sin Cristo, alejados de la ciudadanía de Israel y ajenos a los pactos de la promesa, sin esperanza y sin Dios en el mundo...* (Efesios 2:12). ¡Qué pobreza era aquella!

Todo esto no hace más que recordarme de las ocurrencias de mi abuela, quien, señalando a una señora rica de consabida mezquindad y mal humor, me decía: "pobrecita ella, lo único que tiene es dinero".

Otra bendición del santo sábado es que todos los que lo observan se reúnen en su casa de adoración, juntos, lado a lado, ricos y pobres, todos iguales ante Él. Entonces comenzamos a discernir cómo la iglesia es "el cuerpo de Cristo". ¡Somos uno en Él!

Los versículos 10 y 11 nos recuerdan las preciosas promesas del Salmo 23: *Tú exaltarás mi fuerza como la del búfalo, seré ungido con aceite fresco. Mis ojos verán caer a mis enemigos. Mis oídos oirán la derrota de los malignos que se levantan contra mí.*

¿Recuerda el lector las palabras del Salmo 23? *Me preparas una mesa en presencia de mis angustiadores. Unges mi cabeza con aceite, mi copa está rebosando.* Durante la semana alguien se portó mal contigo, y aquello te causó dolor y perturbación de espíritu. ¡Ahora, en el santo día de reposo, esta promesa se cumple! ¡Todo el dolor de la injuria se desvanece!

Versículos 12 & 13: Guardar el sábado renueva nuestra fe y reanima nuestro espíritu, lo que un día regular, con sus quehaceres cotidianos, es incapaz de igualar. El shabbat semanal es para el creyente como un manantial de agua fresca ante la aridez de los afanes *du jour*: *El justo florecerá como la palmera, crecerá como el cedro del Líbano. Plantado en la casa del Señor, en los atrios de nuestro Dios florecerá.*

Dios no ha olvidado incluir en el Salmo 92 un regalo muy preciado para los de edad avanzada. Ojalá que los ancianos puedan comprender este versículo 14: *Aun en la vejez fructificará, estará vigoroso y lozano.* El acto de observar como santo el día sábado del Señor ha vigorizado sus almas. Semana tras semana se han alimentado del Pan de Vida que cada sábado por la mañana se sirve fresco en la casa de Dios.

¿Qué hace que los ancianos entre la congregación se sientan tan felices? Versículo 15: *Para anunciar que el Señor es recto.* Cada sábado que acuden a la iglesia para adorar con el pueblo de Dios, son testigos inconscientes del poder que Dios tiene para levantar el ánimo, prender el corazón, y avivar la fe. Llegan a ser una bendición para el pastor, ya que él también necesita alguien que le "anuncie" el poder salvador de nuestro Señor y Dios.

El día de reposo es exactamente lo que necesitamos ahora, en medio de esta vida agitada. Es una ráfaga de viento que refresca nuestra existencia asfixiante; un día de paz en el corazón, un puerto de refugio de las fieras tormentas marinas, un jardín regado por los ríos del Edén, una fuente refrescante en medio del seco y monótono arenal de la vida.

Lector amable, te invito a que comienzes de una vez a disfrutar las bendiciones de este *reposo que tu alma siempre ha anhelado sin saber por qué.*

8 CUANDO NOS SENTIMOS INDEFENSOS

En estos precisos instantes, en algún lugar del mundo, un niño acurrucado en un rincón de su alcoba tiembla de miedo, su padre alcohólico y abusivo regresa a casa tras una noche de borrachera y parranda. Hace falta un defensor...

En estos precisos instantes un turista admira con embeleso una deslumbrante mansión de Beverly Hills y se dice: si yo viviera así, ¡qué feliz sería! Lo que no sabe el visitor es el ignoto infierno de violencia doméstica que vive la dama ocupante. Hace falta un defensor...

En estos precisos instantes, un inocente ha sido sentenciado a cadena perpetua por un crimen que no ha cometido. Y, al oír cerrarse la reja a sus espaldas piensa ¿estoy solo? ¿habrá quién crea en mí y me defienda? Hace falta un defensor.

En estos precisos instantes, un niñito africano (¿latinoamericano?) con el estómago extendido y rostro demacrado, porque lleva semanas sin probar tan siquiera una migaja de pan, llora y se pregunta ¿hay alguien que se interese en mí? Hace falta un defensor.

En este mundo plasmado de injusticias, abusos y atropellos hace falta que alguien escriba con letras gigantescas en los cielos para que todo ojo las pueda ver, el grito de nuestra hermanada humanidad: "SE BUSCA: UN DEFENSOR".

Durante meses, el mundo contempló, horrorizado, las escenas terribles que brotaban de Kosovo. Los serbios "cristianos" ortodoxos y los albaneses musulmanes se destrozaban mutuamente con verdadera saña. Los serbios quemaban los hogares de los musulmanes, asesinaban a los hombres y echaban a las familias de sus tierras. Después, cuando se les permitió a los albaneses volver, ellos a su vez comenzaron a quemar los hogares de los serbios. Era la ley del Talión: ojo por ojo y diente por diente. Ambos bandos recuerdan injusticias que se han venido arrastrando por siglos. Si nuestros padres, abuelos y bisabuelos nos hubieran criado oyendo relatos de injusticias religiosas y étnicas, sería natural que en nuestro corazón ardieran sentimientos de amargura, de odio, y anhelos de venganza. Ni las bombas, ni los tanques, ni las armas automáticas, ni, por fin, los tratados de paz, pueden curar un corazón cuando en éste hierve la atávica caldera de odio. Todas las naciones de la OTAN, de hecho, todos los pueblos civilizados del mundo, estarían felices de ver a los serbios y los albaneses, y otras naciones en conflicto, experimentar una transformación, un profundo cambio de corazón en todo sentido. Pero el problema es un cáncer espiritual que lo ha infectado todo, de pies a cabeza. La OTAN no puede resolver esta clase de problema.

No creamos que podemos limitarnos a ser espectadores lejanos de cómo este drama se desarrolla en el escenario mundial, diciéndonos: "¡Qué lástima lo que sucedió en la ex Yugoslavia! ¡Menos mal que nosotros no somos así!"

La verdad, lector mío, es que sí somos así. La diferencia es que nosotros nunca hemos sufrido los horrores que les ha tocado sufrir a ellos desde los días del Imperio Otomano, en el siglo XIV. Nadie ha cometido una masacre con los hombres de *nuestro* poblado, quemado *nuestros* hogares con odio, ni violado a *nuestras* mujeres. Si nos halláramos exactamente en el lugar de ellos, seríamos exactamente lo que ellos son. Todos compartimos una herencia común: nuestra naturaleza humana pecaminosa; somos todos harina del mismo costal, por así decir.

Necesitamos que alguien super poderoso y ultra compasivo se conmueva y lleve consigo la disfuncionalidad, los malos tratos, los odios, la sed de venganza de la humanidad, y le ponga coto. ¿Lo hay? Ese Alguien existe.

Isaías 53:3-5 predice que sería:

(3) Despreciado y desechado entre los hombres, varón de dolores, experimentando en quebranto. . .

(4) Ciertamente llevó Él nuestras enfermedades, y sufrió nuestros dolores

(5) Mas Él herido fue por nuestras rebeliones, molido por nuestros pecados; el castigo de nuestra paz fue sobre Él, y por su llaga fuimos nosotros curados.

Tu dolor, tu enfermedad y tu angustia, ya Jesús los llevó, ya Jesús los sufrió, ya Jesús los enterró en aquella tumba de Arimatea. Y porque ese **Varón de dolores** también es el **Verbo de vida** está perfectamente habilitado para ser el perfecto Defensor, el perfecto Mediador, el perfecto Sacerdote y el poderoso Sanador de cuerpo, mente y espíritu.

1 Juan 2:1 dice que si alguno hubiere pecado, Abogado tenemos para con el Padre, a Jesucristo el justo.

"Abogado tenemos". Lo tienes tú. . . lo tengo yo. . . lo tienen todos. . . si lo desean.

Jesús es el único que puede interceder por ti ante el Padre; no busques otro. 1 Timoteo 2:5 dice: *Porque hay un solo Dios, y un solo mediador, entre Dios y los hombres, Jesucristo hombre. . .* Hay solo un mediador, tu abogado defensor que puede sacarte de la prisión de adicciones, de odios, de pasiones malsanas. . . de vivir rumiando los malos tratos que te ha propinado la vida; ese Mediador y Salvador se llama Jesús. Pero, sorpréndete ahora, el mismo Jesucristo tuvo que pasar por un proceso que lo calificara para llegar a ser nuestro comprensivo y efectivo Sacerdote:

Epístola a los Hebreos 2:10: *Porque convenía a aquel por cuya causa son todas las cosas. . . que habiendo de llevar muchos hijos a la gloria, perfeccionase por aflicciones al autor de la salvación de ellos.*

(Verso 11) Porque el que santifica y los que son santificados, de uno son todos: por lo cual no se avergüenza de llamarles

hermanos...

(Verso 14) Así que, por cuanto los hijos participaron de carne y sangre, Él también participó de lo mismo.

(Verso 17) Por lo cual debía ser en todo semejante a sus hermanos, para venir a ser misericordioso y fiel sumo sacerdote en lo que a Dios se refiere, para expiar los pecados del pueblo.

(Verso 18) Pues en cuanto Él mismo padeció siendo tentado, es poderoso para socorrer a los que son tentados.

Un muchacho estadounidense fue arrestado y acusado de homicidio. Su anciana madre que lo seguía a cada paso le rogaba que le dijera la verdad: "¿Hijo, lo hiciste tú? Hijo, dime, ¿eres culpable?" Con el semblante lívido y temblándole las manos, el hijo le aseguraba, "No, madre, no fui yo, soy inocente".

Más tarde, durante una sesión ante el tribunal, el juez al dirigirse a la madre le diría: "Si logra usted que Jaime confiese su delito, seremos menos severos con él". "Señor," replicó la anciana, es que usted no entiende. Jaime es inocente, me lo ha asegurado". Y a los amigos que acudían a ella para consolarla les sonreía diciendo: "Él no lo ha hecho, es inocente".

Por su parte, el abogado defensor que sabía que el caso estaba perdido, también intentó aconsejarla: "Señora, si puede persuadir al muchacho a confesar su delito, quizá logre salvarle la vida". Pero la madre replicó simplemente: "Gracias, señor, pero mi hijo es inocente; no puede confesar lo que no ha hecho".

Al término del proceso, el muchacho sería declarado culpable, y por fin llegaría el día señalado para la ejecución. En una última visita, el capellán lo amonestó con estas palabras: "Jaime, estás frente a frente a la eternidad, y nada más debes temer del hombre. Díme, ¿fuiste tú el homicida?" El muchacho guardó silencio durante unos momentos, y luego dijo: "Capellán, sí, fui yo. Por favor, dígaselo a mi madre".

El capellán se dirigió a la casa de la anciana señora. Bien sabía ella que había llegado el día terrible. Ya en la sala donde se hallaba esa madre, la halló con la cabeza hundida entre sus brazos que apoyaba sobre una mesa. Entonces el capellán le entregó la terrible noticia: "Señora, siento tener que decirle que Jaime es culpable. Me lo ha confesado él mismo".

Y esa madre hizo lo que otras madres habrían hecho, lo que habría hecho la mía, y la vuestra. Levantó serenamente su cabeza y con lágrimas corriendo por sus mejillas, imploró, "Vuelva allá inmediatamente, capellán, corra, por favor, dígale que yo lo amo".

De ese mismo modo envía Dios su mensaje de amor a todos los hombres que han pecado contra Él y que han quebrantado el corazón de su Hijo amado – "Ve, díles a los hombres, a los perdidos, a los que se sienten sin esperanza, que Yo los amo". Es el mensaje de San Juan 3:16: *Porque de tal manera amó Dios al mundo, que ha dado a su Hijo unigénito, para que todo aquel que en él cree, no se pierda, mas, tenga vida eterna.* Si quieres conocer a Dios, míralo en Jesús. Al morir en la cruz reveló a su Padre ante el mundo, y su mensaje fue una palabra – AMOR.

Las palabras de Cristo son palabras de amor, y son palabras de poder, puesto que provienen de Dios. Cristo nuestro sacerdote está ahora ante el trono del Padre. Pronto habrá terminado su sagrada intercesión – habrá sonado el último minuto en el reloj del tiempo – el último hombre habrá cruzado la invisible línea de la decisión dentro de su ser, y habrá dicho "sí" a los ruegos del Santo Espíritu. Y entonces los labios fieles de nuestro Jesús pronunciarán ante el tribunal divino las palabras del destino eterno: *El que es injusto, sea injusto todavía; y el que es sucio, ensúciese todavía; y el que es justo, sea todavía justificado: y el santo sea santificado todavía. Y he aquí, yo vengo presto, y mi galardón conmigo, para recompensar a cada uno según fuere su obra. . . Bienaventurados los que guardan sus mandamientos, para que su potencia sea en el árbol de la vida, y que entren por las puertas en la ciudad* (Apocalipsis 22:11, 12, 14).

¿Qué decidirás tú, mi buen amigo, amiga que lees? ¿Te hallas listo para oír esas palabras? Si las oyeras ahora mismo, ¿te sentirías feliz? Hoy, cuando Jesús tu sumo Sacerdote intercede por ti todavía, HOY cuando todavía puedes escuchar un mensaje como éste. HOY, cuando las puertas de la gracia están abiertas de par en par, ahora mismo, en este oportunísimo instante, haz tus paces con Dios, y dale, sin reservas, todo tu corazón.

Su nombre es Miguel y lo conocí en unas oficinas de alquiler de carros en Miami, Florida. Eran las dos de la mañana cuando llegamos al mostrador tras un viaje agotador en que la conexión de nuestro vuelo había demorado cuatro horas y media en despegar debido a un "desperfecto mecánico" [palabritas nada agradables para el viajero]. Sin las energías necesarias para el saludo de rigor, le entregué mi tarjeta de crédito con perfecto mutismo. Entonces advertí que el caballero no procesaba la tarjeta; la miraba con cierto embeleso, como quien acababa de ver un fantasma.

—¿Algún problema, señor? —protesté, delatando impaciencia.

—No, ninguno, usted perdone, señor González, es que en su tarjeta, debajo de su nombre, dice "La Voz de la Esperanza". No me diga que se trata del programa radiofónico.

—Me da usted la primera satisfacción de un día para olvidar —dije, recuperando vigor. Cuénteme, ¿cuándo y dónde escuchó usted el programa? —inquirí con interés.

—En Nueva York, de adolescente. Le confieso que fueron los mejores años de mi vida. Tomé el curso **Tiempo Joven**. ¡Qué maravilla! ¡Cuánto aprendí, y, qué feliz me hizo!

De repente le vi mudar su rostro, bajar la cabeza, hundir los hombros y el ánimo, y con mueca tristona decir en son de lamento:

—¡Cómo han cambiado las cosas! ¡Ahora vivo un infierno! (Me dio algunos detalles. Por cierto, se trataba de una sarta de desdichas). Figuraba prominente en ese llamado "infierno", su esposa. Las relaciones con ella iban de mal en peor.

Nuestro Miguel no estaba preparado para mi sorpresiva respuesta. Decidí valerme de un recurso sicológico conocido: la terapia choc.

—Así que, ¡tú eres la causa de mi extraño día! (Le conté sobre las ocho postergaciones del vuelo, las cuatro horas y media de retrasos, etc.); todo porque Dios te ama, querido Miguel. Ahora sé que ha sido Dios el que estaba detrás de mis peripecias de viajero, con tal de que yo pudiera decirte, querido, a esta insólita hora en que solamente estamos tú y yo en torno a este mostrador, que tu amante Padre celestial tiene planes de vida para ti; que Él nunca ha dejado de amarte!

Vi asomarse a sus ojos la luz de la esperanza seguida por dos lagrimones que no tardaron en correr por sus mejillas. Con rostro iluminado confesó que siempre tuvo la impresión que debía buscar una congregación cristiana y adventista, pero que por alguna razón no lo había hecho. Me aseguró que esta vez sí lo haría. Tuvimos una oración, tomó mis maletas y me acompañó hasta el vehículo. Nos despedimos con un fuerte abrazo y muy agradecidos ambos por el incomparable amor de Dios.

¿No es maravilloso comprobar que el amor de Dios nunca se da por vencido? Tal vez, en tu caso, amigo que lees, se trate de un hijo rebelde o ingrato, (o acaso un cónyuge infiel?) Tenga ánimo. Hay una promesa del Todopoderoso que invita a la bonhemía persistente, y reza así: *Echa tu pan sobre las aguas: porque después de muchos días lo hallarás* (Eclesiastés 11:1). Decía Spurgeon:

No hemos de esperar gratificación inmediata por el bien que hoy hacemos; ni hemos de limitar nuestra labor a personas que juzgamos darán a nuestros esfuerzos la más pronta y positiva respuesta. El egipcio echa su semilla sobre las aguas que del gran Nilo desbordan, tarea que a todas luces parece un enorme desperdicio de esfuerzo y semilla. Pero a su tiempo la inundación baja, también lo hace el arroz que penetra dentro del subacuático y fértil lodo, y a su tiempo produce buena y abundante cosecha. Hagamos el bien, desparramémoslo sin escatimar la acogida que se le dé. Aguas que nada parecen potenciar esconden en su fondo ignoto, un terreno tan fértil como fecundo. De la misma manera, nuestro trabajo para el Señor nunca es en vano. Nos toca a nosotros echar hoy ese proverbial pan sobre las aguas, y corresponde a Dios cumplir su promesa: "lo hallarás". Él no faltará a ella. La buena palabra que en su nombre hemos hablado, a su tiempo vivirá, y será hallada, y surtirá el resultado prometido. Un buen día, aunque sea tardío, segaremos lo que hemos sembrado.

Adaptado por el autor del "Libro de Cheques del Banco de la fe" de C.H. Spurgeon.

Sembremos la semilla de la verdad; hagámoslo con paciencia, con esperanza, con magnanimidad y con fe, sí, siempre con fe. El Señor sabrá retirarla crecida y abundante "después de muchos días". Consabido es que, en muchos casos, esos "días" vienen a ser meses, que pueden alargarse a años, sino a décadas. Con todo, la palabra perdura, sin perder jamás ni un ápice de su sazón. La promesa de Dios no quedará sin cumplimiento; echemos, pues, el pan de Dios sobre las aguas, echémoslo hoy.

9 NO MÁS ANSIEDAD

Uno de los males más generalizados de la modernidad es la ansiedad: la preocupación casi obsesiva respecto al futuro.

El hombre moderno no sólo enfrenta los problemas del presente, sino que en forma escéptica carga sobre sus espaldas la infructuosa inquietud sobre el mañana. Esa actitud, además de robar la paz, socava las energías para seguir adelante.

Se relata el caso de una persona que había realizado un extenso viaje y que durante el mismo había recorrido una enorme distancia a pie. Atravesó así ríos, montañas y bosques. Al preguntársele a su regreso qué era lo que más le había molestado de la travesía, contestó: "los granitos de arena que se metían en mis zapatos".

Son muchas las veces que permitimos que la arenilla de la desazón y del pesimismo se filtren en nuestra vida cotidiana, al extremo que resulta muy doloroso avanzar.

Cierto señor recorría un campo labrado. Todo estaba verde y prometedor. Al llegar a la casa del labrador, para estimularlo le dice:

--Amigo mío, tiene usted una hermosa cosecha. ¡Sin duda que este año se verá libre de preocupaciones económicas!

--Le diré –replicó el labrador–, está bien. Pero, sabe usted. Estas cosechas fuertes cansan el suelo.

Ésa es la actitud de muchas personas. Aun en medio de las situaciones más brillantes se sienten afligidas por algún mal real o imaginario. No son capaces de despojarse de los pensamientos deprimentes, y aun en medio de las circunstancias más prometedoras se dejan arrastrar por algún pensamiento morboso.

El pesimista recurre a una serie de argumentos gastados. Le echa la culpa a la "mala suerte", y concluye con eso de que "a mí todo me sale mal". Esto, en el fondo, se parece mucho al fatalismo; la idea de que es inútil luchar contra aquello que nos ocurre, porque las cosas que han de ser, serán, mal que pese a nuestra actitud o a nuestra voluntad o a nuestros deseos. Esto, insistimos, es fatalismo enfermizo que quizás sea una de las formas más agudas del pesimismo. Lord Tweedmuir observó: "Abundan los *ismos*... Túrbase y confúndase uno ante su número creciente. Hay nazismo, comunismo, fascismo... y no sé cuántos más. Por fortuna, se destruyen y eliminan los unos a los otros con salvadora efectividad. Sólo hay un *ismo* que produce fatalmente la muerte del espíritu: el pesimismo".

Mantengámosno en estado de alerta contra este peligro. Felizmente, nadie tiene el poder de someternos al pesimismo. Éste no es respaldado por ejércitos. Nunca se ha disparado una bala para defenderlo. Con todo, es el *ismo* más insidioso, porque ataca desde adentro; se asienta en el espíritu.

Seamos optimistas. Descubriremos en el optimismo un poder mágico.

Hace muchos años, una gran fábrica de zapatos envió cierta vez a un agente a estudiar las posibilidades del mercado de zapatos en uno de los países de África. Al cabo de un mes, éste envió un telegrama que decía: "Negocio imposible, todo el mundo anda descalzo".

Un tiempo después, la misma fábrica encargó la empresa a otro agente. Al cabo de pocos días de su arribo, este último enviaba un telegrama que decía: "Magníficas posibilidades. Todo el mundo anda descalzo".

He ahí la diferencia entre un pesimista y un optimista. El optimista en todo ve una oportunidad, y ni siquiera las peores circunstancias pueden desviarlo del esfuerzo y la lucha tenaces. La alegría, la confianza y el optimismo deben entronizarse en nuestros corazones. Es menester hacer nuestras las palabras que el Nazaremo impartiera en su famoso Sermón de la Montaña. Al contemplar a la multitud cargada de mil ansiedades, de incertidumbre y desazón, Jesús les dice: *No os afanéis, pues, diciendo: ¿Qué comeremos, o qué beberemos, o qué vestiremos? Porque los gentiles buscan todas estas cosas; pero vuestro Padre celestial sabe que tenéis necesidad de todas estas cosas. Mas buscad primeramente el reino de Dios y su justicia, y todas estas cosas os serán añadidas. Así que, no os afanéis por el día de mañana, porque el día de mañana traerá su afán y basta a cada día su propio mal* (San Mateo 6:31-34).

¿Por qué afanarse?, pregunta Jesús. ¿Qué ganamos con ello? ¿Por qué correr con impaciente solicitud en seguimiento del vestido, el pan y la bebida, olvidándonos que tenemos un Dios en los cielos que vela por nuestro bienestar? La triste respuesta a nuestros interrogantes la dió el padre José de Tamayo (1601-1685) en su obra *El mostrador de la vida humana,* cuando sentencia: "la codicia hace gustosas las fatigas".

En su obra *Contempla las estrellas,* el doctor Harold Marshall Sylvester Richards relata la experiencia vivida por un notable líder religioso al visitar la suntuosa mansión de un magnate petrolero. Después de un almuerzo abundante, el dueño de casa condujo al visitante a la terraza o mirador de su lujosa residencia, desde donde se podía observar, en todas direcciones, un tupido bosque de torres y bombeadoras de petróleo. "¿Ve usted eso? –dijo ufanamente– todo es mío. Hace 25 años vine a este país sin un centavo, y ahora me pertenece todo lo que usted puede divisar en esta dirección". Mirando luego hacia el lado opuesto, agregó: "También soy dueño de lo que usted ve en esta otra dirección". Observando después hacia el este, repitió una declaración similar. Finalmente, rebosante de satisfacción, el empresario dirigió su vista al oeste y, señalando una extensísima y fértil pradera, declaró: "También eso es mío. Trabajé y ahorré con tal empeño, que todo lo que hay en esa dirección en su campo visual me pertenece".

El multimillonario hizo una pausa esperando recibir una palabra de alabanza. Para su asombro, no recibió el encomio que esperaba. Por el contrario, el visitante, en forma bondadosa apoyó una mano sobre el hombro del empresario, y mientras con la otra apuntaba hacia el cielo, le preguntó: "¿De cuánto es dueño usted en esta dirección?" El hombre, cabizbajo, musitó: "Nunca había pensado en eso".

Se acerca el instante solemne cuando el Señor Jesucristo se manifestará, con todo poder, en las nubes de los cielos. Hay un sinfín de señales y profecías que indican la cercanía de este evento trascendental. Sin embargo, hay muchos que extienden sus miras en todas direcciones menos hacia la altura. Dios no entra en sus cálculos. No tienen en cuenta la eternidad. No sea usted, amable lector, uno de ellos.

Desde el 30 de julio al 2 de agosto de 1971 tuvo lugar una de las mayores hazañas espaciales del siglo XX. Los astronautas asignados a la misión Apolo XV recorrieron, ante el asombro del mundo, la superficie lunar. Durante 67 horas, estos tripulantes del espacio experimentaron la increíble sensación de ver su mundo óptico virado al revés: la Tierra en el cielo y la luna de "tierra". Realizaron atrevidas caminatas, escalaron montañas, tomaron fotografías, recogieron numerosas rocas lunares... en fin, disfrutaron de una aventura antes inimaginable.

En la primera jornada al salir de su módulo lunar, ocurrió algo singular. Habían alunizado a unos 600 metros del Pantano de la Decadencia –un valle embolsado en un cráter ubicado al pie de una cadena de montañas—. Desde allí empezaron a explorar esa zona, que es uno de los territorios lunares más ásperos y azarosos. Por fin llegaron a una quebrada de unos dos kilómetros de ancho y allí se detuvieron por un momento. Rodeados de un panorama espectral y oprimidos por esa soledad de belleza inusitada, uno de los astronautas exclamó: "... ¡Mirad las montañas y el aspecto que tienen al ser iluminadas por el sol! ¿No es algo hermoso? ¡Es realmente extraordinario!" Entonces su compañero, James Irwin, en tono ferviente le citó los primeros versículos del Salmo 121, que dicen: *Alzaré mis ojos a los montes; ¿de dónde vendrá mi socorro? Mi socorro viene de el Señor, que hizo los cielos y la tierra.*

No es de extrañar que el astronauta mencionara ese pasaje de la Sagrada Escritura. Rodeado por los montes solitarios e imponentes de la luna, y encontrándose a miles de kilómetros de distancia de la Tierra, en forma espontánea su mente se elevó hacia el Creador del universo. Con gozo dio expresión a su convicción de que sólo en Dios estaba la fortaleza para su alma y que únicamente de Él viene el socorro oportuno.

Tras su regreso a la Tierra, James Irwin rearfirmó su confianza en el Ser supremo, al decir: "No he encontrado nada en esta era científica que diluya mi fe en Dios. Mientras estaba en la luna, experimenté algo así como una sensación, como un sentimiento de que alguien estaba conmigo y me observaba, protegiéndome. He sentido su presencia en la Tierra varias veces, pero nunca sentí tanto su proximidad como cuando estuve en la luna".

¡Qué gran privilegio es alzar nuestros ojos hacia la altura y saber que nuestro único socorro se encuentra en Dios! Y... ¡no tenemos que ir a la luna para experimentarlo! En esta Tierra, a cada paso que damos, tenemos la oportunidad de encontrarnos con Dios y de confiar en Él. Aconsejaba S. H. Payer:

AMA cada día plenamente.

APROVECHA todo lo que puedas de cada hora, cada día y cada año de tu vida. Depués podrás contemplar el futuro con confianza y certeza, y recordar el pasado sin que inquiete la conciencia.

SÉ TÚ MISMO, pero sé lo mejor de ti.

TEN VALOR para ser diferente y para seguir tu propia estrella. No tengas miedo de ser feliz.

DISFRUTA todo lo que es bello.

AMA con todo corazón y con toda tu alma, confía en que aquellos a quienes amas, también te aman.

ESCUCHA las voces de aquellos que el mundo desprecia, porque cada persona tiene en sí algo de digno y suyo.

NO HAGAS CASO de lo que el mundo te debe y concéntrate en lo que tú debes al mundo.

OLVIDA lo que haz hecho por tus amigos y recuerda lo que ellos han hecho por ti.

IGNORA lo difícil que parezcan los problemas de la vida, tu mundo debe serte aún maravilloso. Siente que él es tu casa, como el niño goza el hogar de su propio padre.

CUANDO TENGAS QUE DECIDIRTE, hazlo con inteligencia y depón la duda, porque nunca hallarás el momento de seguridad absoluta.

RECUERDA –sobre toda cosa–, que Dios ayuda a los esforzados que no se dan por vencidos.

ACTÚA como si todo dependiera de ti, y ORA como si todo depende de Dios.

10 ANTE EL SILENCIO DE DIOS

¿Quién no se ha melancolizado alguna vez al no recibir respuesta definida a los clamores de su corazón? ¿Cuando los cielos parecen estar cerrados con puertas y cerrojos de acero? ¿Acaso se mantiene el Infinito mudo e impasivo ante los ruegos humanos? ¿Qué sentido tiene su misterioso lenguaje del silencio? ¿Es señal de indiferencia o se trata de una extraña manifestación de amor?

El conocido escritor indio Radindranath Tagore, premio nobel de literatura en 1913, ha dicho: "El silencio de Dios madura los pensamientos del hombre". Sin duda, y podríamos añadir que no solamente madura sus pensamientos, también su carácter.

Como los niños, a veces somos impertinentes y hacemos caso omiso al lenguaje del silencio. Pero éste, con fecunda verticalidad, eleva el pensamiento a donde el bullicio mundanal pierde su pseudo-altilocuencia para dar lugar al verbo del Verbo. En verdad, el Señor siempre nos escucha con atenta y diligente consideración. Con invariable solicitud deja llegar a su presencia los ruegos del corazón. La mal llamada "tardanza" en su respuesta no procede de descuido, sino que obedece a sus siempre acertados propósitos de salvación que permiten que las pruebas y las dificultades (siempre a su servicio) sirvan para purificar nuestra fe y fortalecer nuestro carácter.

Lo afirman las Sagradas Escrituras con estas inconfundibles

palabras: *Dios es fiel, y no permitirá que ustedes sean tentados más allá de lo que puedan aguantar. Más bien, cuando llegue la tentación, Él les dará también una salida a fin de que puedan resistir* (1 Corintios 10:13).

Sí, a veces el Señor demora su respuesta a fin de que escuchemos mejor su voz y nos reconectemos a la intención divina, *las obras que Él preparó de antemano para que anduviésemos en ellas* (Efesios 2:10).

Hubo alguien, sin embargo, que levantó su voz al cielo y no recibió respuesta audible alguna, ni temprana ni tardía. Fue el más perfecto de todos los seres humanos. Inexplicablemente, a pesar de su perfecta inocencia, fue tratado como el peor malhechor del planeta y sentenciado a la muerte más dolorosamente cruel que la malévola imaginación humana ha podido jamás concebir.

Contemplemos la escena de la cruz. El Maestro está a punto de ser clavado en ella. Lo rodea una multitud heterogénea de hombres y mujeres. Hay entre ellos escribas, fariseos, sacerdotes, agitadores distribuidos estratégicamente entre la multitud encargados de excitar la sed de sangre.

Muchos de los presentes fueron en calidad de simples curiosos. Toda tragedia, sobretodo si en ella corre sangre, tiene una atracción morbosamente fascinante sobre los que, para su infamia, alcanzan verla. Quieren ver. Y allí estaban los que querían ver. Estaban también sus discípulos: Pedro, Juan y los demás, con la muerte en el alma. ¿Terminaban allí, de aquella manera tan humillante, todos los sueños de grandeza que se habían forjado?

Allí estaba también el número requisito de la soldadesca romana para llevar acabo la horrorosa tarea. Allí estaba el prominente comandante, el centurión, a quien la tradición asigna el nombre de Longinos, quien poco después reconocería la divinidad del Maestro.

Y por fin, la crucifixión, la crueldad, la ingratitud para con Aquel que vino para *salvar lo que se había perdido* (San Lucas 19:10). La ingratitud para con Aquel que había venido para darnos vida, pero a quien desestimamos y tuvimos por peor que Barrabás.

Y el escarnio. Las palabras soeces, crueles e hirientes. El Evangelio según San Mateo declara lo siguiente: *Y los que pasaban, le decían injurias, meneando sus cabezas, y diciendo: Tú, el que derribas el templo, y en tres días lo reedificas, sálvate a ti mismo; si eres Hijo de Dios desciende de la cruz* (San Mateo 27:39, 40).

Y contra toda esa ignominia, Jesús de Nazaret opuso el perdón más generoso y más amplio dable. Fue en aquella hora cuando dijo: *Padre, perdónalos, porque no saben lo que hacen* (San Lucas 23:34). Esa es la esencia del movimiento cristiano, esa es la esencia de la cruz: el perdón. Precisamente para que los hombres lo obtuvieran, Jesús de Nazaret moría en aquel Calvario deicida, abriendo de esa *sui generis* manera una posibilidad de cielo y de salvación. Bendita sea la cruz de nuestro Señor Jesucristo. Bendita sea dentro de nuestros corazones.

En ese momento de imprecedente angustia, tinieblas cubrieron la tierra. Entonces Jesucristo clamó a gran voz, diciendo: *Elí, Elí, ¿lama sabactani? (Que significa: Dios mío, Dios mío, ¿por qué me has desamparado?)* Algunos pensaron que llamaba al profeta Elías. Alguien tomó una esponja, la empapó de vinagre y poniéndola en una caña, dio de beber a Jesús. Los demás seguían alargando burlas y mofas y risas.

En esa ocasión el silencio de Dios fue más impresionante y doloroso que la muerte misma. El Hijo de Dios levantó su voz implorando que su Padre eterno se dignara a responderle, pero el desamparo parecía completo.

¿Por qué, por qué?, clamó Jesucristo. Volvió a levantar su voz, pero no hubo respuesta. Así, atormentado por los hombres, y sin recibir de su Padre otro auxilio que el dado en su Palabra, entregó su vida por nosotros. Solo, tremendamente solo, bebió la copa de la aflicción.

¿Por qué el cielo veló su rostro y permitió semejante agonía? El profeta lo había advertido siglos antes: *Él fue traspasado por nuestras rebeliones, y molido por nuestras iniquidades; sobre él recayó el castigo, precio de nuestra paz, y gracias a sus heridas fuimos sanados. Todos andábamos perdidos, como ovejas; cada uno seguía su propio camino, pero el Señor hizo recaer sobre él la iniquidad de todos nosotros* (Isaías 53:5 NVI).

Bien lo dice el apóstol San Pablo: *El que no escatimó ni a su propio Hijo, sino que lo entregó por todos nosotros, ¿cómo no habrá de darnos generosamente, junto con Él, todas las cosas?* (Romanos 8:32).

Amigo que lees, no vacilemos jamás. Depositemos nuestra

confianza en Dios bajo toda circunstancia. La promesa de su Palabra es: *Pidan, y se les dará; busquen, y encontrarán; llamen, y se les abrirá* (San Mateo 7:7). Sí, pidamos con fe, con perseverancia, con humildad; aprendamos a escuchar y aceptar el silencio de Dios y descubriremos que siempre, aunque sea en exquisita inescrutibilidad, el único y gran lenguaje divino es el del amor.

El filósofo alemán Immanuel Kant dijo una vez: "Dos cosas hay que me maravillan: fuera de mí, la bóveda estrellada; dentro de mí, la voz de la conciencia". Gracias al logro de Cristo en su cruz, esa voz admirable y misteriosa resuena dentro de cada corazón humano. La conciencia vibra y se impone sobre todos los esfuerzos que el enemigo de las almas milita para sofocarla. La conciencia es el vigía divino que nos indica la senda del deber, señala nuestras faltas y estimula propósitos más altos de lo que la imaginación humana puede concebir. Con frecuencia, seducidos por caprichos, vanidad o egoísmo, preferimos seguir el dictado de otras voces distrayentes. Dejamos de cumplir nuestros deberes familiares, faltamos a la palabra empeñada, nos permitimos pensamientos impuros o cargados de odio y de venganza, a sabiendas de que actuamos mal.

Felizmente, la conciencia, aunque casi obliterada en algunos, resulta inacallable. Ojalá existiera un altoparlante para su débil susurro. Nuestra lealtad a ese mensajero interior debiera ser inquebrantable. Como declarara Mahatma Gandhi: "El único tirano que tolero en este mundo es la tenue voz que habla en lo íntimo de mi ser".

Sin embargo, muchas veces sucede que al desoír esa voz repetida y obstinadamente, la conciencia se cauteriza y deja de ser el mensajero divino, para transformarse en el confuso eco de sentimientos y pensamientos tan vanos como equivocados.

Para evitar ese riesgo y aclarar nuestras dudas, debemos recurrir a la Biblia. En ésta se expresa con meridiana claridad la voluntad divina. En sus páginas, el Hacedor de todas las cosas habla al ser humano con amor y luminosidad impresionantes. Cuando es aceptada y escuchada, esa Palabra se transforma en la luz inextinguible que ilumina la conciencia más entenebrecida; es la brújula infalible que orienta con certeza en el mar de la vida.

En la segunda Epístola de San Pablo a Timoteo, podemos leer: *Desde tu niñez conoces las Sagradas Escrituras, que pueden darte la sabiduría necesaria para la salvación mediante la fe en Cristo Jesús. Toda la Escritura es inspirada por Dios y útil para enseñar, para reprender, para corregir y para instruir en la justicia, a fin de que el siervo de Dios esté enteramente capacitado para toda buena obra* (2 Timoteo 3:15-17).

En las Sagradas Escrituras encuentran el oportuno consejo tanto los padres como los hijos, el esposo y la esposa, el sabio y el ignorante, el pobre y el rico, el que sufre y el que goza, el que ama y el que vive con el ansia de amar. A todos, sin excepción alguna, Dios les habla. Le habla al que profesa servirle lo mismo que al impenitente empedernido. Dios habla a toda persona, pero en especial a quien ha caído derrotado por el pecado. Si no fuera por ello, ¿qué esperanza habría para la humanidad? Si la misericordia divina se acortara y la voz del perdón se enmudeciera, ¿cuál sería el destino de nosotros, pobres pecadores?

¿Cuál es nuestra respuesta a la voz de Dios? ¿Nos disponemos a escuchar? ¿La recibimos con humildad y solicitud? ¿Procuramos depender de sus promesas y consejos?

Hace muchos años, en medio de la oscuridad nocturna, Dios habló repentinamente a un jovencito llamado Samuel. En dos ocasiones, este no comprendió que era el mismo Señor quien le hablaba. Por tercera vez llamó el Señor a Samuel. El joven se levanta por fin y va a donde estaba Elí. "Aquí estoy", le dijo, "¿qué se le ofrece a vuestra merced?" Entonces Elí cae en cuenta de que el Señor nuestro Dios estaba llamando a su joven aprendiz. "Ve y acuéstate", le dijo Elí. "Si alguien vuelve a llamarte, dile: ´Habla, Señor, que tu siervo escucha´.

Samuel obedeció y, efectivamente, el Señor se le acercó y lo llamó de nuevo: "¡Samuel! ¡Samuel!"

"Habla, que tu siervo escucha", respondió Samuel.

¡Qué respuesta maravillosa a la voz de Dios! Imitemos la actitud, amable lector. Con reverencia digámosle a nuestro Dios: ¡Habla, Señor, porque me da muchísimo gusto escucharte y hacer todo lo que Tú me dices!

Sólo el Todopoderoso puede eliminar de nosotros cualquier soledad enfermiza. Por eso dice el profeta Isaías refiriéndose al hombre que Dios "consolará todas sus soledades, y cambiará su desierto en paraíso, y su soledad en huerto de Jehová; se hallará en ella alegría y gozo, alabanza y voces de canto" (Isaías 51:3).

Que esa sea nuestra experiencia. Que, con la presencia de Dios en nuestro corazón, nuestra vida se pueble de belleza, de luz, de amor, de esperanza, de serenidad, de cielo. Y que resuenen en nuestro corazón las palabras de Francisco Estrello, que dicen:

> *A cumbres serenas asciende*
> *y báñate el alma de luz;*
> *agita las alas en ansia de vuelo*
> *y llena de cielo, lo gris de tu cruz.*
> *De auroras inunda la vida;*
> *desbórdese en ti la canción;*
> *y cada día lleva a tu alma prendida*

11 "EL ALA QUE NOS PRESTA DIOS PARA VOLAR AL CIELO"

En el rancho del abuelo materno, don Miguel, el ganado llevaba su hierro y su marca. Sus nietos no nos escapamos del todo. En este mundo nada ni nadie nos marca tanto como nuestros progenitores. De ellos recibimos una herencia genética y psicosocial de la cual cuesta sustraerse; sino obliga, inclina. Por mucho que pese o que agrade, hay harta verdad en aquella aseveración que sentencia: "de tal palo, tal astilla" o, al decir de los norteamericanos, "la manzana no cae muy lejos del árbol".

El muchacho entra en su casa, resplandeciente de alegría.

—¿Qué te ocurre que vienes tan risueño?

—Es que me estoy acordando de lo que me platicaste el otro día, cuando me dijiste que en una ocasión te expulsaron del colegio por mala conducta.

—Sí, aunque triste, fue un episodio muy divertido —respondió el padre, de buena fe y sin adivinar el objetivo del muchacho.

—Pues prepárate a reírte otra vez, papá: voy a contarte cómo me expulsaron también a mí del colegio.

A mi madre debo mi peor adicción: la lectura. Mis primeras memorias tienen que ver con lecturas que ella me hacía y, más tarde, con libros que ponía en mis manos. ¡Había que leerlos! Las preguntas probativas no se hacían tardar.

¿El resultado? Una adicción complicada. "Complicada", porque *quien añade ciencia añade dolor* (Eclesiastés 1:18). Es que la lectura introduce un gris inquietante al blanco y negro de nuestras certitudes. El anglosajón dice con agudeza irónica, *Ignorance is bliss* (La ignorancia es gloria). Decía Anatole France, "La oscuridad nos envuelve a todos, pero mientras el sabio tropieza en alguna pared, el ignorante permanece tranquilo en el centro de la estancia". Feliz "tranquilidad" aquella, pues, "nada hay más espantoso que una ignorancia activa" (Goethe).

Alguien ha dicho (¿Bury?) que "el amor a los libros es amor a la sabiduría", estribillo que habitaba en los labios de mi madre. Pero..., ¿es siempre así? ¿Por qué lee la gente? ¿Por qué no lee? ¿Qué conviene considerar al adquirir conocimiento?

Muchos no leen, sospecha nos da, para evitar el compromiso de ser consecuentes con lo aprendido. Y otros tantos, leen demasiado, no porque son intelectuales, sino porque en la persecución desenfrenada del conocimiento encuentran excusas para postergar sus decisiones hasta tener "suficiente información"; y, como nunca consideran haber aprendido lo bastante para saber qué es lo que conviene poner en práctica, permanecen como esponjas, asimilando siempre, pero sin dar de sí a menos que los "estrujen".

El excesivo estudio sin la aplicación práctica de los principios básicos para vivir en armonía con Dios, con los demás y con nosotros mismos, es tan estéril como la propia ignorancia, y aun más condenable que ella porque "sabe hacer lo bueno, y no lo hace" (Santiago 4:17). Salomón –el más célebre sabio que ha entregado la historia– ya lo había advertido: *No hay fin de hacer muchos libros; y el mucho estudio es fatiga de la carne.* Y añade: *Teme a Dios y guarda sus mandamientos; porque esto es el todo del hombre* (Eclesiastés 12:12, 13).

El saber "es el ala que nos presta Dios para volar al cielo" (Shakespeare). No nos podemos proponer un oficio superior que el de buscar, conquistar y expresar la verdad. No *tu* verdad, ni *mi* verdad, sino *la* verdad. Decía Antonio Machado, "¿*Tu* verdad? No, *la* verdad; y ven conmigo a buscarla. La tuya guárdatela".

Una noche el tío Juan les preguntó a los niños:

—¿Cuántas piernas tendría una oveja si a su cola también la llamaran pierna?

—Cinco, —se apresuraron a contestar los niños—. Pero el tío respondió:

—No, niños, aunque a la cola se la llame pierna, no por eso deja de ser cola.

El tío Juan tiene razón. Hoy hay mucho que llamamos "moral" o "verdad" que, sin embargo, "no deja de ser cola".

Entonces, hay que saber leer. Lo dijo el apóstol Pablo, *Examinadlo todo; retened lo bueno* (1 Tesalonicenses 5:21). "Lo bueno" es la verdad, aquella que "adelgaza y no quiebra, y siempre anda sobre la mentira, como el aceite sobre el agua" (Cervantes). Esa verdad se recibe sólo de Dios.

El gran Isaac Newton musitaba, "No se qué pensará el mundo de mí, pero a mí mismo me parezco un niño que juega en la playa buscando un guijarro más pulido, o una concha más vistosa que las demás, mientras el gran océano de la verdad se despliega ante mis ojos sin que yo sepa lo que guarda en sus inmensidades".

Felizmente, los años enseñan a leer mejor, sino menos. La lectura deja de ser un fin en sí mismo, y pasa a ser aquello que inspira el alma; que la reconecta al Espíritu de quien salió y que le ha concebido un destino feliz y extraordinario. La lectura que no contribuya a ese fin, hay que descartarla por inservible. *Por lo demás. . .todo lo que es verdadero, todo lo honesto, todo lo justo, todo lo puro, todo lo amable, todo lo que es de buen nombre; si hay virtud alguna, si algo digno de alabanza, en esto pensad* (Filipenses 4: 8).

Si somos humildes, admitiríamos que hay sólo una lectura que resulta transformante. Jesús la señala al decir en su oración por nosotros a su Padre y nuestro Padre: *Santifícalos en la verdad, tu palabra es verdad* (San Juan 17:17).

¿La estamos leyendo? ¿Conocemos su poder? Es la única fuente que contiene "el gran océano de la verdad" del cual habla Isaac Newton. Sus sagradas páginas guardan las inmensidades de los misterios del infinito. Nos revelan su infinito y eterno amor por nosotros. Y lo que es más glorioso, cada página nos apunta y guía al Salvador del mundo, Cristo Jesús. Aquel que vino a este mundo azaroso e inhóspito para darnos la vida plena y feliz que él murió y sufrió para otorgárnosla.

Abre tu corazón a la poderosa Palabra de Dios. Si lo haces podrás sumarte al sentir del poeta (cuyos versos recuerdo pero, mal que me pese decirlo, no al autor de ellos):

Debe haber un libro...
Debe haber un libro
que diga la cosa que preciso yo:
la palabra justa, clara, sabia, buena
que anhelando estoy.

12 VENCIENDO LAS EMOCIONES NEGATIVAS

No hace mucho tiempo una persona con quien hablábamos nos decía: "Estoy cansado de todo. La vida se me ha convertido en una carga y ya no puedo con ella".

¿Es éste un caso aislado? ¿Es ésta la única persona en el mundo que se siente así? No. Hay miles, digo mal, hay *millones* de seres humanos con el alma enferma, cuyo espíritu, cuya voluntad de vivir cuelga de un frágil hilo emocional.

Tal vez, también usted, amiga, amigo que lee, alguna vez ha experimentado esa sensación de vacío existencial que nos hace considerar la vida como algo inútil. No está solo, sola. En su poema "Hay Días..." dice Luisa Luisi:

> *Hay días en que pesa*
> *el corazón como si fuera plomo,*
> *en que ni fuerzas tiene la cabeza*
> *de erguirse con aplomo.*
> *Hay días en que el alma*
> *cansada de sentir, pide reposo,*
> *en que el olvido de la eterna calma*
> *es un consuelo misericordioso.*

Hay días de tristeza sin objeto
y lágrimas sin causa;
porque el mal que se sufre es el secreto
mal de la vida, sin final ni pausa.
Hay días de abandono tan completo,
de soledad tan vasta,
que al corazón, a su dolor sujeto
el cariño no basta.
Son los lúcidos días en que la mente
de su ilusión piadosa libertada,
sufre, inconscientemente,
la atracción de la nada.

Una de las quejas más comunes de quienes buscan consejo, es que sus emociones los traicionan y les impiden ser felices. Hay esposas que dicen: "Mi esposo me fue infiel hace años. Después se arrepintió, y yo lo perdoné. Pero no he podido volver a quererlo como antes. Aunque sé que nunca más ha vuelto a caer, no siento el amor que quisiera tener por él. No puedo evitarlo".

Cierto joven nos decía: "No puedo hablar con mi padre, porque cuando él no me comprende y se vuelve obstinado, me enojo tanto que no puedo hablarle, y mejor me callo antes de decirle alguna grosería".

Podríamos citar un ejemplo tras otro de personas que sufren mucho porque se sienten arrastradas, casi dominadas por las emociones. Muchas veces ni cuenta se dan de que se han convertido en esclavas de las mismas. Consideran su proceder lo más natural del mundo. Otros, como los que acabamos de citar, quisieran controlar sus emociones y sentimientos negativos, pero no pueden.

¿Cuál es la posición que debemos adoptar frente a nuestras emociones, para vivir como seres responsables y maduros, sin causar tormentos innecesarios a quienes nos rodean y comparten su vida con nosotros?

En primer lugar, dejemos establecido un hecho fundamental: las emociones y sentimientos que de tanto en tanto embargan nuestro ánimo son productos legítimos de nuestra existencia, y debemos reconocerlos como tales.

¿En qué nos basamos para afirmar esto? Simplemente, en que la Palabra de Dios, la fuente infalible de toda sabiduría, lo señala; nos enseña que hemos sido creados a imagen y semejanza de Dios. Y, por ende, no debe sorprender que nuestra naturaleza emocional refleje, aunque sea atenuadamente, la de nuestro Padre celestial. La Sagrada Escritura describe el carácter de Dios con el fin de que lo podamos imitar. La enseñanza más clara que encontramos en las páginas sagradas referente al carácter de Dios es la que se registra en la primera carta del apóstol Juan que nos dice: "Dios es amor" (4:8). Esto quiere decir que nuestro Padre celestial es un ser capaz de sentir emociones muy profundas, como son las relacionadas con el amor. Y en Proverbios 6:16 se nos revela que, "Seis cosas aborrece el Señor, y aun siete abomina Su alma". Así que Dios no sólo es capaz de sentir amor, sino también de aborrecer. Y, bien sabemos que el aborrecimiento es una emoción que, por lo general, se considera negativa. En otros pasajes la Escritura habla de los "celos" que Dios siente cuando le somos infieles, y de la "ira" que lo embarga cuando los seres humanos se rebelan abiertamente contra Él.

Si quisiéramos comprender más plenamente esta verdad tendríamos que evocar el ejemplo de nuestro Señor Jesús, quien a lo largo de su vida sintió alegría y tristeza, amor, ira, pena, compasión y muchas otras emociones que consideramos típicamente humanas.

No debemos, entonces, permitirnos creer que el sentir alguna de estas emociones básicas sea pecado. No. El pecado consiste en darles un lugar que no les corresponde en nuestra vida. En otras palabras, el problema estriba en permitir que nuestras emociones se hagan destructivas y gobiernen nuestra voluntad sin estar bajo el dominio de la razón. Entonces, sí que surgen dificultades en nuestro camino. Las emociones toman un giro destructivo cuando las ponemos al servicio de intenciones y propósitos malsanos.

Volvamos a considerar el carácter de Dios. Si bien es cierto que nuestro Padre celestial siente ira en ciertas ocasiones, las descripciones al respecto aseveran que nuestro Dios es, "tardo para la ira, y grande en misericordia" (Éxodo 34:6), y que "se duele del castigo" (Joel 2:13). Es evidente, entonces, que, en el caso de nuestro Dios, sus emociones están firmemente controladas por su razón y voluntad. Aun su amor está controlado por su razón, pues, si necesitamos disciplina, no vacila en administrarla, a pesar de que, como ya hemos visto, le duele tener que castigarnos.

Pero, si las emociones son legítimas, ¿por qué, entonces, nos causan tantos tropiezos? Simplemente porque no siempre quedan bajo el control de la voluntad y de la razón, y, en consecuencia, actuamos sin considerar debidamente los derechos y los intereses ajenos. Corremos el peligro de volvernos egoístas y crueles.

Hay personas que toman un camino completamente opuesto, pero que, al fin de cuentas, no es otra cosa que el otro lado de la moneda del mismo error. Al ver cuán peligroso es dar rienda suelta a los sentimientos, los reprimen. Si oyen una historieta humorística, su rostro no cambia de expresión. Si se los insulta, permanecen impasibles. Si fallece un ser querido, se tragan las lágrimas. Según estas personas, expresar un sentimiento, es mostrar debilidad. Pero, una vida así, se empobrece innecesariamente. Muchos que optan por la vida impasible terminan aislados, relegados, y hasta ignorados.

El apóstol San Pablo nos da el siguiente consejo: *Airaos, pero no pequéis; no se ponga el sol sobre vuestro enojo, ni deis lugar al diablo* (Efesios 4:26 y 27). Queda claro, entonces, que airarse, de por sí, no es pecado. El mal está en permitir que esa emoción permanezca en nuestro corazón sin ser resuelta, ya que eso "le da lugar al diablo".

Una escritora muy sabia señala con acierto:

Muchos agravan el peso de la vida al cargarse continuamente de antemano con aflicciones. Si encuentran adversidad o desengaño en su camino, se figuran que todo [ello] marcha hacia la ruina; que su suerte es la más dura de todas; y que se hunden seguramente en la miseria... La vida se vuelve una carga para ellos. Pero, no es menester que así sea. Tendrán que hacer un esfuerzo resuelto para cambiar el curso de sus pensamientos. Pero el cambio es realizable. Su felicidad, para esta vida y la venidera, depende de que fijen su atención en cosas alegres. Dejen ya de contemplar los cuadros lóbregos de la imaginación; consideren más bien los beneficios que Dios esparció en su senda, y más allá de éstos, los invisibles y eternos. (Elena Gould Harmon de White, El ministerio de curación, p. 191).

Decía Antonio Machado: "La virtud es fortaleza, y ser bueno es ser valiente". Somos fuertes y somos cristianos cuando anteponemos serenidad ante cualquier tipo de provocaciones, cuando no nos dejamos llevar por la impaciencia, por la intolerancia de los demás. ¿Suponemos a Jesús malhumorado, respondiendo a alguien de mala manera?

No. ¿Y por qué no nos inspiramos en su ejemplo? ¿Por qué no expresar nuestra bondad hacia los demás en una cortesía que no conozca mudanza?

Es probable que alguien esté dispuesto a discutir este punto, alegando que su caso es diferente, que en él hubo elementos que justifican una reacción enque la cortesía y la bondad andan sobrando. Pero si el Señor está en nuestro corazón, no nos costará entender que el cristianismo es mucho más que un manual de urbanidad que se puede arrojar lejos de uno cada vez que lo creamos justificado. No, Dios no cambia sus normas para acomodarlas a nuestras tendencias o pasiones o argumentos.

Alguien ha sugerido que quien tiene el hondo sentido de hacer bien, con absoluto desinterés y desprovisto de todo egoísmo, es el bondadoso. El hacer favores pensando en que pueden ser devueltos con creces por la persona a quien se le hacen es efectuar 'una inversión', como se dice ahora en el grosero lenguaje del materialismo. El bondadoso por naturaleza, no aguarda ni aun la gratitud de aquel a quien hace el bien.

La bondad es un estado de ánimo natural y los actos que entrega son espontáneos como los frutos del árbol. El bien, la bondad y la cortesía nacen del corazón. Por eso dijo el Maestro: *El buen hombre del buen tesoro de su corazón saca bien; y el mal hombre del mal tesoro saca mal; porque de la abundancia del corazón habla la boca.* (San Lucas 6:45).

13 PERDONAR + OLVIDAR= SANAR

Se cuenta que cierto hombre fue acusado ante el emperador de los franceses, el gran Napoleón Bonaparte, como participante en un complot contra el imperio. La prueba la constituía una carta escrita por dicho hombre, y contra él se pronunció sentencia de muerte.

La esposa de este hombre acudió al emperador, y le rogó con lágrimas que salvara a su esposo. Fue tan impresionante y patético su ruego que Napoleón ordenó a su secretario que le trajese la carta acusadora. Cuando la tuvo en sus manos se la mostró a la mujer y le preguntó: "¿Es esta la letra de vuestro esposo?" Ella admitió que sí era. Volviéndose hacia el secretario, Napoleón pregunta: "¿Es esta la única evidencia que hay contra él?" "La única," ratificó el secretario. Acto seguido, el emperador toma la carta, y, ante los ojos asombrados de la mujer, la arroja al fuego, y volviéndose a ella le dice: "No existe ya evidencia contra vuestro esposo. Váyase en paz". Napoleón supo perdonar. ¿Sabemos perdonar nosotros?

Si hay algo que al hombre le resulta difícil de pedir, y difícil de otorgar, es el perdón. Sin embargo, el perdón es precisamente el fundamento de nuestra nuestra salud integral y la esperanza de vida eterna.

La cruz del perdón se levantó en el Gólgota. Desde entonces hasta ahora y para siempre, Jesús hizo posible el perdón: recibirlo y otorgarlo.

Amigo lector, lectora amiga, ¿has experimentado ya el perdón de tus pecados o todavía éstos viven en ti, y te impiden gozar de las bendiciones que el perdón puede proporcionarte? Dice el apóstol Juan que *Si confesamos nuestros pecados, [Jesús] es fiel y justo para perdonar nuestros pecados, y limpiarnos de toda maldad* (1 San Juan 1:9).

El apóstol Pedro creyó cierta vez que iba muy lejos en su generosidad cuando le preguntó al Maestro: *Señor, ¿cuántas veces perdonaré a mi hermano que pecare contra mí? ¿Hasta siete? Jesús le dijo: No te digo hasta siete, sino aun hasta setenta veces siete* (San Mateo 18:21,22).

En nuestra relaciones con los demás muchas veces surgen motivos de desavenencias. No todos somos iguales. No siempre pensamos de la misma manera. Nuestros gustos son diferentes. Pero no siempre tomamos en cuenta este hecho y nos tornamos intolerantes con los demás. Creemos en nuestros propios derechos, en nuestras razones, en nuestros motivos, y no creemos en los derechos, en las razones, y en los motivos de los demás, y eso nos crea problemas, dificultades, enojos, y separación. Eso mismo ocurría en los días de San Pedro y de ahí la pregunta que hiciera al Maestro.

Jesús no se impacientó con su discípulo. Tampoco se impacienta con nosotros. Le respondió de una manera que el apóstol (y nosotros) podemos entender perfectamente. ¿Siete veces? No, hasta setenta veces siete. Es decir, el perdón no tiene límite. No puede tenerlo si es el verdadero. Y debemos estar listos para otorgarlo siempre que sea necesario, y más aun, debemos estar listos también para pedirlo con sana humildad.

Se cuenta el caso de cierto soldado que a causa de su indisciplina, se había visto muchísimas veces en dificultades. Acusado de haber cometido cierto delito, fue llevado una vez ante uno de los oficiales. Cuando éste lo vio, dijo: "Ya estás aquí otra vez. No sé que más hacer contigo, ya lo he probado todo".

Un sargento que estaba presente, adelantándose y pidiendo excusas por la libertad que se tomaba, dice: "Mi capitán, hay una cosa que no se ha probado con él".

"¿Cuál?" pregunta el oficial.

"Mi capitán, este hombre nunca ha sido perdonado".

"¿Perdonado?" exclamó el oficial, sin ocultar su disgusto.

Pero, después de unos momentos de meditación, se vuelve lentamente hacia el soldado ofensor y le dice: "Sea. Estás perdonado. Vete, y vive de acuerdo con el perdón que has recibido".

Desde ese día aquel soldado conmovido fue un hombre diferente.

Sí, amigo mío, es menester perdonar. El perdón puede a veces mucho más que el castigo. El castigo suele endurecer. El perdón conmueve y obliga. Pero es menester saber perdonar de verdad, sin limitaciones. Perdonar y olvidar. Hay muchos que perdonan, pero no olvidan. ¿Es esto perdón? No lo es. No puede serlo. Porque mientras no olvidemos una ofensa, ésta no puede estar perdonada.

Solamente un pasaje bíblico habla de Jesucristo confirmando su palabra por escrito. Lo encontramos en los primeros versículos del capítulo 8 del Evangelio según San Juan. Durante su ministerio, Jesús habló muchas veces para enseñar y consolar a la gente, y asegurarle la salud y el perdón. Pero en la ocasión mencionada, encontramos al Maestro escribiendo un mensaje de muchísima importancia.

Siglos antes, en el monte Sinaí, el dedo de Dios había escrito su Ley sobre tablas de piedra. Ahora, el mismo Hijo de Dios, extendió su diestra sobre el polvo de la tierra. ¿Qué grabó sobre esa pizarra excepcional? No sabemos, pero podemos deducir que su dedo se extendió pausada y lentamente. . . como para dar tiempo a que se desarrollara el drama que tenía lugar.

Según el pasaje bíblico, Jesús escribía inclinado sobre el suelo. Allí estaba, rodeado por un grupo de hombres iracundos que por su rango y ocupaciones, deberían haber sido exponentes de amor y rectitud. Sin embargo, no perdían oportunidad para vomitar el odio y la envidia que los llenaba. Sus dedos acusadores apuntaban hacia una pobre víctima del pecado que habían arrastrado ante la presencia de Cristo. Este grupo había sorprendido a una mujer en una situación muy grave y la llevaron con el Maestro, para que recibiese su castigo definitivo.

Recita el texto sagrado: Le dijeron a Jesús: *Maestro, a esta mujer se le ha sorprendido en el acto mismo de adulterio. En la ley*

Moisés nos ordenó apedrear a tales mujeres. ¿Tú qué dices? (San Juan 8:3 NVI).

Resultan evidentes la perfidia y la malicia de los acusadores. Tendieron a Jesús una trampa perversa, para tener alguna excusa y acusarlo. No admitían sus inmensurables justicia y abnegación; recurrían a cualquier cosa con el objetivo de librarse de Él. Interpretando torcidamente la ley, procuraron que sancionara el apedreamiento de una mujer pecadora. Los maestros y fariseos razonaban que si Jesús absolvía a la mujer, aparecería públicamente como transgresor de la ley de Moisés. Si también la condenaba, tendrían un motivo para acusarlo de usurpador de los derechos y la autoridad de los gobernantes romanos. Creían que de cualquier modo, Cristo quedaría desprestigiado. ¡En cambio, cuán distintos fueron los acontecimientos!

Mientras permanecían en pie sus acusadores Jesús, inclinado, con sobrehumana serenidad escribe sobre el polvo. Pero, ¿qué? Una tradición fiable dice que Cristo anotaba el nombre de los principales acusadores, y escribía el pecado secreto de cada uno.

Con todo, ellos no dejaron de hostigar a Jesús con preguntas, hasta que finalmente se levantó y respondió: "Aquel de ustedes que esté libre de pecado, que tire la primera piedra". La escena cambió por completo. El único Justo, exento de pecado completamente, se levantó para mirar de frente a los acusadores. Éstos comprendieron inmediatamente que estaban ante el verdadero Juez, que conoce y discierne las intenciones más íntimas del corazón. Sus palabras fueron terminantes.

Sin duda, para la aturdida mujer también esa frase constituyó una sentencia de muerte. Como despojo humano se resignó al martirio, pero, para su eternal sorpresa, nadie le lanzó piedra alguna. La sabia respuesta de Cristo constituía un desafío imposible de superar. Los acusadores se sintieron acusados entonces; y la tormenta, no ya del odio sino del remordimiento, empezó a sacudirlos. Después de todo, ¿qué derecho tenían ellos de señalar a alguien, siendo que ellos mismos estaban manchados de pecado? Jesús, en cambio, se inclinó de nuevo hacia el suelo y continuó escribiendo con el dedo.

Poco a poco aquellos hombres se retiraron, desde el más viejo hasta el más joven, hasta que Cristo quedó solo con la mujer, que ahí permaneció. Él se incorporó y le preguntó:

—Mujer, ¿dónde están tus acusadores? ¿Ya nadie te condena? Ella respondió:

—Nadie, Señor.

—Tampoco yo te condeno. Ahora vete, y no vuelvas a pecar.

Con esas palabras, el Maestro puso fin al asunto. Había triunfado el amor sobre el odio. El gran pastor de las almas ha rescatado a su oveja perdida.

En los noticieros se publicó el caso de un hombre y una mujer que aprendiero a amar en circunstancias asombrosas. Tardíamente su hogar había sido alegrado con la presencia de un hijo, en quien depositaron toda su alegría y su esperanza. Pasado los años, un día en que el pequeño volvía de la escuela, fue atropellado por un vehículo y murió. Como es de imaginar, ambos padres se desesperaron. El hombre, preso de la angustia y de ira, decidió llamar a su abogado para que demandara al asesino hasta sus últimas consecuencias. Sabía, sin embargo, que no podrían condenarlo a la pena capital, porque se trataba de un adolescente que, esa precisa mañana, se había fugado del orfanatorio usando el coche robado con el que involuntariamente atropelló al niño.

Mientras levantaba el auricular del teléfono, el hombre de nuestra historia musitó una breve oración: "Dios mío, ¿qué debo hacer, realmente?" Y de inmediato sintió una total liberación de su deseo de odio y de venganza. Más aún, vino a su mente, como un mensaje: "Luisito está muerto. Tú no puedes cambiar eso. Tu odio contra el culpable jamás resucitará a tu hijo. Debes aceptar este hecho. Luisito ya no necesita tu ayuda o tu amor, pero este huérfano está vivo, y necesita un padre". El hombre exclamó anonadado: "¡Oh, no! Dios mío, ¿cómo puedes pedirme que ame a alguien que ha matado a mi único hijo? ¡No puedo hacerlo! Es injusto". Pero mientras seguía protestando, aquella voz le dijo: "Ellos también mataron a mi único Hijo, y yo no los rechacé por eso".

Tras la argumentación divina, la demanda contra aquel joven se convirtió en una solicitud de libertad condicional. Y aquel muchacho huérfano llegó a llenar el vacío dejado por Luisito. Con el tiempo, fue adoptado como hijo por aquella pareja que, de ese modo, había aprendio a amarlo.

Felizmente, no todos pasamos por pruebas tan tremendas como ésta. Pero todos haríamos bien en practicar el consejo de Francisco de Sales: "Aprendamos de una vez a amarnos en este mundo, de la misma manera como nos amaremos en el cielo". Al fin y al cabo, es tan breve la vida que no deberíamos sobrecargarla con el egoísmo, el odio o el rencor. Mejor sería que amáramos a Dios de todo nuestro corazón, y a nuestros prójimos como a nosotros mismos.

Perdonar y olvidar, he ahí el camino certero hacia la paz del alma y hacia la salud mental y espiritual. En el terceto final de su soneto 87 contenido en sus *Rimas sacras*, decía en 1658 el gran Lope de Vega: "Dichoso aquel, mi Dios, que te ama a ti, en ti al amigo con honesta fe, y al enemigo por amor de ti".

14 CUANDO REINA EL TERROR

El 11 de septiembre del año 2001 vivirá para siempre en el recuerdo de la humanidad. Un grupo de terroristas se las arregló para apoderarse de cuatro aviones de pasajeros que habían salido de Boston, Washington D. C., y Nueva Jersey, y que se dirigían al otro lado del continente, y, por lo tanto, constaban de tanques repletos de combustible. Con macabre intento, los asaltantes llevaron a puerto su malévolo propósito de estrellar tres de las aeronaves en los principales símbolos del poderío militar y económico de los Estados Unidos de Norteamérica.

El sector occidental del Pentágono, sede de las operaciones militares de los Estados Unidos, fue impactado por uno de los aviones. Otros dos chocaron contra las torres gemelas del Centro Mundial de Comercio, que con 110 pisos cada una, dominaban la parte baja de Manhattan. Los heroicos pasajeros del cuarto avión lograron desviarlo de su blanco en Washington, y el aparato se estrelló en un campo de Pennsylvania.

Esa clara y soleada mañana, el mundo contempló en televisión las siluetas de las torres que, recortadas contra cielo azul, ardían y se desplomaban, y en cosa de segundos se tornaban en un informe montón de polvo y escombros. ¡Nunca antes había contemplado tanta gente de tantas partes del planeta, ¡un espectáculo tan horrible! No se podía apartar la vista de las imágenes que se repetían una y otra vez en las pantallas de los televisores.

El único posible paralelo emocional lo provee lo que el pueblo de Dios sintió el año 586 antes de Cristo, cuando muy a su pesar contempló cómo los babilonios quemaban el templo de Salomón, el orgullo de Israel, y destruían los muros de su gloriosa ciudad, Jerusalén. ¡Dios había dicho que el templo y Jerusalén perdurarían para siempre! ¿Cómo podrían soportar el verlos quemados? El profeta Jeremías, que presenció el desastre, escribió todo un libro de la Biblia dedicado al incidente, que se conoce como las Lamentaciones de Jeremías.

La pregunta que latía en el corazón de los afectados era: "¿Por qué permitió Dios que sucediera este espantoso desastre?" Ese es precisamente el mismo interrogante que se han estado haciendo millones de personas desde el 11 de septiembre del 2001.

Dos prominentes predicadores estadounidenses declararon a la sazón que, si bien Dios no fue el causante de la tragedia, ni quería que sucediera, la gran maldad de muchos en el país jugó un papel importante en que Dios la permitiera. Muchos creen que Dios ha defendido de manera especial a los Estados Unidos porque éste ha exaltado ante el mundo los dos principios gemelos que son, la libertad civil y la libertad religiosa.

En los tiempos de Jesús sucedió un desastre parecido, y el Salvador comentó sobre lo ocurrido. A fin de acallar un disturbio político, el gobernador romano, Poncio Pilato, había mandado que sus soldados atacaran a un grupo de peregrinos de Galilea mientras ofrecían animales como ofrendas por el pecado. El acto de mezclar la sangre de los adoradores con la sangre de los animales ofrecidos había escandalizado a la nación judía (Véase San Lucas 13:1).

Los que le contaron a Jesús el incidente, seguramente esperaban que el Maestro respondiera algo como: "¡Oh!, esos que fueron masacrados eran pecadores empedernidos, y por eso murieron así".

La opinión popular entre los judíos de la época era que cuando alguien sufría algún desastre especial, aquello era evidencia de culpabilidad especial. La noción persistía pese a la enseñanza clara del primer libro escrito de las Sagradas Escrituras, el libro de Job.

Pero, volvamos al incidente referido y a la respuesta sorprendente que Jesús diera al respecto. Jesús negó enfáticamente aquello de echarle la culpa a la víctima por el mal que sufre: *Respondiendo Jesús, les dijo: ¿Pensáis que estos galileos, porque padecieron tales cosas, eran más pecadores que todos los galileos? Os digo: No; antes, si no os arrepentís, todos pereceréis igualmente* (San Lucas 13:2, 3). En el desastre aquel, Cristo vio un portento de la destrucción imminente de toda la nación. Sí, y también de la de todo el mundo.

El sufrimiento no es prueba de la ira de Dios. Y, como dijimos ya, el libro de Job, es *prueba A*.

Cuando Job cayó en desgracia, tres de sus amigos fueron a "consolarlo". Los mismos dieron por sentado que todas las misteriosas calamidades que se amontonaban sobre el patriarca no eran otra cosa sino el castigo de Dios por algún pecado secreto de Job. Al leer la historia completa relatada en el magnífico libro que lleva su nombre, vemos claramente que lejos de ser infiel, era Job el hombre más devoto a Dios de su época y de muchas posteriores.

La razón por la cual Job sufría, obedecía a su fidelidad a Dios. Satanás procuraba obligarlo a abandonar su fe en la justicia divina. Hasta su querida esposa lo tentaba diciéndole: "Maldice a Dios, y muérete". Con todo, la lealtad de Job probó ser indestructible; defendió a su Dios a brazo partido ante las peores calamidades imaginables. Job y Cristo tienen razón, los desastres no son necesariamente castigos por el pecado. Los desastres y siniestros actuales caen sobre buenos y malos por igual, tal como el sol también brilla sobre santos y pecadores con indefectible ecuanimidad.

Aquellas memorables sentencias del Maestro proferidas durante su Sermón del Monte vienen a colación: *Amad a vuestros enemigos, bendecid a los que os maldicen, haced bien a los que os aborrecen, y orad por los que os ultrajan y os persiguen; para que seáis hijos de vuestro Padre que está en los cielos, que hace salir su sol sobre malos y buenos, y que hace llover sobre justos e injustos* (San Mateo 5:44, 45).

Otro incidente referido por Jesús muestra cierta similitud con la caída de las torres de Nueva York. Cierta torre de piedra había caído y provocado la muerte de varios inocentes. Lo que dijo Jesús al respecto puede ayudarnos a afrontar con madurez este desastre contemporáneo: *O aquellos dieciocho sobre los cuales cayó la torre en Siloé, y los mató, ¿pensáis que eran más culpables que todos los hombres que habitan en Jerusalén?* (San Lucas 13:4). Ni la Biblia, ni la historia, contribuyen más detalles sobre la mencionada torre. ¿Se trataba de un error arquitectónico? Nadie sabe. Lo que sí sabemos es que dieciocho víctimas perecieron bajo los escombros del derrumbe. A ellos se refería Jesús al preguntar: *¿Pensáis que eran más culpables que todos los hombres que habitan en Jerusalén?* (reconocía implícitamente que esa era precisamente la idea de muchos en la audiencia). Pero estaban equivocados. *Os digo: No. Antes si nos os arrepentís, todos pereceréis igualmente* (versículos 4 y 5). Seguramente esto los hizo pensar con mayor amplitud.

La Palabra de Dios tiene el diagnóstico correcto: todos los seres humanos somos pecadores: *por cuanto todos pecaron, y están destituidos de la gloria de Dios* (Romanos 3:23). En lo que a nuestra genética se refiere, todos nos hallamos en la misma situación. "Todos hemos sido hechos con la misma masa" decía Martín Lutero, salpicando la sana teología con humor callejero.

No tenemos derecho a sentirnos por encima de las calamidades que acaecen sobre los demás, como tampoco podemos aseverar que fueron los romanos y/o los judíos los que crucificaron a nuestro Señor. El apóstol Pedro se refería a todos nosotros al declarar: *Vosotros negasteis al Santo y al Justo... y matasteis al Autor de la vida, a quien Dios ha resucitado de los muertos* (Hechos 3:14, 15). Lo que explica que Jesús añadiera: *Os digo: No; antes si no os arrepentís, todos pereceréis igualmente.* El Salvador miraba al juicio final. Hasta entonces, ninguno de nosotros puede juzgar a sus semejantes.

Ahora bien, ¿qué diría Jesús acerca de los millares que perecieron en el terrible desastre terrorista del 11 de septiembre?

¡Dice lo mismo! Los pasajeros de los cuatro aviones secuestrados eran como los adoradores inocentes que Pilato hizo asesinar, o, como los que fueron aplastados por las piedras cuando se desplomó aquella torre de Siloé. No fueron más merecedores que nosotros de tales juicios terribles. Tuvimos suerte nosotros de no estar ahí. Es posible que ellos hayan escapado de aflicciones aún mayores que todavía nos esperan en el futuro: *Perece el justo, y no hay quien piense en ello; y los piadosos mueren, y no hay quien entienda que de delante de la aflicción es quitado el justo* (Isaías 57:1).

La Palabra de Dios nos advierte acerca del tiempo del fin: *Y será tiempo de angustia, cual nunca fue desde que hubo gente hasta entonces. Pero en aquel tiempo será libertado tu pueblo, todos lo que se hallen escritos en el libro* (Daniel 12:1).

Y el capítulo 14 de Apocalipsis nos hace llegar un precioso consuelo adicional. Hablando de estos días finales a lo que hemos llegado, Juan dice: *Oí una gran voz que desde el cielo me decía Escribe: Bienaventurados de aquí en adelante los muertos que mueren en el Señor. Sí, dice el Espíritu, descansarán de sus trabajos, porque sus obras con ellos siguen* Apocalipsis 14:13).

Dios no olvidará a los que perecieron en las aeronaves asaltadas o en las torres gemelas de Nueva York, si bien, por el momento, todos ellos "descansan de sus fatigas". *Porque como el Padre tiene vida en sí mismo, así también ha dado al Hijo tener vida en sí mismo; y también le dio autoridad de hacer juicio, por cuanto es el Hijo del Hombre. No os maravilléis de esto —agrega Jesús—, porque vendrá hora, cuando todos los que están en los sepulcros oirán su voz; y los que hicieron lo bueno, saldrán a resurrección de vida; pero, los que hicieron lo malo, a resurrección de condenación* (San Juan 5:26-29).

Los miembros del personal de rescate no tenían forma de saber a quién pertenecían los restos humanos que iban desenterrando, pero Dios recuerda perfectamente a cada individuo. Si en esos últimos momentos alguno clamó a Dios desde lo profundo de su corazón, su clamor fue escuchado. ¿No nos asegura la Palabra de Dios que "todo el que invocare el nombre del Señor será salvo"? Y, que, *si confesamos nuestros pecados, Él es fiel y justo para perdonar nuestros pecados, y limpiarnos de toda maldad* (1 San Juan 1:9).

Dios no está empeñado en hallar formas de excluir a nadie del cielo. Por el contrario, busca la manera de prepararnos para que todos podamos entrar. Nos invita a venir a nuestro gran Redentor ¡aunque sea en los momentos finales de nuestra vida!

En la carta del apóstol Pablo a Tito, en el capítulo dos y versos once al trece, encontramos una declaración maravillosa: *La gracia de Dios se ha manifestado para salvación a todos los hombres, enseñándonos que, renunciando a la impiedad y a los deseos mundanos, vivamos en este siglo sobria, justa y piadosamente, aguardando la esperanza bienaventurada y la manifestación gloriosa de nuestro gran Dios y Salvador Jesucristo.*

Hay buenas noticias, nuestra salvación eterna está segura "en Cristo". Démosle gracias a Dios por Él. Ese amor de Cristo nos motivará a guardar todos sus mandamientos, sin que nos resulten penosos.

Por eso, *no temeremos, aunque la tierra sea removida, y se traspasen los montes al corazón del mar; aunque bramen y se agiten sus aguas, y tiemblen los montes a causa de su braveza* (Salmo 46:2, 3).

15 CUANDO IMPERAN LAS TINIEBLAS

Se vive hoy una pesadilla atroz. La incertidumbre está en todo lugar, y también la injusticia y el dolor y la desintegración. Todo el edificio de nuestra civilización, trabajosamente construido a través de los siglos, este edificio de que tanto nos hemos enorgullecido, y que parecía tan sólido, parece derrumbarse bajo el impulso ciego de un nuevo y gigantesco Sansón.

Pareciera como si todo ideal muriera, y toda fe se fugara, y toda luz se apagara; como si un agujero negro del infierno estuviera a punto de tragarse todo lo santo, todo lo justo y todo lo bueno.

En circunstancias como las que vivimos, quizás, no debamos esperar nada de las multitudes. El movimiento en favor del bien, el movimiento de retorno a Dios, no esperemos que lo realice la multitud. Deben hacerlo los individuos que, como tú, amigo lector, aspiran a una vida mejor, a un mundo mejor, a la tranquilidad y al bien que pueden hallarse solamente en quien es la fuente de la vida y de la paz: Cristo, el Salvador del Mundo. Tal vez no le falte razón a quien dijo: "La voz de Dios se aleja de las multitudes cuando el desaliento se apodera de ellas. Sólo la voz de Sancho las acaricia".

En esta hora debemos empezar por hacer algo más que simplemente desear un mundo mejor o una vida mejor. Debemos empezar por hacer mejor el mundo en que vivimos. Debemos nosotros empezar por vivir mejor. De esa manera nuestros deseos tendrán algún valor y nuestros ideales se sublimarán.

Es necesario que hoy, usted y yo demos la nota del optimismo y de la esperanza. Es verdad que reinan las tinieblas, pero también es verdad que el sol de la esperanza apunta ya en el oriente.

A veces decimos: "Si yo fuera rico, si tuviera dinero, haría tal o cual obra buena, fundaría asilos para ancianos, orfanatorios, nadie pasaría hambre". Y, entretanto, dejamos de hacer el bien debajo de nuestras narices. Soñamos con la obra grande que haríamos, de tener esto o aquello, y no cumplimos con el pequeño esfuerzo que está a nuestro alcance, y permitimos que nuestro vecino, nuestro pariente, el que pasa a nuestro lado, sufra, sin que le dirijamos una sola palabra de consuelo que nos costaría tan poco, y que haría tanto bien.

Dijo el Maestro: *Vosotros sois la luz del mundo; una ciudad asentada sobre un monte no se puede esconder. Ni se enciende una luz y se pone debajo de un almud, sino sobre el candelero, y alumbra a todos los que están en casa. Así alumbre vuestra luz delante de los hombres, para que vean vuestras buenas obras, y glorifiquen a vuestro Padre que está en los cielos* (San Mateo 5:14-16).

Cuenta Victor Hugo que "cerca de un manantial tenía su guarida un león y en él iba a beber también un águila. Un día dos reyes llegaron a aquel manantial, atraídos, como todos los viajeros curiosos, por las dos palmas que lo sombreaban. Se reconocieron los dos reyes, se batieron allí y cayeron al suelo ambos heridos. El águila, cuando estaban agonizando, se cernió sobre ellos y les dijo socarronamente: 'Vosotros que encontráis el mundo demasiado pequeño para satisfacer vuestra ambición, sois ahora una sombra. Príncipes, vuestros huesos, ayer fuertes y jóvenes, mañana no serán más que guijarros que se confundirán con las otras piedras del camino, y nadie los reconocerá. Insensatos, ¿por qué os habéis batido en sangriento duelo? Yo soy águila, vivo apaciblemente en esta soledad con mi compañero el león. Los dos bebemos de la misma fuente, los dos somos reyes de estos mismos territorios. Él impera en la selva, en las montañas y en las llanuras, y yo impero en el espacio".

Hay en esta alegoría una profunda verdad que ojalá aprendieran los hombres de una vez y por todas. El problema del hombre está en su propio corazón, sobra en él la ambición y le falta la paz. El hombre busca esto último por el camino de la fuerza y la violencia. Pero la paz, que trae la luz, no se llega por ese camino. Dijo el Nazareno: *La paz os dejo, mi paz os doy: no como el mundo la da, Yo os la doy. No se turbe vuestro corazón, ni tenga miedo* (San Juan 14:27).

Cuando la paz que da el Señor Jesucristo llega a nuestro corazón, el miedo desaparece, las tinieblas se disipan, el temor y la incertidumbre se fugan como la niebla, y la vida se llena de amor de comprensión y de simpatía hacia los demás. Al decir del poeta:

Hace falta una voz, que arranque de los hombres la simiente del odio. Una voz que estrangule la ambición y el orgullo; una voz que musite quedamente al oído. Una sola palabra, ¡Hermano!
("Hace falta una voz", de Miguel D. Elías).

Cuando, algunos años antes de fallecer, el doctor Alberto Schweitzer visitaba los Estados Unidos de Norteamérica, Fulton Oursler publicó un artículo que contenía algunas manifestaciones del célebre médico de Lambarené. Se refería Schweitzer a nuestras obligaciones y deberes hacia los demás. Deploraba la filosofía de la vida sumamente egoísta que practicamos.

En la ocasión mencionada, decía el buen doctor: "La gente suele decir: 'Me gustaría llevar a cabo algunas de las obras buenas, pero la familia y mis ocupaciones no me dejan ni un minuto libre. Embargado por mis propios afanes minúsculos, nunca hallaré ocasión de hacer de mi vida algo que valga la pena'".

Tenía razón el médico humanitario que supo dar su vida por los demás. Es una tremenda equivocación dejarnos absorber por nuestros propios problemas y ocupaciones hasta el punto de quedar tan ciegos que no veamos las oportunidades que tenemos de ser una ayuda para aquellos que nos rodean y que con frecuencia la necesitan imperiosamente. Esto es lo que el doctor Schweitzer llama "nuestra segunda responsabilidad". La primera es atender las cosas que nos conciernen, pero la segunda, tan importante y tan ineludible como la anterior, es nuestro deber hacia aquellos que nos rodean.

Por eso agrega Schweitzer: "Por atareado que se le suponga, el hombre dispondrá siempre de tiempo para reafirmar su responsabilidad, aprovechando toda ocasión de actividad espiritual. ¿Cómo así? Mediante nuestra segunda ocupación: aplicándose, siquiera en pequeñísima escala, a ejecutar personalmente algún acto que redunde en bien del prójimo. El mayor de nuestros errores consiste en la ceguera con que vamos por la vida sin reparar en las ocasiones que nos salen al paso. Nos bastará abrir los ojos y mirar para que veamos al instante las muchas personas que hay faltas de la ayuda que nosotros podemos prestarles, y no en cosas de gran importancia, sino en pequeñas". Cuenta enseguida un caso del que fue testigo:

Dice que viajaba en un tren en Alemania y en su asiento iba un joven lleno de vida que parecía ir al encuentro de algo muy importante para él. Frente al joven iba un anciano que en su actitud revelaba un profundo desasosiego como si lo atormentara una tremenda preocupación. Cuando el joven mencionó que sería de noche cuando llegaran a la próxima estación, el anciano murmuró: "No sé cómo voy a arreglarme. Tengo a mi único hijo en el hospital. Me telegrafiaron que está muy grave y hago este viaje con la esperanza de encontrarlo todavía con vida. Pero, como soy del campo, y no conozco la ciudad, temo extraviarme y no llegar a tiempo". El joven respondió: "Yo conozco muy bien esta ciudad. Voy más lejos, pero voy a bajar allí con usted. Lo acompañaré hasta dejarlo con su hijo, y luego seguiré en otro tren". Al llegar a la próxima estación –decía el doctor Schweitzer— "bajaron ambos como dos hermanos, o como padre e hijo".

¡Qué magnífico gesto de humanidad, de hacer nuestra lucecita brillar en el sitio donde está! ¿Quién puede medir el alcance de una acción pequeña como ésta? Recordemos lo que dice la regla de oro en boca de Jesús: *Así que, todas las cosas que quisierais que los hombres hiciesen con vosotros, así también haced vosotros con ellos; porque esta es la ley y los profetas* (San Mateo 7:12).

Amable lector, tú eres una luz, y es precisamente luz lo que los hombres piden, lo que los hombres reclaman. ¡Que la tuya brille, que brille con todo fulgor, y que alumbre a los demás! Y, entonces, podrás decir con Eugenio P. Bergara en su poema "Gracia Plena":

Gracias, Señor, porque en la noche incierta
de mi doliente vida pecadora,
fuiste la blanca estrella orientadora
y la esperanza al porvenir abierta.
Cuando ungida de amor junto a mi puerta,
"¡Abre!" dijo tu voz consoladora,
brilló en mi corazón sagrada aurora
y vi una eternidad como entreabierta...

Gracias, Señor, por todo lo gozado,
por el dulce perdón que he recibido,
y por la paz que para andar me has dado;
Ahora, mi Señor, sólo te pido
que con toda esta luz que me has dejado,
pueda guiar a tu cruz a otro perdido.

16 UN NO ROTUNDO A LA VIOLENCIA

La violencia destruye todo lo que toca. El que se entrega como instrumento en manos de ella, no es feliz. Pierde su respeto propio y el de los demás. En su rostro se marcan líneas de inquietud, amargura y odio. No vive tranquilo. Se ve rodeado de enemigos, unos imaginarios, otros reales. Los amigos se van apartando de él, y se ve solo y despreciado por sus semejantes.

Hoy sabemos que muchos practicantes de la violencia fueron objetos de ella desde muy temprano. Hay padres rudos y hostiles que maltratan a sus hijos aún pequeños, y les causan heridas y contusiones. El niño se ve abrumado de reproches, y oye toda clase de opiniones negativas acerca de su persona y carácter. Y, lo que es peor aún, hay padres que intentan encaminar a sus hijos e hijas amenazándolos con la ira de Dios y las llamas del infierno. Lo único que logran es arrojar una negra mancha sobre el carácter de Dios. Los hijos que son víctimas de esta clase de agresión moral o sicológica, llegan a creer que Dios es un ser cruel y despiadado que constantemente los acecha para sorprenderlos en una falta y tener así el placer de castigarlos. Hay maestros cuya violencia deja cicatrices imborrables en el corazón de los alumnos que pasan por sus aulas. Hay personas que en sus empleos son poco amables, y maltratan al público al cual debieran servir. Hay gobernantes crueles e implacables que provocan angustia y sufrimiento en la vida de sus conciudadanos.

¿Y qué diremos de las personas que no se atreven a exteriorizar sus agresiones, y por consiguiente las dirigen contra sí mismas? Muchos llegan a sufrir de úlceras, gastritis, asma, cirrosis, y multitud de otras dolencias.

No estaría completo este breve comentario, si no mencionáramos una forma adicional de violencia y crueldad que, por estar ingeniosamente disfrazada, no la reconoce ni la misma persona que la usa. Nos referimos a ciertas clases de humor malsano, por cierto, muy difundidas. Por ejemplo, es muy común que ciertos niños y muchachos de ambos sexos tomen como blanco de sus bromas y observaciones crueles a algún compañero que piensan "raro" o diferente a ellos. Lo imitan, le ponen sobrenombres, y en general, se complacen en provocar en su víctima toda clase de sufrimientos sicológicos.

En muchos adultos existe una afición especial al sarcasmo. Esta cualidad tan negativa de la comunicación humana causa innumerables heridas y conflictos, especialmente en el trato entre amigos o familiares.

¡Cuán diferente sería nuestro mundo y nuestra vida si todos combatiéramos los asomos de violencia en nuestro corazón! Todo mejoraría. Las relaciones humanas, el ambiente familiar, el tono moral de todas nuestras actividades, harían de este mundo un lugar más agradable para vivir. Se exaltaría la cooperación y el desarrollo armonioso y equilibrado de toda facultad noble y positiva. Se pondría coto a la ola de corrupción moral y egoísta desenfrenada que amenaza hoy con exterminar todo valor humano.

Como destaca el salmista David, el destino de los pacíficos será glorioso. En el Salmo 37, escribió: *De aquí a poco no existirá el malo; observarás su lugar, y no estará allí. Pero los mansos heredarán la tierra, y se recrearán con abundancia de paz* (versículos 10, 11).

En los tiempos de Noé la violencia y corrupción que reinaban entre los habitantes del mundo atrajeron el terrible juicio de Dios. El mundo de entonces fue destruido por el agua. Dios le reveló a Noé sus propósitos con las siguientes palabras: *He decidido el fin de todo ser. Porque la tierra está llena de violencia a causa de ellos; y he aquí que yo los destruiré con la tierra* (Génesis 6:13). Este fue el triste fin de aquella generación perversa. Dios no se agrada de la violencia. Él no creó el mundo para que fuese teatro de toda clase de atentados contra la vida y la propiedad de sus criaturas.

Jesucristo aseveró que al volver por segunda vez a este mundo como Juez y como Vencedor, las condiciones reinantes en la sociedad humana serían como las que predominaban en tiempo del diluvio: *Del día y la hora (dijo el Señor) nadie sabe, ni aún los ángeles de los cielos, sino mi Padre. Mas como en los días de Noé, así será la venida del Hijo del hombre.* Y agregó la siguiente advertencia: *Así también vosotros cuando veáis todas estas cosas, conoced que está cerca de las puertas* (San Mateo 24: 36, 37, 33).

Rechacemos la violencia. Digámosle a Jesús que nos conceda la fuerza y el valor para ser mansos como Él lo fue. De ser así, podremos decir con Carlos Araujo:

Hacia la cruz en donde Cristo expira
tiende mi alma el reverente vuelo,
y encuentra siempre bienhechor consuelo,
porque su culpa perdonada mira.
Allí de un justo Dios cesa la ira,
se reúne la tierra con el cielo,
y Dios me muestra paternal anhelo
en abrazo amoroso que me admira.
Es la roca de Horeb débil figura
de la cruz, donde el alma satisface
su sed de amor, de paz y de ventura.
Allí toda mi ofensa se deshace,
allí brilla la luz tras noche obscura,
Y allí mi alma para Dios renace.

17 ANTE LA TENTACIÓN SEXUAL. . . ¡Y LAS OTRAS!

Analizemos ahora una pregunta fascinante que salió de los labios de un joven soltero. No era más que un adolescente lleno de entusiasmo por la vida, como muchos jóvenes de hoy. Y su pregunta es una que toda persona joven y muchos adultos deben hacerse. Una mujer joven, bella y tentadora le había pedido que se acostara con ella. Pero el joven, con gran vehemencia y convicción exclamó: *¿Cómo, pues, haría yo este gran mal, y pecaría contra Dios?* (Génesis 39:9).

La Biblia revela que José, hijo de Jacob, "era de hermoso semblante y bella presencia". Es decir, era un joven de apariencia muy atractiva, que llamaba naturalmente la atención de las mujeres. Por lo general lo jóvenes bien parecidos sufren muchas tentaciones, y, a veces, caen presa de cualquier mujer que los quiera enredar. El problema se presenta de igual modo en el caso de las muchachas atractivas.

Para José, la tentación que le sobrevino tiene que haber sido muy grande. Se sentía solo, lejos de su hogar, necesitado de afecto, en medio de una gran ciudad sin escrúpulos morales. Por su parte, la esposa de Potifar era joven, atractiva y se había enamorado de José.

Día tras día lo perseguía de mil maneras sin que él le diera la menor razón para hacerlo. Por fin, la Biblia dice que *puso sus ojos en José, y le dijo: 'Acuéstate conmigo'* (versículo 7).

La distancia que mantenía José la había llenado de pasión. Mientras más difícil se le hacía la conquista, más se empeñaba en atraparlo. José trató de razonar con ella: *No quiso, y dijo a la esposa de su amo: 'Mi señor no me pide cuenta de nada de lo que hay en la casa. Me ha confiado todo lo que tiene. No hay otro mayor que yo en esta casa, y ninguna cosa me ha reservado sino a ti, por cuanto tú eres su esposa'* (versículos 8 y 9).

Pensemos un momento en este cuadro novelezco. Todo era propicio para que el joven hebreo saciara sus apetitos: estaban solos en la casa; la mujer era atractiva; el joven tenía las reacciones normales que cualquier otro muchacho experimentaría en una situación similar; nadie sabría lo sucedido, pues no había manera de que la familia de José, tan lejana, se enterara. No había riesgo de pasar una vergüenza, pues su amo Potifar no lo sabría, ya que su esposa tendría sumo interés en ocultarle todo. El asunto nunca iba a ser publicado en los periódicos escandalosos de Egipto.

No hay razón para creer que José fuera frío, o que fuera quizás "raro", indiferente a las mujeres. El relato bíblico establece claramente un cuadro de fuerte tentación. José era un hombre de carne y hueso. Nadie se ha sentido más tentado que él por el perfume sensual y las ropas escasas. Las hormonas del joven hervían en sus venas. Pero había algo que no le permitió a José ceder ante la tentación, y, no fue el temor del fuego del infierno, ni del SIDA, ni de alguna enfermedad venérea.

Cuando José se halló solo en casa con la atractiva esposa de Potifar, no se vio asaltado por el temor. Pensó en Dios, no en el castigo que Dios podría enviarle. Pensó en el honor de Dios. Estos fueron los pensamientos que pasaron por la mente de José al enfrentar la poderosa tentación: "¡Dios no me ha dado la esposa de Potifar! ¡No debo tomar para mí a la esposa de mi prójimo! La forma de respetarla es negarme a ceder, y huir de sus manos". Pero José fue aún más allá en sus razonamientos: "Si caigo en esta tentación, traeré desgracia al Salvador del mundo; estaré poniendo mi lealtad en manos del enemigo de Dios, participando así en la gran guerra contra Dios. Por último, pensemos todavía en otra cavilación que pasó por la mente de José. Doblegarse ante esta tentación sería enemistad contra Dios. "¿Cómo, pues, haría yo este gran mal, y pecaría contra Dios?"

Lo que vemos aquí a todas luces, es mucho más que pureza sexual, se trata de algo mayor, algo que puede reducirse a una cualidad que, en nuestro mundo actual, anda escaceando: integridad. *Ahora pues, temed al Señor, y servidle con integridad y en verdad* (Josué 24:14).

¿Qué es la integridad? Según el diccionario, es sinónimo de desinterés, de rectitud, de probidad, es decir: es una honradez a toda prueba. Una honradez en la cual no hay ni una sola grieta. Es una sola pieza entera, completa, uniforme. Es una línea de perfecta verticalidad. La integridad no se vende ni se compra. Y, cuando está en un individuo, es éste el que no se vende ni se compra. Por eso, una pluma inspirada dice: *La mayor necesidad del mundo es la de hombres que no se vendan ni se compren; hombres que sean sinceros y honrados en lo más íntimo de sus almas; hombres que no teman dar al pecado el nombre que le corresponde; hombres cuya conciencia sea tan leal al deber como la brújula al polo; hombres que se mantengan de parte de la justicia, aunque se desplomen los cielos* (*La educación*, página 54).

Sí, lector mío, la integridad es una inquebrantable probidad, es una nobleza que no se desdice en ningún momento, ni bajo ninguna circunstancia.

Se dice que Carlos V, rey de España y emperador de Alemania, sitiaba la fortaleza llamada La Goleta, que estaba en África, cerca del puerto de Túnez, la cual era defendida por el corsario Barba Roja, se presentó ante él —ante Carlos V— el panadero que servía a Barba Roja, y le propuso envenenar al jefe sitiado. ¿Aceptaría la propuesta el monarca? ¿Acaso no es bien sabido que "en tiempo de guerra todas las armas ayudan?" Pero Carlos V era noble y estaba por encima de un recurso de tal naturaleza. Cuando se le propuso, se indignó de tal manera que hizo arrojar de allí al panadero traidor después de reprenderle severamente por su proceder. Pero eso no fue todo, hizo avisar a su adversario Barba Roja, del peligro que había corrido, aconsejándole que se cuidara más de sus servidores. ¿No es esto nobleza? ¿No es esto integridad?

Seamos íntegros. Nuestro metro debe tener 100 centímetros y no

90. La libra debe tener 16 onzas y no 14, y el kilo ha de tener 1000 gramos y no 900. Y esto no se aplica solamente a las cosas materiales; se aplica también a la vida moral. La Ley de Dios debe tener diez mandamientos y no nueve u ocho o siete. Se aplica al carácter que ha de ser completo en todo sentido.

Claro está, cabría la pregunta: ¿Podemos ser íntegros por nosotros mismos, por la fuerza de nuestra voluntad, por propia decisión? La respuesta sería un "no" categórico. Pero podemos contar con Dios y con su fortaleza en todo momento y en toda circunstancia. El apóstol San Pablo al referirse a sí mismo, al escribirle a los Filipenses, dice: *Todo lo puedo en Cristo que me fortalece* (Filipenses 4:13). Cristo puede ayudarnos a hacer de la integridad algo real en nosotros. Digamos con el Salmista*: Sea mi corazón íntegro en tus estatutos; porque no sea yo avergonzado* (Salmo 119:80).

Hace años, una dama puertorriqueña, con lágrimas en los ojos, nos decía: "Le diré que por muchos meses nos tocó vivir un inesperado y horrendo drama. Nuestro querido hijo se fue descarriando en alas de malas compañías. Se entregó a todo tipo de perversión, incluyendo la práctica de la homosexualidad. Nunca cesamos de orar por él.

"Un día, mientras conducía su auto, reflexionaba sobre el giro viciado y avieso que había tomado su vida. Se sentía sucio, miserable, ruin. Llegó a aborrecerse. Le parecía que estaba muy lejos de Dios. Se creyó maldito.

"¡Maldito, maldito! Estas palabras retumbaban en su espíritu. Se le ocurrió poner la radio —cualquier ruido era preferible al que atormentaba su conciencia—. Al recorrer el dial dio con el programa radiofónico *La Voz de la Esperanza* en el preciso instante de la consabida bendición final: *Dios te bendiga y te guarde. Haga resplandecer Dios su rostro sobre ti, y, tenga de ti misericordia. Dios alce a ti su rostro, y ponga en ti paz.*

"Para mi hijo significó escuchar al mismo Dios hablándole; él se consideraba maldito, pero, he aquí la realidad espiritual en Cristo: Dios lo bendecía. Conmovido por esas palabras le sobrevino un llanto profundo e incontrolable, al punto de verse obligado a parar el carro al lado del camino. Le diré, pastor González, que a partir de esa experiencia, mi hijo regresaría al hogar y a Dios. ¡Ha dejado atrás su vida disoluta, los vicios, la práctica de la homosexualidad, y, hoy por hoy, está totalmente convertido".

El apóstol San Juan, famoso en la narrativa bíblica por su juventud y su lealtad a Jesús, ya avanzado en años escribió estas palabras alentadoras: *Os he escrito a vosotros, jóvenes, porque sois fuertes, y la palabra de Dios mora en vosotros, y habéis vencido al maligno* (1 San Juan 2:14).

Seamos fuertes nosotros también, para que puedan cumplirse en nosotros las palabras de Clara Saravia Martínez, que dicen:

Vivir a pleno espíritu. Vivir sin cobardías;
lanzados los ideales con las alas al viento.
Marchar mirando al cielo, sin desfallecimiento,
con alma valerosa, templada de hidalguía.

Y el corazón en alto, como en brindis divino,
ebrio de amor por todo: los hombres y las cosas,
y floreciendo encima del mal, como las rosas
que coronan de gloria los tallos del espino.

Buscar en las alturas nuestro invencible fuerte,
crecer agigantarse de cumbres interiores
para mirar desde ellos, pequeños los rencores
y la traición y el odio y el dolor y la muerte...

18 DONDE HAY ENVIDIA

No se equivocaba Dostoyevski cuando sugería que "la envidia es el veneno del alma". Palabras que hacen eco a otras del buen Libro que sentencia: *Porque donde hay envidia y contención, allí hay perturbación y toda obra perversa* (Santiago 3:16).

Es poco frecuente que alguien confiese abiertamente sentir odio contra alguno. Sin embargo, el odio no es solamente el sentimiento extremo de repulsión y de fastidio que induce al deseo homicida, lo es también la simple aversión, el sentirse molesto en presencia de alguien a quien uno no puede, no sabe, o no quiere tolerar. Y este disgusto malsano no siempre nace porque esa persona sea mala con uno, o le haya hecho algún daño, sino, simplemente, porque representa un rival al que uno teme y a quien, mal que pese, uno admira.

Abel, el hijo bueno de Adán y Eva tuvo su envidioso. Nada menos que su hermano mayor, Caín. Este último, envenenado por la envidia, cometió el primer crimen y fratricidio relatado en las Sagradas Escrituras. José Camón Aznar, en el artículo que titulaba "Caín y la envidia", publicado en el *ABC* de Madrid, decía:

Quizá una de las claves para explicar las persecuciones gratuitas, los daños sin sentido, sea ese pequeño gran crimen que es la envidia, que convierte en acidez las relaciones humanas. Algo hay consubstancial con Abel, el de la mirada levantada, el de los brazos oferentes y abiertos. El que extrae de la naturaleza o de su espíritu dones que ofrecer, tiene siempre un trágico destino: el de ser sacrificado. El crimen, con pasos tácitos, camina siempre detrás de sus espaldas... Hay que tener en cuenta que la belleza también es provocación para los caínes: hay que destruirla. Y justo es decir que lo están consiguiendo.

Cuando se trata de la envidia, no siempre ese mal sentimiento aflora en el menos capacitado o en el menos favorecido. A veces existe entre individuos de igual capacidad y de iguales ventajas (no hay que dudar de que ése fuera el caso de Caín y Abel). Pero sufren, cual Caín, ante la posibilidad de que las circunstancias impulsen a los otros y los posterguen a ellos.

¡Qué triste espectáculo da el envidioso! ¡Y cómo sufre! ¡Y cómo se angustia! Cervantes pone en boca de don Quijote, las siguientes palabras: "¡Oh, envidia, raíz de infinitos males y carcoma de las virtudes! Todos los vicios, Sancho, traen un no sé que deleite consigo: el de la envidia no trae sino rencores y rabias".

¿Qué es la envidia? La pregunta que acabamos de hacer podría recibir muchas respuestas diferentes. La del diccionario sería la siguiente: "Tristeza o pesar del bien ajeno" (Real Academia). Obsérvese bien esta definición. La envidia no es tristeza o pesar por el mal propio, sino por el bien ajeno. Es decir, es el dolor malsano que se sufre al ver que los demás alcanzan cosas que nosotros no podemos alcanzar. Por eso dice Mantegazza que es "la envidia a la superioridad ajena".

Por lo visto se comprende que la envidia no se hallará nunca en una persona de carácter íntegro. Alguien ha dicho que "la envidia es una carcoma de las maderas podridas, nunca de los árboles lozanos".

La envidia es un sentimiento vacío, deprimente, destructivo. El sabio Salomón afirmó que es vanidad (Eclesiastés 4:4). Luis Montes la definió diciendo que es: ". . . la pesada cruz con la que caminan hacia un calvario desconocido todos aquellos que tienen la desgracia de sufrir cuando ven el bien de los demás". Por su parte, Sócrates afirmaba ya en sus días: "La envidia es hija del orgullo. Origina el crimen y la venganza. . . el perpetuo tormento de la virtud. La envidia es sucio fango del alma. Es una ponzoña, es un veneno. . . que consume la carne y enflaquece los huesos".

La historia abunda en ejemplos de lo que la envidia es capaz de hacer. Calígula, envidioso de la belleza física de su hermano, le dio muerte. Dice Plutarco que Dionisio el Tirano, loco de envidia, hizo castigar a Filoxenio porque era mejor músico que él. En fin, podríamos multiplicar indefinidamente estos ejemplos que no faltan tampoco en los anales de las Sagradas Escrituras. Ya trajimos a colación el caso de Caín, hijo de Adán, que dio muerte a su hermano Abel. Visitemos este triste cuadro con mayor detenimiento.

Caín era labrador, Abel pastor. De acuerdo con las disposiciones del Todopoderoso, las ofrendas que debían presentar al Señor tenían que estar constituidas por animales cuya sangre, al verterse, debía ser un símbolo de la que el Maestro derramaría más tarde en la cruz del Calvario por salvarnos.

Pero Caín no quiso ajustarse a la disposición divina. El cultivaba la tierra y decidió que de los frutos que la tierra le produjera haría su ofrenda a Dios. Por supuesto, tal ofrenda no llenaba los requisitos requeridos ni podía servir de símbolo del Salvador que vendría a redimirnos del pecado. Su ofrenda no fue aceptada. La de Abel, que se ajustaba a las disposiciones divinas, sí lo fue. Este hecho despertó la envidia y la ira en el corazón de Caín. Su hermano Abel era objeto de la bendición de Dios y él no. Por fin, cargado de envidia y rencor, le dio muerte. La envidia y la ira lo cegaron. No pudo tolerar el bien de su hermano y se enojó con él.

¿Era esto razonable? Para nada. Contra quien debía haberse airado era consigo mismo. Él era el único responsable de que su ofrenda no fuera aceptada. Quería hacer las cosas a su modo, lo que implicaba rebelión contra Dios.

Es el fruto de la envidia. Cuán acertadamente decía el apóstol Santiago: *Porque donde hay envidia y contención, allí hay perturbación y toda obra perversa* (Santiago 3:16).

No permitamos que un sentimiento tan bajo como ése, manche nuestro carácter. No caigamos en la pequeñez de envidiar la prosperidad de los demás aun cuando a nuestro juicio no la merezcan. Decía el Salmista: *No te impacientes a causa de los malignos, ni tengas envidia de los que hacen iniquidad* (Salmo 37:1).

¡Cuántos hay que, usando las palabras del apóstol Santiago, "arden de envidia" (Santiago 4:2), y si no pueden llegar hasta donde el envidiado llegó, lo calumnian y lo enlodan por todos los medios posibles sin comprender que a quienes verdaderamente hacen daño con esa calumnia es a sí mismos! ¡Son tantos los que no pueden sufrir el buen nombre de los demás! ¡Y cómo se agitan! ¡Y cómo tratan de disminuirlos y cómo los combaten! Simplemente porque les molesta el bien ajeno.

Se dice que Arístides el Justo, estaba presente en la asamblea que en Atenas votó desterrarlo. Un ciudadano del campo que no sabía escribir y que no conocía a Arístides, se hallaba cerca de éste y le pidió que le escribiera el voto a favor del destierro. El acusado, muy noblemente le escribió el voto condenatorio para sí mismo y luego le preguntó si conocía a Arístides. "No, contestó el otro, jamás los he visto y no se nada de él, pero estoy cansado de oír que es una persona buena, y de que lo llamen justo". Es este un fruto muy natural de la envidia. Aquel pobre ser no podía sufrir el buen nombre de los demás.

La actitud de Dios hacia la envidia, y, por lo tanto, hacia el envidioso, se expresa con mucha claridad en la Sagrada Escritura. El apóstol Santiago dice: *Pero si tenéis envidia amarga y contención en vuestros corazones, no os gloriéis, ni seáis mentirosos contra la verdad* (Santiago 3:14). Ya se ve, la amargura de la envidia conduce a la jactancia propia y a la mentira, pues de alguna forma el envidioso tiene que explicar que los demás han llegado a donde llegaron o consiguieron lo que consiguieron, sin merecerlo.

"Envidiar sólo por envidiar es lo más pequeño e indigno. Una ley de compensación exige que la envidia vaya acompañada del padecimiento", decía José Mar. Y no podría ser de otra forma. Tiene que ser necesariamente así. ¿Por qué sufrir debido a un sentimiento tan poco noble como la envidia?

Agrega el escritor citado: "Es probable que las mujeres envidien más que los hombres. Suele mortificarles el lujo de los trajes de las amigas, el brillo de los ojos, la seda de sus cabellos, la finura de sus manos, el modo de caminar, la juventud que resplandece, el oro de las joyas de las otras damas, la felicidad de su hogar, la apostura y el renombre del esposo, y la promesa venturosa de los hijos. Así han de sufrir aunque lo callen, y lo más corriente es que no lo callen". Por nuestra parte, no nos parece que las damas tengan monopolio alguno en la práctica de la infame envidia. Sólo que los hombres frecuentemente la acompañan de odios y violencias.

Martín Alonzo atinó al decir que "la envidia, polilla del talento, lleva el sello diabólico en su origen". Recordemos que fue precisamente el diablo, entonces Lucifer, quien abrió su corazón a la envidia, enfermedad eruptiva de odios y de deseos homicidas. Cristo dijo refiriéndos al maligno: *Homicida ha sido desde el comienzo* (San Juan 8:44). Ahora bien, el diablo no mató a alguien en el "comienzo", pero quiso hacerlo. Y ese es el punto. Dios no sólo juzga los hechos, sino las intenciones del corazón.

Cuando San Pablo, al escribirles a los gálatas y mencionarles una lista de defectos y de males acerca de los cuales se explica que quienes los sufran no heredarán el reino de Dios, menciona entre otras cosas la envidia (Gálatas 5:20 y 21). Vale más amar que envidiar. En el amor no hay envidia (1 Corintios 13:4).

El amor es desinterés, es comprensión, está alejado de toda mezquindad. El amor se alegra del bien ajeno. Si nos topamos con la envidia, dejémosla pasar. Vivamos sin ser envidiados si es posible, y, sobre todo, sin ser envidiosos.

En la cárcel en donde tan injustamente estuvo preso, escribía Luis de León:

Aquí la envidia y la mentira
me tuvieron encerrado.
Dichoso el humilde estado
del sabio que se retira
de aqueste mundo malvado,
y con pobre mesa y casa
en el campo deleitoso
con sólo Dios se acompasa,
y a solas su vida pasa,
ni envidiado, ni envidioso.

19 VEINTE REMEDIOS QUE NO CUESTAN NADA, PARA EL ALMA ATRIBULADA

1. *La cura del agradecimiento.* El médico y novelista inglés Archibald Cronin contaba que un colega suyo prescribía a sus pacientes deprimidos que no manisfestaban síntomas de enfermedades físicas, una "cura de agradecimiento". Durante seis semanas debía el paciente dar gracias, y sonreír, a todos aquellos que les hicieran un favor, y no faltar a esta regla por pequeña que fuese la atención recibida. Cada tanto, algún paciente se quejaba: "Pero doctor, ¡si nadie me hace favores!" Entonces el galeno, bondadosa pero firmemente, le citaba las palabras de Jesús: "Buscad y hallaréis".

Su receta sigue siendo eficaz. Si buscamos en nuestro presente, y aun si volvemos los ojos a nuestro pasado, encontraremos muchísimos motivos para agradecer a Dios y a muchísima gente, por su intervención en nuestras vidas. En realidad, podríamos y debiéramos dar gracias hasta por el dolor y las pruebas que sufrimos. El minero tiene que herir la tierra para arrancar la gema; y lo mismo ocurre en las minas del alma. El dolor es sólo un instrumento, útil al proceso de descrubir y pulir la gema del carácter. Al respecto, Keith Miller, en su libro *Chacales en el corazón*, cuenta la historia de una niña que antes de los 13 años fue adoptada y abandonada siete veces. Ansiaba ardientemente tener un hogar y una familia, pero nunca pudo lograrlo. Con todo, ahora es una mujer feliz que reconoce en aquel pasado doloroso la mano de la Providencia. "Yo –afirmaba– necesité mi pasado. Vean ustedes: me llevó a Dios".

San Pablo dice: *Dad gracias en todo; porque esta es la voluntad de Dios para con vosotros en Cristo Jesús* (1 Tesalonicenses 5:18). Hay cosas por las cuales es fácil agradecer de inmediato. Otras, en cambio, nos resultan tan incomprensibles y contradictorias que nos parece una burla dar gracias por ellas. Pero Dios no hace diferencia. En su voluntad está que demos "gracias por todo". Él prometió no desampararnos ni dejarnos. Si alguna crisis permite en nuestra vida es porque sabe que de alguna manera redundará para nuestro bien. Vivir agradecidos es el secreto de la felicidad.

2. *Un paréntesis de amor y de dicha.* "Hay gente –decía Duhamel– que ha pasado mil veces cerca de una planta, sin pensar en tomar una hoja para frotarla entre los dedos. Hacedlo y descubriréis centenares de perfumes nuevos... Si tomasteis interés por una lectura, o por un paseo, si hallasteis admirable un espectáculo, invitad a todos los que conozcáis a hacer esa lectura o ese paseo, a contemplar ese espectáculo". Y agrega: "Poned discernimiento en vuestras invitaciones. Defendeos un poco de los escépticos, de los espíritus irónicos, contradictorios o crueles. Defendeos de ellos, pero no los abandonéis: son ovejas descarriadas cuyo regreso deberá colmar de alegría vuestro corazón. Cuando vosotros hayáis hecho confesar: '¡Sí, de veras que es hermoso! ¡Sí, que es interesante! ¡Vale la pena vivir!' os podréis dormir sonrientes; no habréis perdido vuestra jornada".

En esta época nuestra, tan agitada y a menudo monótona, cuando los hombres y las máquinas parecen cantar el mismo canto o hacer el mismo ruido, cuando un día es tan igual al otro día y la rutina se nos vuelve insoportable, conviene detenerse y tal vez recordar la sugerencia del escrito citado: frotar la hoja de una planta, aspirar su olor nuevo, leer un buen libro o dar un paseo, y recomendar su bonanza a un amigo, o familiar, o vecino, o simplemente a cualquiera que hallemos con el ceño semblante triste.

En una carta que escribiera a su amigo Manuel, decía Gabriela

Mistral: "... quiero tener un parétesis de amor y de dicha, que me lo merezco, que de los rosales del camino esta vez quiero cortar una rosa, una siquiera, para seguir después la jornada aspirándola y cantándola".

¿Acaso no merecemos también nosotros ese mismo *paréntesis de amor y de dicha*? Tomémoslo hoy. Podrán entonces, seguir siendo iguales los ruidos de los hombres y de las máquinas; igual también la calle por donde transitamos y las obligaciones a que estamos sujetos; pero ya no habrá queja. Del corazón brotará otro canto: *Este es el día que hizo el Señor; nos gozaremos y alegraremos en él* (Salmo 118:24).

3. *El bumerán de la cortesía.* Decía Mantegazza que "la urbanidad es el perfume de la bondad, nos acerca a los hombres y nos allana el camino de la vida". ¿Es verdad esto? ¿En qué sentido "allana nuestro camino"? ¿Cómo afecta a aquel que la practica? ¿Y cuando uno no es amable con todos? ¿Cómo puede lograrlo?

La Bruyère opinaba que "se necesita muy poco para que se nos tenga por inciviles, inaguantables y orgullosos; y menos aún para que se nos tenga por todo lo contrario". Una sonrisa amable, un apretón de manos, un hueco en nuestro sobrecargado horario para atender a la gente con simpatía, y dar de nuestro tiempo sin sentir ni hacer sentir como que nos lo están robando; éstas y otras atenciones similares contribuyen a la felicidad de los demás y a la nuestra mucho más de lo que suponemos.

¿Notó usted, que cada vez que hace un favor a alguien siente alegría y paz en su corazón? Es que la cortesía básicamente es benignidad, benevolencia que actúa a la manera de un bumerán. Toda vez que la practicamos, vuelve a nosotros con la misma fuerza con que la hemos lanzado. Si ésta ha sido la del amor genuino, la del aprecio sincero, y la del desinteresado deseo de hacer bien a los demás, nos dará el justo pago de una conciencia tranquila y un corazón gozoso.

Cierta vez, mientras el general Roberto E. Lee, conocido por comandar el Ejército Confederado de Virginia del Sur, viajaba en tren con parte de su ejército, acertó a subir una anciana pobremente vestida. La viejecita recorrió los vagones sin hallar dónde sentarse, hasta que al pasar junto a Lee éste le cedió su asiento. De inmediato, varios oficiales y soldados ofrecieron los de ellos al general, pero él rehusó el ofrecimiento enfáticamente: "No, caballeros, si no hubo asiento para esta pobre y débil anciana, no puede haberlo tampoco para mí, que soy más fuerte que ella".

La Biblia nos exhorta a ser amables con todos, y a no hacer acepción de personas. Jesús nos dio el mejor ejemplo de ello. *Al que mí viene –dijo– no le hecho fuera* (San Juan 6:37). Para cada persona tuvo su particular mensaje de consuelo, de consejo, y de poder para vencer el mal; y su toque de amor para sanar y bendecir. Y nosotros... deberíamos proceder como Él. Pero esa disposición irrenunciablemente amable, esa constante benignidad, es únicamente resultado de tener el Espíritu de Dios; el cual podemos recibir pidiéndolo en oración, estudiando las Escrituras, y permitiendo que Jesús *habite por la fe en nuestros corazones* (Efesios 3:17) para hacer, de ese modo, audible y visible su presencia transformadora en nosotros.

4. **El optimismo "incurable".** ¿Qué hacer cuando nos toca entrar en los oscuros túneles de la desilusión? ¿Cómo recuperar el optimismo y la confianza más allá del fracaso reiterado? ¿Podremos reconstruir lo que tantas veces hemos roto?

Jorge Vocos Lescano tituló uno de sus libros: *El alma hasta la superficie*. Y es eso exactamente lo que logró entregar en sus poemas. En un significativo soneto, dice:

> *¿Y siempre, siempre he de mirar, Dios mío,*
> *pese a todos los años que han pasado,*
> *desnudo el campo que elegí por prado,*
> *reseco el cauce que debió ser río?*
> *¿Y lo que tanto quiero y tanto ansío*
> *no habrá de ser, me habrá de ser negado?*
> *¿Y el corazón que entero he dedicado*
> *por siempre y siempre he de sentir vacío?*
> *Muchos los años son que en esto llevo,*
> *mucho el amor que he puesto y la esperanza,*
> *pero ya ves, ya ves, nada ha valido.*
> *Sin fin me obligo a comenzar de nuevo*
> *y es inútil, lo nuevo nunca alcanza.*
> *¿Siempre he de ser, Dios mío, el que no ha sido?*

La gran mayoría de nosotros sentimos alguna vez esta misma íntima y molesta sensasión de no haber alcanzado el blanco al que apuntaban nuestros ideales. Cuando, como el poeta, traemos "el alma hasta la superficie", reconocemos nuestra derrota. Sin embargo, es a partir de esta toma de conciencia, cuando realmente determinamos el éxito o el fracaso de nuestras vidas.

Algunos, al ver morir sus primeros ideales, no se atreven a engendrar ni adoptar otros nuevos. Viven lo que les queda por vivir. Otros huyen. Cambian constantemente de lugar, de trabajo, de estudio o de compañeros, como quien escapa de los demás y de sí mismo. Hay quienes pertenecen al grupo de los bien intencionados que nunca concretan sus buenas intenciones. Pero están aquellos que sí saben adónde se dirigen y qué deben hacer para llegar. Han considerado los costos, y están irrenunciablemente dispuestos a pagar el precio del esfuerzo y la constancia. Estos son también, los que han descubierto en la Biblia la condición y la promesa que les asegura el éxito. Dice así: *Y si alguno de vosotros tiene falta de sabiduría, pídala a Dios, el cual da a todos abundantemente y sin reproche, y le será dada. Pero pida con fe, no dudando nada* (Santiago 1:5 y 6). Si dependemos de Dios el éxito está asegurado. ¿No le parece?

5. *Esfuerzo con "algo de miel".* La suma de los obstáculos externos, más el reconocimiento de nuestras limitaciones, suele dar por resultado la frustración, la depresión, el desánimo; incluso el sentimiento de que si todo está perdido o por perderse, ya no vale la pena ir contra la corriente. ¿Para qué esforzarse? Más aún: ¿De dónde sacar fuerzas? ¿Cómo vencer los obstáculos? ¿Cómo romper las ataduras de nuestra propia limitación?

Bernard Shaw observaba que, "según las leyes de la física comprobadas por los experimentos en el túnel aerodinámico, la abeja no debería volar, ya que el tamaño, el peso y la configuración de su cuerpo no guardan la debida proporción con la envergadura de sus alas. Pero la abeja, que ignora estas verdades científicas, se lanza a volar, y no tan sólo vuela, sino que fabrica su poco de miel todos los días".

En el plano de nuestras realidades cotidianas, también ocurre que las dimensiones de los obstáculos externos y las de nuestras propias limitaciones, no guardan la debida proporción con la envergadura de nuestros ideales. Por eso, cuando pensamos detenidamente en ello, fácilmente desistimos de hacer realidad nuestros sueños. Pero, cuando como la abeja, ignoramos estos asertos o, lo que es mejor, deliberadamente los dejamos de lado y empezamos con fuerzas a "batir las alas" de nuestros ideales, inevitablemente ocurre que damos vuelo a la empresa soñada. Y es entonces tal nuestra alegría, que hasta podemos empezar, también nosotros, a fabricar "algo de miel" todos los días.

Cuando estalló la Segunda Guerra Mundial, Emmanuel Maury –inventor y técnico francés, especialista en motores de aviación— creyó en el futuro de la tierra que otros en esas horas destruían; y prefirió, antes que dedicarse a la industria bélica, ayudar a sembrar y a encender luces. En su taller, en la Argentina, Maury diseñó y construyó piezas para máquinas agrícolas y para usinas, y suplió con ellas la escacez de repuestos que el país sufría a causa de la conflagración. Fue así, a su modo, abeja que voló, y que hizo miel.

Aunque la realidad no guarde proporción con la envergadura de nuestros ideales, podemos aspirar y aun llegar a ellos; porque el mismo que puso fuerza motriz que impele a la abeja a volar y a hacer miel, es también el que pone la sonrisa confiada en nuestros labios y el que derrama su amor en nuestros corazones. Ciertamente podemos vencer los obstáculos que determinan nuestras limitaciones. Podemos elevarnos por medio del poder que Dios tiene y da. Porque Él dijo: *Bástate mi gracia; porque mi poder se perfecciona en la debilidad* (2 Corintios 12:9).

20 VEINTE REMEDIOS QUE NO CUESTAN NADA (II)

6. *La sonrisa y el buen humor.* Dice la leyenda que a cierto monje amargado se le apareció un ángel con un espejo y le dijo: "Este espejo es como el mundo, que nos devuelve la imagen que le ofrecemos. Sonríe, y el mundo te sonreirá". El consejo era y es oportuno; pero ¿basta con sonreír? ¿Puede lograrse una alegría constante, estable, que permita siempre ver la vida con optimismo?

Javier Abad Gómez sugería "ante el mal genio habitual de nuestra gente, hacer derroche de buen humor, aunque cueste; para el ceño adusto y duro de tanto vecino triste, hacer de la sonrisa amable el estilo habitual del rostro nuestro; ante el pesimismo de tantos que arrastran una vida difícil, mostrarnos sinceramente optimistas al ayudarles a emprender la lucha cada día".

Abraham Lincoln entendía los beneficios de la risa como arma contra el desánimo. Bajo la presión agobiante de la guerra civil norteamericana, supo encontrar tiempo para reír y para ayudar a otros a hacerlo. El 22 de septiembre de 1862, a pesar del asombro y la indignación de los miembros de su Gabinete, el presidente Lincoln les leyó completo un artículo cómico. Cuando terminó, les dijo: "Caballeros, ¿por qué no se ríen? Dada la terrible tensión nerviosa a que estoy sometido día y noche, si no tuviera de qué reír me moriría. Y ustedes necesitan de esta medicina tanto como yo". Dicho esto, tomó su sombrero de copa que estaba sobre la mesa, y sacó de él un documento al que dio lectura. Era... la Proclama de Emancipación.

Muchos creen que para ser respetables y respetados deben andar siempre graves y serios. Hasta entre cristianos se ve con frecuencia gente de "cara larga", hombres y mujeres sombríos y taciturnos que piensan de ese modo agradar más a Dios. Sin embargo, las Escrituras exhortan a practicar el gozo y la alegría.

El buen humor alivia y aun elimina las tensiones, y con ello, facilita la digestión, suaviza los rasgos faciales, y aligera y da flexibilidad al cuerpo. De ahí que la Escritura explique que *el corazón alegre constituye un buen remedio* y aun *hermosea el rostro, mas, por el dolor del corazón el espíritu se abate, y, El espíritu triste seca los huesos* (Proverbios 15:13; 17:22).

Por encima de la risa y la alegría de un momento, está la verdadera felicidad, la confiada serenidad de espíritu que sabe ver siempre el lado bueno de las cosas; y ésta, no depende de nuestros sentimientos ni de nuestras situaciones particulares. Es, simplemente, el resultado de creer que nada puede ocurrirnos que no podamos afrontar o resolver con la ayuda de Dios. Es, pues, vivir cada día con gratitud y alegría, aceptando la admonición: *No os entristezcáis, porque el gozo del Señor es vuestra fortaleza* (Nehemías 8:10).

7. *El tacto solidario.* El tacto es una forma elemental de comunicación; es –al decir de alguien– "como un puente para salvar la separación física de que nadie está exento". Pero también responde a una necesidad mayor. ¿Cuál es esa necesidad? ¿En qué sentido puede suplirla el correcto uso del tacto?

El tacto es el primer lenguaje del hombre; es la primera herramienta que usa para investigar y descubrir el mundo que lo rodea y su propio ser. Pero por encima de la curiosidad, el tacto responde a una necesidad mayor. Alguien dijo que "tocar a otro ser humano satisface la profunda necesidad de no sentirnos solos".

El bebé que es mecido y acariciado amorosamente, la persona triste sobre cuyos hombros se posa una mano amiga, el joven a quien se palmea en señal de aprecio y de aprobación, la mujer que capta el mensaje del abrazo de su esposo, la niñita cuyas lágrimas seca una madre cariñosa y comprensiva, el hombre que recibe amistad y confianza en un apretón de manos, todos ellos satisfacen la necesidad de estar junto a alguien y la de sentir que viven para alguien. Al asociarnos con los demás, al hacer uso de algunas de las múltiples expresiones del tacto, sentimos que, de alguna manera, esas personas viven para nosotros y nosotros para ellas. Las tres necesidades básicas del ser humano son: amor, aceptación y seguridad; y, felizmente ocurre que, por medio del buen uso del tacto, podemos satisfacerlas mejor.

Estemos alertas. No permitamos que la multitud de compromisos y de tareas nos impida notar la mano tímida que se extiende hacia nosotros. No dejemos que vuelva vacía, sola y avergonzada de su impulso. Recordemos que cuando aquella otra mano —mano de fe de una mujer humilde y enferma— tocó escondidamente el borde del manto de Jesús, para Él no pasó inadvertida. Y no sólo eso, sino que cuando ella ya se iba, la buscó y le hizo saber que su gesto, además de no haber pasado inadvertido, había sido aprobado y hasta apreciado. Aquel día, esa mujer recibió sanidad, pero también seguridad, aceptación y cariño. Su "contacto" había sido eficaz. De ello eran evidencia su salud, su alegría y, especialmente, la afirmación de Jesús: *Hija, tu fe te ha salvado; ve en paz* (San Lucas 8:48).

8. *La represión, renuncia y disciplina libertadoras.* "A mí no me causa lágrima lo de escribir que en muchas ocasiones hay que reprimir y que hay que reprimirse", decía Juan Pasquau Guerrero. Para otros, sin embargo, represión y disciplina casi son sinónimos de encierro o de mutilación de la personalidad, motivo por el cual reaccionan contra ellas. ¿Quién está en lo cierto? ¿En qué consiste una disciplina normal? ¿Conviene la represión? ¿Cuándo? ¿En qué sentido?

Pasquau decía que "la renuncia (de cualquier especie) fue siempre una virtud". Pero también veía (y reaccionaba contra ello) que "como ha cambiado 'el signo de los tiempos', resulta ahora que quien se somete a una disciplina, no pasa jamás de ser un 'reprimido'".

Fraseos despectivos, a veces mezclados con algo de compasión, van y vienen en la idea de que quien es disciplinado y exigente consigo mismo no pasa de ser un pobre reprimido que necesita liberarse para aprender de veras a vivir.

Por supuesto, hay, en el exceso de disciplina, más de un intento de autocastigo de origen patológico, enfermizo, cuyo resultado es negativo. De ahí la advertencia de Salomón: *No seas demasiado justo... ¿por qué habrás de destruirte?* (Eclesiastés 7:16). Sin embargo, el extremo opuesto no es, necesariamente, evidencia de "liberación", y mucho menos de "superación". Quien sistemáticamente se resiste a toda disciplina, sólo logra ser un inadaptado, cuya conducta no favorece a la sociedad, pero tampoco a sí mismo. En la aceptación de la realidad, y en la consecuente adaptación, que por cierto exige sacrificio y renuncia, hay junto con la entrega, recepción; hay junto con el desprendimiento, enriquecimiento. La disciplina que nos corta y nos pule, a la vez nos prepara para la vida. Negarse a ella, es negarse a la vida.

A menudo resistimos la disciplina sólo porque sentimos que mutila nuestra personalidad. Sin embargo, Mauco acierta al afirmar que "aquello que no sabemos dar nos posee". Como dice Gide, "no existe floración sin ofrenda, y lo que pretendemos proteger dentro de nosotros nos atrofia". Así las cosas, lo que sabemos entregar nos libera. De ahí la profunda aseveración de Jesucristo: *Porque todo el que quiera salvar su vida, la perderá; y todo el que pierda su vida por causa de mí y del evangelio, la salvará* (San Marcos 8:35).

Aunque de veras "libertadora", la entrega a Dios y a la gente hace imprescindible la poda y el injerto; es decir, la disposición real al sacrificio, a la renuncia, y también a la adaptación, todo cual es, en esencia, disposición a la disciplina. Pero, amigo lector, es la única respuesta que vale la pena.

9. *La mansedumbre genuina.* La mansedumbre es una cualidad que según nos convenga, apreciamos y valoramos en los otros, pero que pocas veces nos interesa tener. ¿Por qué? ¿Qué ventajas ofrece al que la practica?

Escribe Miguel Juste Iribarren: "En las afueras de El Aaiún hay un arco blanco que da entrada al acuartelamiento del Tercio Juan de Austria. Al pie, como una flecha clavada en la arena del desierto, un legionario inmóvil hace centinela. Mira al desierto, frontera sur de España, que todavía se alarga casi 2.000 kilómetros hacia abajo. Larga, inmensa, solitaria frontera; dunas y dunas, árida tierra idéntica a sí misma, apta sólo para morir... para morir quién sabe por qué". Y agrega: "De una cosa, sólo de una, estoy seguro: aquel legionario inmóvil de la frontera ignorada... Él no entiende de sutilezas ni necesita entenderlas. Obedece. Es su tremenda gloria".

Mientras leíamos estas líneas de Juste Iribarren, no podíamos menos que pensar en la también tremenda mansedumbre del legionario aquel. En días como los nuestros, la obediencia absoluta, la disciplina ciega, la sumisión total, no es artículo común. A veces hasta se la asocia con la debilidad, la cobardía y el servilismo.

Mal se tiene por manso al que se calla porque no se atreve a hablar, al que se las aguanta porque no se anima a oponerse por temor a que le venga algo peor. Pero ésta no es la cara, sino la careta de la mansedumbre. La mansedumbre genuina requiere valor, humildad y dominio propio. Es en esencia, docilidad, disposición a ser enseñado. Y es –referida a los animales– la característica que los hace aptos para servir como guías a otros. Podríamos, pues, por extensión, decir que no sólo conviene al soldado o al subalterno, sino también al jefe, al líder, al dirigente de toda empresa o asociación.

No en vano, dijo el Nazareno: *Bienaventurados los mansos porque ellos recibirán la tierra por heredad* (San Mateo 5:5). No se refería Jesucristo a una tierra árida en la que se muere sin saber por qué. Hablaba con seguridad. Sabía qué cosa prometía, a quiénes, y por qué. Hablaba de la tierra prometida, del reino que Él instaurará cuando vuelva. Y también se refería al hecho de que los mansos, porque saben guiar a su rebaño, siempre llegan a la meta. Son el ejército del Supremo manso que dijo: *Llevad mi yugo sobre vosotros, y aprended de mí, que soy manso y humilde de corazón; y hallaréis descanso para vuestras almas* (San Mateo 11:29).

10. *Redimiendo el tiempo, cada día.* ¡Cada día! En estas dos palabras reside el secreto del éxito. No vale tanto lo que hacemos una vez con toda nuestra energía como las cosas que vamos realizando cada día.

¡Cada día! Hay triunfo en esta expresión. El arte exquisito y la maravillosa habilidad de cualquier pianista o violinista eximio – como son los de mis amigos Sam Ocampo y Jaime Jorge, respectivamente– que parecen espontáneos, no son sino el resultado de largos y penosos días de laboriosa rutina.

¡Cada día! ¡Camino de perfección! Todos los que hacen algo impecablemente, deben su habilidad a los lentos esfuerzos de cada día.

Muchas veces los jóvenes no comprenden el enorme poder acumulado que hay en el tiempo. Tomemos por ejemplo diez años. Digamos que tú tienes veinte. Para cuando hayas cumplido treinta, habrás desarrollado una enorme eficiencia, si tan sólo empleas con un mismo propósito noble cierta cantidad de tiempo cada día.

Casi todos podríamos obtener el título de doctor en cualquier universidad con el número de horas malgastadas en diez años. En ese tiempo podrías llegar a hablar y entender perfectamente inglés o francés; podrías ser una autoridad en geología, botánica, química, literatura castellana, historia o en lo que sea tu ambición, si tan sólo fueras fiel cada día.

¡Cada día! El universo se funda en la rutina. El sol cae cada día; las estrellas siguen sus órbitas; las estaciones van y vienen de acuerdo con un programa preestablecido; late el corazón y los pulmones se llenan y vacían con la regularidad de un cronómetro.

En la edificación del carácter, *cada día,* significa más que en cualquier otro sentido. El hombre más honrado es el que lo ha sido siempre; la mujer más virtuosa es la que tiene detrás de su virtud presente, la inercia de toda una vida poblada de hechos y pensamientos virtuosos; la persona más alegre es la que ha practicado durante mucho tiempo el arte de ser alegre; y el que conservará su dominio propio más firmemente en la crisis, será el que se ha ejercitado en el dominio del yo. Ninguna fuerza es más grande en el hombre que el poder almacenado de lo que ha hecho *cada día.*

Y, como punto final, si cada día nos entregamos a Cristo, nuestro Señor y Salvador, terminaremos por andar como Él anduvo.

21 VEINTE REMEDIOS QUE NO CUESTAN NADA (III)

11. *El poder de la esperanza.* En el libro *Sobrevivir*, escrito por Vitus Droscher, y en el capítulo "El estrés en los animales", se hace referencia a un experimento científico realizado en la ciudad de Mainz, Alemania:

En primer lugar, una rata fue arrojada sorpresivamente a un estanque de agua. Antes de tres minutos había muerto de angustia; no pereció ahogada, sino de un ataque al corazón. Luego fue arrojada al agua una segunda rata, pero ni bien cayó al estanque se le tiró una tablita salvadora, y, así braceando sobre la tabla flotó por diecisiete minutos. Se la sacó, se la dejó descansar y luego se la volvió a poner en el agua, pero apoyada desde el mismo comienzo en la tabla salvadora. Continuó nadando durante siete horas. Luego murió por el agotamiento, pero no de angustia. Los científicos llegaron a esta conclusión: cuando se tiene esperanza de sobrevivir, tanto la vida de los animales como la de los seres humanos se prolonga.

En verdad, la esperanza es lo que le da sentido a la vida. Inunda nuestro ser con la certeza de que se alcanzarán nuestros más íntimos deseos. Por ejemplo, la madre mira a su bebé con la esperanza de que crezca sano y bueno. Los novios van al altar esperando lo mejor en su vida matrimonial. Prácticamente todos los viajes y negocios son alentados por la esperanza de lograr el éxito. Vamos al médico con la esperanza de que nos vamos a sanar.

Ciertamente, vivimos por lo que esperamos. Pero muchas veces nos pasa lo que ocurrió a la primera rata del experimento. Caemos al agua, sin que aparentemente exista una tablita salvadora para apoyarnos. De golpe perdemos el trabajo, o uno de nuestros hijos es atropellado por un auto y queda paralítico; o de pronto –después de 20 años de casados– la vida matrimonial pierde su encanto. O lo que es peor, vamos al médico en un examen de rutina y se nos descubre que en un rincón de nuestro cerebro se anida un tumor maligno que es inoperable.

Lector amable, esta tabla salvadora es la cruz de Cristo. La fórmula bíblica para mantener viva la esperanza, es pasar por el Calvario. Existe una íntima relación entre la primera y la segunda venida de Cristo. Dice San Pablo: *Así también Cristo fue ofrecido una sola vez para llevar los pecados de muchos; y aparecerá por segunda vez, sin relación con el pecado, para salvar a los que le esperan* (Epístola a los hebreos 9:28).

La esperanza en la segunda venida de Cristo se apoya en la obra realizada por Jesús en su primera venida, y depende de ella. La cruz garantiza la corona. Este mundo le pertenece a Él. Él prometió volver, y por lo tanto volverá.

12. *Sin doble ánimo.* A menudo, la indecisión o las desiciones erróneas, no son sino producto de una voluntad perpleja y dividida que no acierta a definir sus propios objetivos, y que por ello llega a ser causa de pesares, de conflictos, y aun de enfermedades y muertes. ¿Qué hacer para evitarlo? ¿Cómo orientar la voluntad? ¿Es posible la recuperación de aquellos que han abusado de su debilidad?

Joseph Bennett, cuando niño en Nueva Jersey, fue quizá el único en el mundo que poseía una tortuga con dos cabezas. La había encontrado en un pantano cerca de su casa. Para el niño, el animalito era una curiosidad. Le enorgullecía poseerlo, y le divertía ver cómo le costaba decidir su camino. La pequeña tortuga no sabía cuál cabeza seguir. De a ratos se aturdía, se balanceaba indecisa de un lado a otro, y al fin parecía seguir el dictado de la cabeza dominante. Los expertos señalan que casos como éste, ocurren una vez en un millón. Lo califican como "un aborto de la naturaleza".

Pero en ese otro pantano que suele ser el mundo, el fenómeno se da todos los días. Cientos de personas bicéfalas de alma deambulan de un lado a otro confundidas, indecisas, presas de conflictos emocionales más o menos intensos que destruyen paulatina, pero seguramente, su salud física y mental. Y eso no enorgullece ni divierte a nadie. Es una lástima que personas dotadas de inteligencia y voluntad se hundan en la desesperación y en el caos pudiendo haberlo evitado. Sería mejor seguir el consejo tan antiguo como atinado, que advierte: *El hombre de doble ánimo es inconstante en todos sus caminos* (Santiago 1:8).

Cabe admitir que la voluntad humana no es omnipotente. Pero tampoco es nula; es lo que nos permite escoger por nosotros mismos lo que queremos hacer. Es la facultad de decidir inteligentemente, ayudados por el alumbramiento del Espíritu de Dios *que alumbra a todo hombre que viene a este mundo* (San Juan 1:9). Si la desaprovechamos, quedará impotente a merced de las circunstancias; pero si la unimos a la del Todopoderoso, se volverá invencible.

Naturalmente, la unión a que aludimos exige previamente una separación, una "cirugía"; implica, pues, corte y dolor. Pero es un corte necesario, y un dolor ínfimo comparado con la recuperación resultante.

San Pablo explica: *Los que viven según la carne, no pueden agradar a Dios... Si vivís conforme a la carne, moriréis; mas si por el Espíritu hacéis morir las obras de la carne, viviréis* (Romanos 8:8 y 13).

Así es, no podemos seguir a dos cabezas. Si vamos en pos de la naturaleza carnal, el resultado será la enfermedad y la muerte; pero, si elegimos seguir las indicaciones del Espíritu de Dios, el fruto será vida: vida aquí y ahora, y vida eterna

13. *No a la jactancia.* Decía Quevedo con acerbo que "más fácil es escribir contra el orgullo que vencerlo". Con todo, pensemos: "¿Cuál sería el primer paso para erradicarlo? ¿Cómo se manifiesta el orgullo? ¿Qué diferencia hay entre él, la soberbia, la arrogancia, y otras palabras que revelan sentimientos semejantes? ¿Valen de algo?

Para Salvador de Madariaga "la soberbia es una forma de la

hinchazón del yo que, como tal, produce protuberancias y excrecencias varias que el lenguaje decora con nombres también varios, tales como 'orgullo', 'arrogancia', 'altivez', 'vanidad'". Términos en realidad tan llenos de "sustancia personal" que "no permiten confusión entre ellos".

La soberbia, por ejemplo, aun es su propio nombre "revela su etirpe y abolengo, pues acusa parentesco con todo lo que está 'sobre', encima, 'super'". Naturalmente, para poder sentirse superior, necesita de otros con quienes compararse; de ahí, explica Madariaga, "la diferencia maestra entre la soberbia y el orgullo. El soberbio lo es por sentirse superior a los demás; el orgulloso es él, y eso le basta". Por su parte, "la arrogancia es la forma colectiva de la soberbia". El arrogante se ensoberbece no de lo que es o de lo que tiene como individuo, sino de lo que es o de lo que tiene como nación, como raza, o como grupo de privilegio. En cuanto a la altivez y la altanería, la diferencia estriba en que "el altivo manifiesta su altivez en formas pasivas", mientras que el altanero muestra "su altanería en formas agresivas".

A ojos de un observador común estos términos analizados por Madariaga podrían parecer diferencias sin distinción. Pero las Escrituras ya se referían a ellos insinuando sus peculiares diferencias. Por boca del profeta Jeremías, dicen: *Hemos oído la soberbia de Moab, que es muy soberbio, arrogante, orgulloso, altivo y altanero de corazón. Yo conozco, dice Jehová, su cólera, pero no tendrá efecto; sus jactancias no le aprovecharán* (Jeremías 48:29, 30).

Hoy por hoy también nosotros podemos enorgullecernos de lo que tenemos o de lo que somos; compararnos con otros y sentirnos soberbios. Podemos ser arrogantes, respaldándonos en nuestro abolengo, nación, raza, y aun en nuestra asociación profesional, política o religiosa. Desde cualquiera de nuestras posiciones podemos ser altivos o altaneros. Las pasiones de los antiguos moabitas permanecen muy actuales y muy nuestras; pero también sigue vigente la sentencida divina: *Toda jactancia semejante es mala* (Santiago 4:16). No nos aprovechará.

14. *Practicar la filosofía de "la segunda milla".* Dijo el Nazareno: *Y al que quiera ponerte a pleito y quitarte la túnica, déjale también la capa; y a cualquiera que te obligue a llevar carga* *por una milla, ve con él dos* (San Mateo 5:40 y 41).

Un ex clérigo y ex médico que ahora se dedicaba a la abogacía, explicaba: "La gente paga más por ganar un caso y salirse con la suya, que por cuidar de sus cuerpos y sus almas". ¿Acaso no es cierto? ¿Cómo reaccionamos ante los agravios? ¿Qué hacer cuando se pisotean nuestros derechos?

Cierto hombre cuyos sembrados habían sido destruidos por el caballo de un vecino, fue a visitar a éste y le preguntó:

–¿Qué cree usted que debería hacerse en caso de que mi caballo rompa su cerca, se introduzca en sus sembrados y los destruya?

–Muy sencillo –contestó el interrogado–; tendría que pagarme la cerca y, calculando el monto de los otros daños, pagármelos también.

–Lo veo justo –dijo el hombre–. Pero debo decirle que es su caballo el que ha destruido mi cerca y mis sembrados.

–¡Ah! –replicó entonces el vecino–, en ese caso... se trata de otro caballo.

Mas acá del chiste y la sonrisa, ¿resultaría igual de gracioso si fuéramos nosotros los dueños de la finca dañada? ¿Seguiríamos entonces el consejo del Maestro? ¿Adoptaríamos la filosofía de la segunda milla? Difícil admonición. ¿Vale la pena acatarla?

En su libro *Ninguna Enfermedad*, el doctor S. I. McMillen comenta el caso de dos viejecitos que fueron a consultarlo. Por años habían gozado de buena salud. Pero un día, alguien quiso comprarles huevos de su granja porque –según dijo– prefería la clase de gallinas de ellos y no las del agricultor vecino. Éste último, al enterarse de lo ocurrido, se enojó con los viejecitos; y a partir de entonces, éstos padecierond de dolores de estómago, palpitaciones e insomnio. Ya frente al médico, los ancianitos comprendieron que aquel incidente podía ser la causa de sus males, y decidieron acabar con el pleito no vendiendo más huevos. Después de todo, sus ganancias no compensaban los gastos médico que estaban teniendo. ¿Qué más daba probar?

Y el caso es, que obrando de ese modo, sanaron sus enfermedades, recuperaron su paz y buen dormir, y mejoraron sus finanzas; comprobando por experiencia que la enseñanza de Jesús era realmente práctica, y sobre todo... más eficaz.

15. *La verdadera caridad.* En nuestro deseo de ayudar a la gente, solemos dar dinero a ciertas instituciones, confiando en que éste será bien invertido para ofrecer sostén espiritual o material a quienes lo necesitan y están fuera de nuestro alcance. Pero, ¿son ésos nuestros únicos y auténticos motivos? ¿O estamos engañándonos?

Refiriéndose a cierto dinero invertido en instituciones caritativas, Juan Maragall –aquel gran poeta lírico y periodista catalán– decía en boca de uno de sus personajes: "No de nuestra piedad son obras éstas, sino de nuestro egoísmo"... Y añadía: "La verdadera caridad está en que yo atienda a mis viejos, a mi antigua sirvienta en mi casa, si no puedo crearle una suya; la caridad está en que yo me interese por la educación del huérfano que dejó mi vecino, el pobre, y le busque oficio y trabajo; en que yo visite al enfermo en su casa, y si no le puedo dar otra cosa, le dé mi compañía y consuelo. Ésta –agrega el escritor– es la verdadera piedad; y si cada cual la practicara, no más que en la justa medida de sus fuerzas, con los viejos, y con los niños y con los enfermos desvalidos que más le tocan y cumpliese con todo lo suyo en su casa, yo pregunto: ¿Qué falta harían tantos asilos y hospitales y conventos?"

La pregunta de Maragall es más que significativa. Cuando Jesús enseñó a orar el Padrenuestro, al mismo comienzo de la oración nos hermanó a todos. Uno es el Padre, y es Padre "nuestro". Si alguien sufre, no podemos –no debemos– quedar indiferentes, ni conformarnos con pensar que otros se ocuparán de él.

En su conocida parábola "El buen samaritano", Jesús contó que un sacerdote y otro funcionario religioso pasaron de largo frente a un conciudadano de ellos que había sido asaltado y estaba herido; pero un samaritano –a la sazón discriminado por los judíos– *fue movido a misericordia y usó de ella* (San Lucas 10:33 y 37), apeándose de su cabalgadura y atendiendo al accidentado.

¿Notamos algo? El sentir compasión –el "ser movido a misericordia"– no basta. Es necesario "hacer uso de ella"; apearnos de nuestras inquietudes egoístas y de nuestros prejuicios y atender al pobre, al necesitado, al herido y al vicioso; y hacerlo, no sólo en esterilizadas limosnas enviadas por correo o lanzadas desde el aire a la mano que la pide; sino en un interés personal, genuino, cariñoso y fraternal para ése que cayó y que es nuestro hermano. Debemos ser nosotros como el buen samaritano, porque él fue verdadero prójimo de aquel que cayó en manos de ladrones, y ejemplificó por ello la verdadera caridad; la que no es sorda al mandato que dice: *Vé, y haz tú lo mismo* (San Lucas 10:37).

22 VEINTE REMEDIOS QUE NO CUESTAN NADA (IV)

16. *El escape eficaz.* Las vacaciones, y aun el fin de semana o el día feriado, son el tiempo para uno. Podemos dedicarnos a éste o aquel proyecto acariciado, o simplemente escapar de la rutina. Sin embargo, a veces volvemos de nuestras vacaciones, más cansados, nerviosos, y aburridos, que antes de salir; como si necesitáramos unas vacaciones de las vacaciones. ¿Por qué? ¿Qué podemos hacer para que nuestros días libres nos rindan? ¿Sabemos descansar?

Se llaman vacaciones, días feriados, o fines de semana, pero son ese tiempo anhelado y esperado que todos vinculamos con la "libertad", el necesario "escape" al diario trajín. De hecho, no siempre sabemos usarlo ni aprovecharlo; a veces en vez de invertir este tiempo, simplemente lo gastamos en evasiones que no son reales salidas ni descanso.

Pedro Villa Fernándes comentando sobre "los yankis" que visitan a latinoamérica, decía: "Algunos vienen a ver lo que hay. Comen y beben en los mejores hoteles, cafés y *bars*, y se van con varias libras más y muchos dólares menos, después de correr mucho y ver muy poco". Y podríamos añadir que regresados a su ciudad de provenencia, vuelven a la rutina citadina de rigor, donde pasan el día encerrados en la oficina o en la fábrica, y en su tiempo libre, muchas veces se encierran en el cinematógrafo. Están toda la semana en tensión a causa de obligaciones y problemas financieros, y el domingo van a la cancha de fútbol o al hipódromo y en el juego de apuestas –con doble tensión– pierden junto con el dinero, la poca salud que les quedaba. ¿No es esto lo común? ¿Lo que vemos hacer, o lo que hacemos?

Emilio Niveiro contaba las reflexiones de un amigo suyo que opinaba así: "Una cosa es escapar, evadirse del mundo circundante que te asfixia –y este tipo de evasiones estériles se logra por mil vías; por el fútbol, por la baraja, por el alcohol, por el sueño... y otra muy distinta escapar para reconstruirte, para nacer diferente y volver a empezar la vida, otra vida".

Esta es la clase de "escape" que necesitamos: el descanso, la recreación, la revitalización de la que hablaba ese hombre; pero debemos planearla con sabiduría.

Si nuestra ocupación es sedentaria, tratemos de pasar nuestro tiempo libre, practicando algún deporte, tomando aire y sol, u ocupándonos en alguna actividad que entrañe ejercicio físico. Si, por el contrario, nuestro trabajo es manual, y agota nuestras fuerzas, procuremos la influencia de la buena música, la lectura sana, y los ejercicios de relajación. Sobre todo –y esto sea cual fuere nuestra actividad– eliminemos las competencias, el orgullo y las tensiones. Recordemos la sencilla respuesta de Jesús: *Venid a mí todos los que estáis trabajados y cargados, que Yo os haré descansar. Llevad mi yugo sobre vosotros, y aprended de mí, que soy manso y humilde de corazón; y hallaréis descanso para vuestras almas. Porque mi yugo es fácil, y ligera mi carga* (San Mateo 11:28-30).

17. *La tolerancia.* Lemaitre decía que "la tolerancia es una virtud difícil; nuestro primer impulso y aun el segundo, es odiar a todos los que no piensan como nosotros". ¿Qué hacer para evitarlo? ¿Cómo aprender a ser tolerantes? ¿Vale la pena intentarlo?

En uno de sus interesantes artículos, Elena Gould Harmon de White comentaba que "diferimos tanto en disposición, hábitos y educación, que nuestro modo de considerar las cosas es muy diferente. Nuestro juicio lo es también... Los deberes que a uno le parecen fáciles, son para otro en extremo difíciles y le dejan perplejo". En un sentido, pues, es lógico que no estemos todos de acuerdo. Mas aún, es bueno que así sea. En el cuerpo humano ni todo es mano ni todo es pie. Cada órgano tiene su función definida y su particular utilidad que redundan para el bien del conjunto. Y lo mismo ocurre en el cuerpo de las relaciones humanas.

Por supuesto, es más fácil hablar de la tolerancia que practicarla. Sobre todo, si estamos terriblemente convencidos de que tenemos razón, ¿no es cierto? Aun los discípulos de Jesús tuvieron esta misma dificultad que nosotros. Cierta vez, por el simple hecho de que no andaba con ellos, prohibieron a un hombre hacer milagros en el nombre del Señor. Pero el Maestro les reprochó esta actitud. *No se lo prohibáis—les dijo— porque ninguno hay que haga milagro en mi nombre que luego pueda decir mal de mí* (San Marcos 9:39). Tiempo después, mientras iban hacia Jerusalén, decidieron pasar primero por una ciudad de los samaritanos; pero éstos, debido a su prejuicio contra los judíos, le negaron el paso. Entonces, los discípulos, acusando enfado, dijeron a Jesús: *Señor, ¿quieres que mandemos que descienda fuego del cielo, y los consuma, como hizo Elías?*; a lo cual Jesús respondió: *Vosotros no sabéis de qué espíritu sois; porque el Hijo del hombre no ha venido para perder las almas de los hombres, sino para salvarlas* (San Lucas 9:54-56).

Lector amigo, sintamos celos por alguna gran causa; pero no admitamos que nos induzca a destruir a otros. Recordemos que siguiendo el ejemplo de Jesús, podemos permitir que los demás hablen u obren de un modo diferente al nuestro, e incluso que nos rechasen, sin odiarlos por ello. Pensemos cuán distinto fuera nuestro mundo si se adoptara "la virtud difícil".

18. *La oración que agrada.* Muchos consideran que la oración es un severo deber religioso, que debe practicarse como quien cumple una imposición o una penitencia. Pero la oración es algo muy distinto. Como declara una definición muy valiosa, "orar es el acto de hablar con Dios como quien habla con un amigo". La oración, por lo tanto, entraña el gozo de la comunión con Aquel que es la Fuente de todo bien.

Así lo sentía el famoso escritor ruso Alejandro Solzhenitsin, premiado con el premio Nobel de Literatura (1970), quien con fervor de creyente pronunció la siguiente oración: "¡Cuán fácil es para mí vivir contigo, Señor! ¡Cuán sencillo me resulta creer en ti! Cuando mi espíritu flaquea o se pierde en lo que no puede comprender, cuando los que son más inteligentes no alcanzan a ver más allá de la noche que cae e ignoran lo que deberán realizar al día siguiente, Tú me envías de lo alto la clara certidumbre de que existes y obrarás de tal manera que no se cierren todas las vías del bien". Y agregó: "En la cumbre de la gloria terrenal me vuelvo sorprendido en este camino que jamás habría podido descubrir solo, este camino asombroso que, más allá de la desesperación, me ha conducido hasta ese lugar donde he podido transmitir a la humanidad el reflejo de tu luz. Mientras me sea necesario reflejarla, Tú me darás el poder".

Resulta muy evidente que el autor de esta oración sentía especial confianza y regocijo al acercarse al Dios todopoderoso. Y así debe ser. Lo afirmaba también Guillermo Arturo Ward: "La alabanza es el primer peldaño en la escalera de la oración". En ningún momento el gozo debe estar ausente del corazón de un verdadero cristiano. Así lo enseña el apóstol San Pablo al decir a los creyentes de Tesalónica: *Estad siempre gozosos* (1 Tesalonicenses 5:16).

Al orar debiéramos, ante todo, recordar los innumerables favores que recibimos constantemente de Dios. ¿Qué hemos de agradecerle? Como dijo en un corto ruego Juan Crisóstomo, un perseguido y notable cristiano del siglo IV: "Señor, gracias por todo". Tal vez esta frase parezca demasiado abarcante. Pero nos enseña que todo –sin excepción–, aun las necesidades y tribulaciones, debe ser para nosotros un motivo de gratitud. Dice la Sagrada Escritura: *Hermanos míos, deben ustedes sentirse muy contentos cuando pasen por pruebas de cualquier clase. Pues ya saben, que cuando su fe es puesta a prueba, ustedes aprenden a tener más paciencia* (Santiago 1:2 y 3, Versión Popular).

19. *La espada de Cristo.* La vida es lucha, batalla, combate. Su lid nos presenta adversarios my reales y formidables. Necesitamos para ella una espada más poderosa que la que usó Alejandro en sus conquistas; más efectiva que el "Excalibur" del rey Arturo de Inglaterra, o la legendaria espada de El Zorro, que muchos pretendimos poseer cuando niños, cuando con palo fino en mano y un poco de imaginación quijotesca vencíamos con caballeresco honor a todo contrincante imaginable.

Hay una espada que sí puede salir airosa del más terrible conflicto. ¿Cuál es esa espada? Es la espada de Cristo. ¿La espada de Cristo? Sí.

El último libro de la Biblia, que se caracteriza por su lenguaje simbólico, presenta la persona de Cristo en esta forma: *Tenía en su diestra siete estrellas, y de su boca salía una espada aguda de dos filos. Y su rostro era como el sol cuando resplandece en su fuerza* (Apocalipsis 1:16).

La espada de Cristo está en su boca, no en su mano. La espada en mano de un poderoso sirve como apropiado símbolo de las conquistas humanas. Jesús en el jardín del Getsemaní reprendió a Pedro por valerse de la espada empuñada para defenderse. Esa espada depende a su vez de la habilidad, destreza y el poder del brazo que la esgrime. No así con la espada de Cristo. Pero, ¿cuál es su espada?

Jesús se refirió a este poder cuando declaró: *Las palabras que Yo os he hablado son espíritu y son vida* (San Juan 6:63). Y la Epístola a los hebreos declara: *Porque la palabra de Dios es viva y eficaz, y más penetrante que toda espada de dos filos; que alcanza hasta partir el alma, y aun el espíritu, y las coyunturas y tuétanos, y discierne los pensamientos y las intenciones del corazón.* La espada de Cristo es su palabra, y esta palabra se encuentra a nuestro alcance; es la Palabra de Dios, su Santa Biblia. El salmista declara: *Por la palabra de Dios fueron hechos los cielos... por el espíritu de su boca... porque Él dijo, y fue hecho; Él mandó, y existió* (Salmo 33:6 y 9). Y el apóstol Santiago nos exhorta con estas palabras: *Él de su voluntad nos ha engendrado por la palabra de verdad* (Santiago 1:18). El mismo Jesús oró al Padre por ti y por mí: *Santifícalos en tu verdad, tu palabra es verdad* (San Juan 17:17).

Esa palabra que trajo orden al universo entero, es la misma que puede traer propósito y orden al caos y al vacío de nuestro universo interior. ¿No te parece?

20. El testimonio de Jesús. Decía el teólogo Karl Barth que leer la Biblia es como asomarse a la ventana y ver que toda la gente mira hacia el cielo, y contempla algo que nosotros no podemos ver desde el interior. Todos señalan hacia arriba, pronuncian palabras extrañas y se muestran excitadísimos: algo que está más allá de nuestro campo visual ha captado su atención e intenta llevarlos "de un lugar a otro, siguiendo un plan extraño, intenso, incierto, y, a pesar de ello, misteriosamente bien trazado". Leer la Biblia equivale a tratar de leer lo que expresan esos rostros. Escuchar las palabras bíblicas es procurar aprender la extraña, peligrosa y obligante palabra que ellos parecen escuchar.

Abrahán y Sara, por cuyas ancianas mejillas corren lágrimas de alegría incrédula cuando Dios les dice que cumplirá su promesa y les dará el hijo que siempre han anhelado; el rey David que, en su alegría, danza semi-desnudo delante del arca; el apóstol San Pablo, herido por un rayo en el camino de Damasco; Jesús, crucificado entre dos pillos, con el rostro escupido por la soldadesca romana: todos ellos miran hacia arriba, y escuchan.

¿Cómo puede el hombre del siglo XXI, con todas sus inhibiciones, tratar de ver lo que ellos ven y de oír lo que oyen? Alguien ha recomendado al lector de la Biblia que no se lance en busca de las respuestas que da, antes de dedicar tiempo para escuchar las preguntas que formula. Todos nosotros tenemos dudas y preguntas que hacer a propósito de cosas que hoy interesan mucho, pero que mañana ya se habrán olvidado: los dónde, cómo y por qué surgidos día tras día en casa y en el trabajo. En cambio tendemos a olvidar dudas y preguntas que siempre importan: vitales interrogantes acerca del significado, el propósito y el valor de la existencia.

Así pues, quizá la razón más importante de que convenga leer la Biblia es que tal vez en alguna de sus páginas aguarde al lector la pregunta que, aunque haya fingido no escucharla, constituye el eje de su existencia. Por ejemplo: *¿De qué le sirve al hombre ganar todo el mundo, si pierde su alma?* (San Mateo 16:26). *¿Qué es la verdad?* (San Juan 18:38). *¿Qué debo yo hacer para conseguir la vida eterna?* (San Lucas 10:25).

Las respuestas a éstas y otras preguntas nos llevarán indefectiblemente a Jesús. Él declara: *Vosotros escudriñáis las Escrituras, pues en ellas pensáis que tenéis vida eterna, mas ellas son las que dan testimonio de mí* (San Juan 5:39).

23 LA MUJER DE HOY ANTE EL MACHISMO DE SIEMPRE

Hoy, quizá más que ayer, la mujer enfrenta situaciones que exigen objetividad, realismo y determinación. Pero, para muchas –como tal vez para muchos hombres— éstas no son características propias de su personalidad. ¿Deben por ello abandonarse a su suerte? ¿Qué posibilidades tienen de cambiar? ¿Cómo se adquieren estas cualidades?

Cuando Farah Diba estaba por casarse con el Sha de Persia, él le preguntó: "¿Vas a ser simplemente un rostro, una decoración, un maniquí, una emperatriz para los cuentos de hadas? ¿Vas a pasar a la historia como otra esposa de Sha, y la madre de un príncipe, o, te atreverás a descubrir de lo que eres capaz, y crear la imagen de una nueva mujer en Irán?

Traduciendo en hechos su respuesta, Farah Diba aceptó pertenecer al Congreso Nacional de Planificación; dirigir, promover e inspeccionar las artes; encargarse de los menús y recepciones de tres palacios; supervisar personalmente la educación de sus hijos; acompañar al Sha en público, y estar al frente de varias organizaciones. Fara Diba es recordada, no como un personaje de leyenda, sino como una mujer real, y realista.

En la misma Persia, 25 siglos atrás, la costumbre imponía que las esposas de los reyes fueran juguetes de placer para ellos y sus cortes, y que sólo aparecieran en escena cuando los reyes lo ordenaran; nunca de otro modo, a pena de muerte. Y Ester, la joven judía que había llegado al trono persa conquistando al rey con su belleza, sabía esto. Pero también acababa de enterarse de que el capitán favorito del rey estaba tramando el holocausto total de los judíos que vivían bajo el dominio persa (note el lector que Hitler no fue el primero en intentarlo).

¿Qué hacer? Consciente de que Dios quita y pone reyes, Ester comprendió que quizá para esa hora había llegado ella al reino. Pidió, pues, a su primo que reuniera a todos los judíos del lugar para que ayunasen por ella durante tres días, que haría ella lo mismo con sus doncellas. *Y entonces –explicó– entraré a ver al rey, aunque no sea conforme a la ley; y si perezco, que perezca* (Ester 4:16).

Como resultado, amigo lector, el pueblo hebreo fue liberado, y Ester pasó al registro de la Historia Sagrada no como un personaje de leyenda, sino como una mujer y reina realmente consciente del propósito de Dios para su vida, de la realeza de su misión y de la realidad de su pueblo. Asida del poder y del valor que Dios le diera a ella, y que otorga también a todo quien los quiere recibir. Ester respondió con altura y entereza en la hora de crisis de su pueblo.

Según Madariaga, las mujeres "en tiempo normal son capaces de hacer frente a toda situación que pueda presentarse y salir airosas, con serenidad y competencia. En las crisis graves saben ser duras y aun heroicas". Pero, ¿y las que sienten que han perdido, o nunca han tenido este temple? ¿Y los hombres que están en esta misma condición? ¿Cómo pueden obtener la fuerza y la visión que necesitan?

En la obra *La casa redonda,* de Adriana Henriquet Stalli, un niño pregunta a su madre: "Y yo, ¿cómo he nacido?" "Quisiera, piensa ella, encontrar el cuento más bello para su sed. . . Una belleza infinita y misteriosa quisiera que hubiese creado a mi hijo". Y no es de extrañar su deseo. Cada nacimiento es único. Entraña la llegada de un ser individual, parecido a otros, pero esencialmente distinto. Si a esa unicidad se suma el proceso y las emociones que implica la maternidad, es comprensible que cada madre quiera y, más aún, que crea que "una belleza infinita y misteriosa" ha creado a su hijo.

Pero si hubo alguien que con intensidad y verdad no superadas pudo vivir un drama tal, fue sin duda la Virgen María, aquella joven hebrea que tuvo el privilegio de albergar en su seno al que en sí mismo era el Dador de la vida. En su maternidad intervino, ciertamente, una infinita y misteriosa belleza creadora.

Con todo, ¿cómo pudo María aceptar y afrontar tan tremenda responsabilidad? Del relato de los Evangelios se desprende que su secreto consistía en que confiaba en Dios, dependía de Él, y estaba dispuesta a hacer cualquier cosa que Él le pidiera. Cuando el ángel le anunció que concebiría un hijo, pero que ese Hijo no sería de hombre alguno sino de Dios, María comprendió todo lo que ello implicaría. La gente murmuraría, dudaría su pureza; y mientras tanto ella tendría en sus manos la responsabilidad más grande jamás encomendada a ser humano alguno: la de criar, cuidar y educar... al Hijo de Dios.

María se sabía inexperta, con una misión extraordinaria y muy por encima de sus fuerzas. Pero también sabía que Dios nunca se equivoca y que a nadie pide algo sin darle primero la capacidad para cumplirlo. Por eso contestó: *He aquí la sierva del Señor; hágase conmigo conforme a tu palabra* (San Lucas 1:38).

Hoy, Dios todavía busca hombres y mujeres de ese temple. Gente que confíe en Él, que dependa de Él, y que esté dispuesta a obedecerle incondicionalmente. No importa si tenemos o no otros talentos; se necesitan éstos. Y si le ofrecemos éstos, tal como ayer los tres reyes magos le ofrecieron los suyos, no volveremos vacíos. En las noches del alma resplandecerá, como una estrella, la promesa de Dios: *Bástate mi gracia, porque mi poder se perfecciona en la debilidad* (2 Corintios 12:9).

Con aguda percepción psicológica y espiritual, Khalil Gibrán vierte en una de sus obras un diálogo imaginario entre María Magdalena y Jesucristo. Ella bebe las palabras de Cristo como bebería el desierto el rocío del cielo y recuerda: "Cuando Él me las decía, la vida hablaba a la muerte. Porque habréis de saber, amigos míos, que yo estaba muerta. Era una mujer que se había divorciado de su alma. Yo pertenecía a todos los hombres y a ninguno. Me llamaban ramera, mujer poseída por los siete demonios. Estaba maldita y era envidiada. Pero cuando sus ojos de aurora miraron dentro de mis ojos, todas las estrellas de mi noche se esfumaron, y me convertí en Miriam, solamente Miriam, una mujer perdida para el mundo que había conocido, y encontrándose consigo misma en nuevos lugares".

Aunque esta escena es imaginaria, no lo es en su esencia. Porque es cierto; cuando aquella mujer se encontró con Jesucristo, de veras se perdió para el mundo y la vida que hasta allí había conocido, y de veras se encontró con Dios y consigo misma. Todo porque el perdón, la sanidad y la pureza le fueron ofrecidos por Uno que la amó genuinamente, es decir: sin interés, sin egoísmo, con el sólo propósito de ayudarla, de reconstruirla, de hacerle bien y hacerla buena.

María Magdalena llegó a ser, por ello, acaso la más fiel, la más agradecida, y la más devota de los consabidos discípulos del Maestro. Sentada a sus pies, escuchó anhelante su palabra; postrada ante Él, le ungió con nardo delicado y con lágrimas de gratitud; estuvo con Él junto a su cruz, y fue la primera en ir a su tumba en la mañana de la resurrección. Fue también la primera en ser comisionada por Él mismo para dar las Buenas Nuevas de la resurrección a los demás discípulos.

Pensemos en este glorioso logro: María, la que fue poseída por los siete demonios— ahora convertida en apóstol para los apóstoles. Y todo lo hizo impulsada por el poder del amor perdonador de Cristo. ¿Y tú, amigo lector? Jesús también te ha dicho: "Tus pecados te son perdonados". ¿Serás un apóstol a otros de su amor?

Sucedió en Managua, Nicaragua. Una madre soltera vive su peor pesadilla. Su única hija, María Elena (no es su verdadero nombre), el objeto de sus luchas, cuidados y mimos por tantos años, se había dejado arrastrar por la resaca de desaforados engendros que son las malas compañías. Lejos del hogar y del consejo materno, se entrega a una disoluta existencia. Hombres bajos e indolentes toman ventaja. María Elena pasa de uno a otro, como prenda usada y desechable. ¿Estaría buscando en éstos el amor que no recibió de su padre ausente?

Por fin, su conducta libertina le acarrea el más infame trofeo: María Elena contrae el mortífero virus del SIDA. Desvirtuada, desahuciada, sin dinero ni amistades, María Elena regresa al único ser que la ama incondicionalmente: mamá.

Desde que la mamá quedó sola −¿acaso un padre que nunca asumió responsabilidad, o tal vez un esposo cruel y abusivo?, no lo sabemos−se armó de valor. Se propuso ser fuerte y optó por entrar en el ejército. En la vida militar encontraría la estructura, la educación y la fortaleza que buscaba para ella y para su hijita.

Pero ahora, ¿de qué valían sus estudios y su disciplina militar? ¿Valía la pena vivir si su querida María Elena agonizaba en el lecho de muerte a la escasa edad de 18 años? Por las noches escuchaba los alaridos de esa hija sumida en dolores insoportables: "¡Mamá, ya no soporto más, haz algo, por favor, haz algo!"

Un martes de mañana sucedió algo asombroso. La madre de nuestra historia lo relata con estas palabras, en la carta que envió a la filial de La Voz de la Esperanza en Managua, Nicaragua: "Esa mañana, después de pensarlo bien, había tomado la decisión de quitarle la vida a mi hija y después hacer lo mismo conmigo; su sufrimiento me resultaba insoportable.

"Yo no soy dada a creer en milagros, pero algo extraño pasó esa mañana. Me encaminé a la cómoda para sacar el revólver, y cuando lo había tomado y me dirigía a la habitación de mi hija, la radio-reloj que estaba encima de la cómoda se encendió sola. Claramente pude escuchar la voz de alguien que decía que en medio del sufrimiento y del dolor Jesús nos comprende, porque en calidad de hombre sufrió lo mismo que nosotros.

"Me senté en el sofá para escuchar, sintiendo que esa voz se dirigía directamente a mí. Al terminar el programa un anhelo de búsqueda llenaba mi corazón. Las palabras expresadas eran la respuesta a mi condición. Cuando el anunciador dio la dirección de ustedes, de inmediato les escribí. Y ahora deseo que me digan qué debo hacer".

El licenciado David Murillo, que a la sazón fungía como director de La Voz de la Esperanza en Nicaragua, añade: "Durante varios meses la mamá y la hija fueron visitadas por representantes del programa. Finalmente la hija falleció, pero con la esperanza de que los muertos en Cristo resucitarán primero. Su mamá fue bautizada con la seguridad de volverla a ver".

Lector amable, no se trata de simple coincidencia. Dios tiene el mismo interés en ayudarte a ti, y a los tuyos. Sólo necesita tu permiso. Ábrele hoy mismo tu corazón.

24 CUANDO SE PIERDE LA FE

Se había sentado el niño junto a una de las ventanillas del ómnibus, pero no miraba el paisaje. Fijaba toda su atención en una tarjeta que llevaba consigo, y que decía: "tened fe en Dios". De pronto, una ventisca se la arrebató de las manos, y la tarjeta voló hacia fuera. Entonces, el chavalillo gritó, "¡Chofer, por favor, pare, que he perdido mi fe en Dios!"

El conductor del ómnibus detuvo la marcha, el niño recogió su tarjeta, y el viaje prosiguió. Algunos pasajeros sonrieron, otros murmuraron, pero hubo quien en su alma también sintió que había recuperado su fe en Dios.

Se cuenta que un banquero ridiculizaba continuamente a un creyente amigo suyo, porque éste le hablaba de la necesidad de tener fe. Cierto día cuando ese creyente pasó frente al Banco vio una gran multitud que forcejeaba por entrar, y que mostraba una gran agitación. Preocupado por su amigo el banquero que iba de un lugar a otro agitado, tratando de explicar a aquella multitud que tuviera fe en el Banco, que los rumores de bancarrota eran falsos, sin consistencia alguna. Insistía en que creyeran en el Banco y que tuvieran fe en él, pues sus fondos no corrían peligro. Nuestro amigo se acerca al banquero y le pregunta: "¿Qué pasa?" y aquel le dijo: "Sencillamente que ha corrido el rumor de que el Banco está en quiebra y esta gente no cree mi palabra. ¿No puede usted hacer algo por ayudarme?" Entonces, suavemente, el creyente susurró al oído del banquero: "la fe es necesaria".

Sí, la fe es necesaria. Con cuánta razón podría el Maestro decirnos a nosotros las mismas palabras que una vez le dijera a Pedro: *Oh hombre de poca fe, ¿por qué dudaste?* (San Mateo 14:31). La fe, como lo dice el autor de la Epístola a los hebreos es: ... *la certeza de lo que se espera, la convicción de lo que no se ve* (11:1). Es dar como realizadas las cosas que no se han hecho. Es considerar como cumplidas en nosotros lo que son promesas de parte de Dios. Y cuando creemos de esta manera, entonces lo que esperemos se realiza y las promesas se cumplen en nuestra vida. En cambio, cuando no hay fe, el temor llega para ocupar el vacío.

Reconquistar la fe perdida, parece tarea de gigantes. El temor al fracaso o a la burla a menudo paraliza todo esfuerzo y permite el avance de la amargura y de la duda. Pero no es necesario que acontezca esto.

La Biblia dice que *Dios repartió a cada uno*, una *medida de fe* (Romanos 12:3 última parte), y también dice que *la fe es por el oír, y el oír, por la palabra de Dios* (Romanos 10:17).

El salmista afirma que *por la palabra del Señor fueron hechos los cielos, y todo el ejército de ellos, por el aliento de su boca. . . Porque Él dijo, y fue hecho; Él mandó, y existió* (Salmo 33:6, 9). Sí, la Palabra de Dios es poderosa y creadora. Como hizo los cielos y la tierra, y cuanto en ellos hay, puede también rehacer el corazón quebrantado por la duda.

Hay en las Escrituras 3.573 promesas a las que podemos aferrarnos, con confianza semejante a la de Abraham, de quien la Biblia dice que *tampoco dudó, por incredulidad, de la promesa de Dios, sino que se fortaleció en fe, dando gloria a Dios, plenamente convencido de que era también poderoso para hacer todo lo que había prometido* (Romanos 4:20 y 21).

El apóstol San Pablo nos exhorta a seguir esa clase de ejemplos; ser así *imitadores de aquellos que por la fe y la paciencia heredan las promesas* (La Epístola a los hebreos 6:12). Pero advierte: *que vuestra fe no esté fundada en la sabiduría de los hombres, sino en el poder de Dios* (1 Corintios 2:5).

La fe "que Dios repartió a cada uno" no es de manufactura humana, fue "fabricada" en la cruz del Calvario, por "el Autor y

Consumador de nuestra fe". Ese Jesús sabe sostener tu fe, amigo lector. Ya lo dice el himno: "Si la fe me abandonare, Él me sostendrá. Si el mal me amenazare, Él me sostendrá. Él me sostendrá; Él me sostendrá. Porque me ama el Salvador, Él me sostendrá".

Hay un salmo que ofrece una visión muy íntima de Jesús, más que la que podemos experimentar con cualquier otro ser humano. Nunca conoceremos a alguien, aunque sea el esposo o la esposa, tan ampliamente como podemos conocer a nuestro Señor Jesucristo en el Salmo 22.

La razón es que este salmo en una transcripción de su plegaria al Padre en su hora agónica de la cruz. Si un periodista de CNN hubiera estado allí presente en el Calvario, con su máquina grabadora, no habría captado nada distinto. Jesús abrió su corazón de par en par, su alma se hizo absolutamente transparente.

Para Cristo, el proceso de abrir su corazón comenzó al mediodía del viernes en que fue crucificado. En su agonía exclamaría: *Dios mío, Dios mío, ¿por qué me has desamparado?* (Esta expresión aparece en idéntica forma tanto en San Mateo 27:46 como en el Salmo 22:1). Es el punto más bajo al que un ser humano pueda caer, sintiéndose absolutamente perdido, abandonado no sólo de los hombres, sino también de Dios.

El distinguido y condecorado y bien recordado historiador eclesiástico y catedrático de la Universidad de Yale, doctor Rolando H. Bainton, invita al lector de su aclamada biografía del reformador Martín Lutero a que reflexione sobre el *sui generis* escándalo de la Cruz: un Cristo desahuciado de la misericordia divina:

"Dios mío, Dios mío, ¿por qué me has desamparado?" ¿Cuál podría ser el significado de este extrañísimo clamor? No cabe duda que Cristo se sabía desamparado, abandonado por Dios y derelicto [de la misericordia] . . . La desolación total, aquella que Lutero temía no poder llevar ni decimada, y salir con vida, Cristo mismo la había llevado [sin atenuación alguna] en la hora de su muerte. Rechazado por los hombres, sufría también el peor rechazo de todos: el de Dios. ¡Cuán peor debe haberle resultado esto que los azotes, las espinas y los clavos! En el Jardín sudó sangre, pero no en la cruz. El abajamiento de Cristo al infierno,

¿no es acaso una manera de indicar por ello el enajenamiento de Dios que Cristo experimentaba? ... ¿Qué razón pudo haber para que Cristo conociera semejantes desesperaciones? Harto bien sabía Lutero porqué él mismo las había tenido; él era débil ante el Todopoderoso; se sabía impuro en la presencia del Santísimo. . . Pero Cristo no era débil; Cristo no era impuro; Cristo no era impío. ¿Qué explica, entonces, que le invadiera un sentido tal de desolación? La única explicación dable es que Cristo había tomado sobre Sí mismo la iniquidad de todos nosotros. Aquel en quien no había pecado, se hace particionero [y repositorio] de la culpa de todos, identificándose a tal grado con nosotros, que participa por entero de nuestro enajenamiento [de Dios]. Como hombre que era, siente solidaridad con la condición y suerte de la humanidad: destituido Él también del Santísimo. Qué nuevo cuadro se pinta aquí [de la persona y obra] *de Cristo..."*

Here I Stand, *Roland H. Bainton, New Hendrickson Edition, 2015, páginas 44 y 45.* (La traducción es nuestra).

En las profundidades de su alma, Cristo sentía que todos nuestros pecados eran suyos; todas las células de su ser ardían bajo la terrible condenación: *Dios mío, clamo de día y no respondes* (Salmo 22:2).

¿Has sentido tú, en tu fuero interno, que el Padre celestial no oye tu plegaria? ¿Has pensado alguna vez que otros reciben respuesta, pero tú no? Las Sagradas Escrituras dicen: *En ti esperaron nuestros padres... confiaron en ti, y no quedaron confundidos* (Salmo 22:4 y 5). Y luego Jesús dice: "Pero..." Sí, Él sintió el dolor del abandono. Le dijo a su Padre: ¡Tú escuchaste a nuestros antepasados, pero te has ensordecido para conmigo! Veamos: *Pero Yo soy gusano, y no hombre, oprobio de los hombres, despreciado por el pueblo* (Salmo 22:6). Esta senda la debemos pisar con reverencia, porque el Hijo de Dios está probando los horrores del infierno...

Sabemos que esto es precisamente lo que se devino en la cruz del Calvario, porque dice en los versículos siguientes (7 y 8) del salmo citado: *Los que me ven, se burlan de Mí, estiran los labios, menean la cabeza, y dicen: 'Se encomendó al Señor; líbrelo Él.* No se daban cuenta de que se estaban burlando del Hijo de Dios, a plena vista del universo celestial. ¡Pero Jesús no se ha dado por vencido en su lucha por conquistarnos!

Ahora, cuando su desesperación ha llegado a su máxima profundidad, comienza a construir un puente de fe sobre el terrible y tenebroso abismo. Satanás está pisoteando su alma, pero nuestro Señor Jesucristo no va a morir en el fracaso. Comienza a recordar su propia historia: *Pero Tú me sacaste del seno materno [de la Virgen María], me preservaste a los pechos de mi madre. A ti fui entregado desde mi nacimiento; desde que nací, Tú eres mi Dios* (versículos 9 y 10).

Así también nosotros, en nuestras horas tenebrosas, debemos recordar nuestra propia historia, cómo el Señor nos ha salvado tantas veces de la ruina. Expresémosle agradecimiento.

Pero Jesús siente aún otras cosas: *Horadaron mis manos y mis pies. Puedo contar todos mis huesos... partieron mis vestidos entre sí...* (versículos 16-18). Ahora la música cambia, de tono menor a mayor. Cristo logra la victoria. En este terrible momento final, cuando se siente como quien es arremetido por un búfalo salvaje, traspasa las nubes de oscuridad, y surge al resplandor del sol, más allá de la niebla. Logra, por fin, percibir el amor y la aprobación del Padre. *Ya me has oído, clamando desde los cuernos de los uros* (versículo 21, VM).

Cristo ha bebido hasta la última gota de la copa de nuestros tormentos. Ha experimentado lo que la Biblia llama "la segunda muerte".

Lector amable, después de leer estas palabras, ¿te sientes conmovido hasta el punto en que tu indiferencia o tu frialdad o tu dureza o tu negación del Maestro se desvanecen? Contemplemos al crucificado, y digamos con Luis Hernández Aquino:

> *Era un rayo de luna reluciente y florido*
> *que disipó del mundo la densa oscuridad.*
> *Su corazón inmenso fue pájaro y fue nido...*
> *Tuvo una aureola blanca de mística piedad.*
> *Donde pisó su planta, florecieron trigales;*
> *donde posó sus ojos, se deshizo el dolor.*
> *La lepra era en sus manos como blancos rosales*
> *y el mal se hizo a su paso dulce llanto de amor.*

Cuando en sus labios rosa la oración, fue un poema.
Le apresaron las turbas, llenando la serena
soledad de la huerta de improperios banales.
Y le crucificaron... Pero el rayo florido
es ave y es ensueño y es corazón y nido,
y la lepra en sus manos es cual blancos rosales.

25 CUANDO LOS HOMBRES LLORAN

La Primera Epístola del apóstol San Pablo a los Corintios, capítulo dieciseis, verso trece, dice algo que hemos escuchado desde niños, con Biblia o sin Biblia, con San Pablo o sin San Pablo: *...portaos varonilmente...*

¿Qué hombre hispano no recuerda frases tales como: "pórtese como hombre"; "hable como hombre"; "no llore, los hombres no lloran". "¿Qué eres acaso, hombre o gallina?"

En mi caso, con mi padre preso por razones políticas durante mi infancia, toda la familia me observaba con cierta nerviosa inquietud. Todos mis parientes se sentían con el derecho de jugar a papá, y velar porque Frank no fuera a salir "raro" sino macho, requete macho. Por lo que me "recetaban" clases de boxeo, de judo, todo tipo de deportes, películas de Negrete, Infante, de John Wayne y Errol Flynn, y de otros galanes heroicos de armas tomadas y mujeres encantadas. (Pero, nada en todo aquel recetario a la masculinidad me prepararía para mi primera prueba de fuego, donde aprendería abrupta y dramáticamente aquello que conviene saberse, que el hombre nace pero la hombría se hace... y no de un día para otro). Mi caso es típico de los hombres de mi generación.

El norteamericano James B. Canel, en un excelente artículo que escribiera para la revista *Life* en español hace ya casi medio siglo, define así al machismo latinoamericano:

Es una exageración de la hombría en la que predominan la vanidad ostentosa, la bravata, y un amor propio rayano en el narcisismo.

Hoy, a Dios gracias, esta actitud tiene sabor a viejo, a algo que merece su lugar en el basural de la historia. Hoy sabemos que se puede ser hombre hecho y derecho sin bravuconerías; sin la explotación sexual de las mujeres, y, sin confundir virilidad con fertilidad. Hoy se le anima al hombre a ser responsable tanto con sus emociones como con su libido. Todo esto es bueno. También es bueno observar la mayor valoración que al fin, tardíamente, se le prodiga a la mujer. Después de todo, se trata de nuestras hermanas, nuestras hijas, nuestras madres, nuestras esposas. ¡Que vivan las mujeres, hombre!

Procedamos ahora a lo que nos ocupa: Llorar, ¿es cobardía?, ¿escape?, ¿un signo de debilidad? ¿Por qué lloramos? ¿Hay llanto que sirva para algo?

"¿Quién dijo que sea cobardía llorar cuando hay motivo sobrado para ello?" La pregunta del escritor Fermín Mugueta aludía al llanto de un hombre, un vietnamita fugitivo que, con la mochila a las espaldas y los hombros vencidos, procuraba marchar hacia delante aunque sentía que caminaba para atrás.

No, llorar no es cobardía. Al menos, no lo es siempre. Hay lágrimas cuyos motivos son legítimos, y las hay también de las otras. Por fuera todas se parecen, pero pordentro no. A menudo, en nuestro egoísmo y en nuestro afán de vernos buenos, adjudicamos a nuestras lágrimas los motivos mejores, y reservamos los otros para las lágrimas ajenas.

Jesús dijo: *Bienaventurados los que lloran, porque ellos recibirán consolación* (San Mateo 5:4). Pero, ¿incluye su promesa a todos los que lloran?

Según Carlos Allen, autor del libro *La psiquiatría de Dios*, Cristo, al decir esto, no tenía en mente "al pesimista que constantemente está esperando que suceda algo malo, ni al egoísta cuyas ambiciones se han frustrado, ni a la persona amargada y rebelde por haber perdido alguna cosa". Él se refería a aquellos que lloran porque reconocen que han ofendido a Dios o a una persona, y sufren por el daño que han causado.

Pero lloran también en un sentido figurado y, a veces, en un sentido real, los que contemplan a los demás a través de su propia sensibilidad, los que ven sin egoísmos las luchas y problemas de aquellos que los rodean y son capaces de comprender el sufrimiento ajeno.

El buen Libro abunda con ejemplos de hombres de profunda espiritualidad y de gran valor y virilidad que no menospreciaron el llorar por los demás. Ahí tenemos, por ejemplo, a Nehemías. Cuando recibe las noticias de la triste condición a que se había visto reducido su país, y en particular la capital, Jerusalén, cuando se enteró de cómo los muros de la ciudad habían sido derribados y las puertas quemadas, y de cómo sus habitantes habían perdido el sentido de su relación con Dios, ¿qué fue lo que hizo? He aquí sus propias palabras: *Y fue que, como yo oí estas palabras, sentéme y lloré* (Nehemías 1:4).

Job, por su parte, dijo estas palabras que revelan en él un hombre que sabía sentir la desventura de los demás. Preguntó: *¿No lloré yo al afligido? Y mi alma ¿no se entristeció sobre el menesteroso?* (Job 30:25).

El Señor dice que son bienaventurados lo que lloran. Lo son los que lloran por los demás, los que se preocupan por ellos. Decía el apóstol Pablo: *Llorad con los que lloran* (Romanos 12:15).
Nosotros a veces confundimos este llanto. Creemos estar arrepentidos de haber procedido mal, pero lo que nos duele en realidad no es eso, sino el temor a las consecuencias que nos acarreará nuestra conducta. Tal fue la clase de seudoarrepentimiento que condujo a Judas al suicidio. Produjo angustia y miedo, pero no esperanza ni liberación.

El arrepentimiento verdadero fue el que motivó a Pedro a llorar después de haber negado a Cristo, sin negarlo después de haber llorado. Fue el suyo un dolor constructivo, esperanzado. Pedro, en vez de ahorcarse, decidió reparar su daño, entregarse a Jesús de todo corazón, y vivir para Él el resto de su vida. Este es el tipo de arrepentimiento que produce paz y alegría. Sus lágrimas, como dijera Elena Gould Harmon de White, son "las gotas de lluvia que preceden al brillo del sol de la santidad. Esta tristeza es precursora de un gozo que será una fuente viva en el alma" (*El Deseado de todas las gentes,* página 268).

No por nada Cervantes creía que "un buen arrepentimiento es la mejor medicina que tienen las enfermedades del alma". ¿Hemos probado esta "medicina"?

Jesús de Nazaret nos da el más alto ejemplo de simpatía hacia el necesitado y de sensibilidad por quienes sufren. Lloró lágrimas de tristeza sobre la ciudad ingrata, Jerusalén, que lo rechazaba con indiferencia. Dice San Lucas: *Y, cómo llegó cerca, viendo la ciudad, lloró sobre ella* (San Lucas 19:41).

También lloró Jesús ante la noticia de la muerte de su amigo Lázaro (San Juan 11:34-36). Y lloró en el jardín del Getsemaní, cuando sufrió por las angustias y por el pecado de la humanidad.

Con aquella exquisita prosa suya que acusaba alma de poeta, Braulio Pérez Marcio describe así el llanto del Nazareno:

"Cuando Jesús lloró en Betania, no lo hizo sólo por el querido amigo que yacía en la tumba de la cual lo sacó. Era el del Maestro un dolor más hondo, más profundo y lacerante. Lloraba por sus seguidores. Lloraba por los suyos. Lloraba por su madre. La hora de la cruz se acercaba y Él sabía del dolor desgarrador que esperaba a aquella mujer a quien Dios había escogido para que le diera vida humana. Sabía que vería a su hijo muriendo en una cruz como un vulgar malhechor. Y no podría evitarle ese dolor porque Él había venido para sufrirlo, y no podría consolarla como hubiera querido su corazón amante.

"Lloraba por sus discípulos. Conocía a fondo a cada uno de ellos. Conocía sus puntos fuertes y sus puntos débiles. En más de una ocasión los había visto disgustarse entre sí por cosas triviales. Los había visto envidiarse unos a otros y ambicionar todos los mejores puestos junto al Señor. Pero, sabía que todo eso desaparecería y perdería por completo su importancia cuando llegaran las verdaderas dificultades. Sabía que éstas surgirían cuando, desaparecido el Maestro, nuevos Judas se levantaran entre sus discípulos. Sabía lo que sufrirían cuando la persecución se abatiera sobre ellos procedente primero de su propio pueblo, y más tarde de Roma y de sus emperadores inclementes, y con frecuencia embrutecidos. Vio a Santiago muriendo acuchillado por órdenes del rey Herodes Agripa I. Vio al hijo de Alfeo arrojado desde el pináculo del templo de Jerusalén y apedreado después hasta la muerte. Vio a Andrés crucificado en el Atica. Vio a Mateo muerto a cuchillo en Etiopía. A Bartolomé encerrado en un saco y arrojado al mar, o quizás, como otros aseguran, desollado vivo. Vio a Simón el Celote martirizado y muerto en tiempos del emperador Trajano. Vio a Felipe ahorcado en un pilar de un templo griego en Asia Menor. Vio, en fin, a los demás morir valiente, pero dolorosamente, por su fe. Y lloró por ellos.

"Lloró por los cristianos que morirían en el Circo de Roma o en los circos de otras ciudades, menos famosos, pero no menos crueles. Lloró Jesús por sus seguidores de todos los tiempos. Por los que en la Edad Media y durante muchos siglos sufrirían el azote de la intolerancia.

"Lloró Jesús por el mundo endurecido y pecaminoso en el cual vivimos hoy. Lloró viendo a los hombre hundirse en el materialismo que niega a Dios, que endurece el corazón y desvía la piedad. Vio al hombre... enajenando su riqueza espiritual y vendiéndola por un mal plato de lentejas. Vio al hombre substituir a Dios por teorías materialistas, mal teñidas de ciencia. Y lloró por él.

"Lloró por ti y por mí. Por nuestros problemas, por nuestras angustias. ¡Cuán agradecidos debiéramos estarle! ¡Cómo debieran conmover nuestro corazón las lágrimas del Maestro! ¡Cómo debieran inducirnos a marchar con Él gozosa y humildemente!"

Se burlaba la turba, te veía
clavado en una cruz escarnecida
y no sufrías tú por esa herida
que la inhumana lanza te infería.
Cuando tu sed intensa requería
agua y piedad, la turba desmedida
te dio el vinagre de su horror deicida,
pero otro era el dolor que te dolía.

Tú sufrías, Señor, más honda pena:
era el dolor del hombre el que se alzaba
para hacer rebosar tu copa llena.
El alma humana enferma, te abrumaba,

a ti que siempre la quisiste buena,
y por ella, Señor, tu amor lloraba.
--"El Dolor de Cristo", de Braulio Pérez Marcio

26 ANTE LA INQUIETANTE VOCECITA INTERIOR

¿Hemos escuchado alguna vez una "voz" inaudible? Nos referimos a la voz de Dios que susurra en la intimidad de nuestra alma, siempre llena de amor, pero en cierto modo, inquietante.

Esa discreta pero insistente voz celestial explora nuestros pensamientos con el fin de recordarnos verdades que, muchas veces en forma inconsciente, sabemos que necesitamos comprender. Esa voz es la que habló a Adán y Eva, nuestros primeros padres, mientras se agazapaban temerosos tras los arbustos en el Edén, el paraíso de Dios.

La pregunta que les hizo fue dolorosa: "¿Quién te enseñó que estabas desnudo?" Dios les hizo la pregunta que también nos hace hoy a nosotros: "¿Por qué te sientes tan incómodo? ¿Por qué sufres esa sensación de vacío, desnudez del alma, como si la vida fuera inútil y sin propósito? ¿Por qué estás siempre aburrido, anhelando lo que no tienes?"

El eco de estas preguntas nos persigue, a veces en medio de la noche, o cuando estamos mirando algún programa de televisión tratando de olvidar la "desnudez" de nuestra alma. A veces nos asalta cuando estamos en la iglesia.

Y aun las personas que nunca abren la Biblia escuchan esta extraña pregunta silenciosa, día y noche, porque Jesucristo no es un cautivo de los vitrales de las grandes catedrales. Por medio de su Vicario, el Espíritu Santo, nos habla a todos, en las palabras del sabio Salomón, diciendo: *Recibid mi enseñanza y no plata, ciencia antes que oro selecto* (Proverbios 8:10). Cristo es *la luz verdadera que alumbra a cada hombre que viene a este mundo* (San Juan 1:9).

Adán y Eva quisieron esconderse de Él, pero el Salvador los encontró. Tampoco podemos nosotros ocultarnos de Él. Seguimos escuchando su voz, porque nos ama a nosotros tanto como amaba a nuestros primeros padres.

Con todo, hay gente que con un simple soporífero pretenden acallar esa voz de la conciencia. Pero, cuando se vive mal, con su carga de inquietudes y de insomnios, el barbitúrico podrá sumir al individuo en un sueño forzado, pero como dice el sabio Salomón después de señalar varios males en que el hombre cae con frecuencia: *cuando despertare, aun lo volveré a buscar* (Proverbios 23:35).

¡Cuántos viven hoy a salto de mata con su conciencia, temblando de miedo de que se les descubran las cosas que quieren mantener ocultas!

Se dice que Noel Howard, actor dramático inglés, hace años envió a veinte amigos londinenses la siguiente nota anónima: "Todo se ha descubierto. Huya sin pérdida de tiempo si es que puede". ¿Qué pasó? Los veinte huyeron. Es posible que en este caso que no acepta excepciones haya un poco de exageración. Sin embargo, pone de manifiesto un estado de conciencia universal.

A veces, aunque se reconoce la causa de la intranquilidad y del insomnio, no se está dispuesto a aplicar el remedio en suficiente dosis como para curar el mal. Eso se le ocurría a aquel hombre que se dice escribió al Ministerio de Hacienda italiano, una carta que decía más o menos así: "Hace años cometí una falsedad en mi declaración de alquiler. Se me ha señalado la gravedad moral de esa falta y desde entonces he perdido el sueño.

"Para poder dormir tranquilo les envío este billete de 10.000 liras". Y luego, una posdata que decía: "Si continúo sin dormir le enviaré el resto".

¿No hubiera sido mejor cancelar de una vez esa cuenta que ya, más que física, era moral, y recuperar la tranquilidad?

El recurrir a evasivas en lugar de hacer frente a nuestras realidades con valor y entereza, reduce el temple que necesitamos para afrontar las pruebas de la vida y nos incapacita para mirarlas de frente. Lo que necesitamos por encima de todas las cosas es arreglar nuestra situación con Dios y con nuestros semejantes, si tenemos con ellos cuenta pendiente. Al hacerlo habremos recuperado nuestra serenidad, pues cuando se está bien con Dios, con la conciencia y con aquellos que nos rodean, no hay nada que perturbe el espíritu... ni la almohada.

Mientras unos viven abrumados por un agudo complejo de culpabilidad y ven enormes todos sus errores, otros "no se hacen problemas por nada". ¿Por qué ser tan meticulosos?, se dicen. ¿De qué sirve andar con la cabeza gacha y el ánimo por el suelo? En verdad, ¿cuál es la mejor forma de reaccionar frente a nuestras faltas?

En la colección presidencial de la Casa Blanca se conserva la carta que un jovencito escribiera al presidente estadounidense Grover Cleveland, en septiembre de 1895. En ella, confesaba haber usado dos años antes, un par de estampillas que ya habían sido usadas. Vehemente, explicaba la lucha de su conciencia, desde aquel día, hasta cuando decidió confesar su delito y restituir las estampillas hurtadas. Decía estar arrepentido, y rogaba que se lo perdonara.

¿Qué pasaría si cada persona que ha viajado en autobús o en tren sin pagar boleto, o ha tomado para sí lápices, papeles, o, aun, tiempo de su empresa, o ha usado medidas falsas, o se ha copiado en algún examen... hiciera lo mismo que aquel muchachito?

Mucha gente se cree buena. Piensa que no necesita arrepentirse de nada. Considera que, porque no mató, quizá, o porque no robó algo *importante*, no es delincuente, ni pecadora. Y, sin embargo, sí lo es. La Biblia es contundente al respecto: *todos pecaron, y están destituidos de la gloria de Dios* (Romanos 3:23). Felizmente, también da la solución de aplicación universal: *Arrepentíos y convertíos, para que sean borrados vuestros pecados* (Hechos 3:19). ¿Qué implica ello?

El vocablo que usaron los escritores del Nuevo Testamento original para "arrepentimiento" nos muestra el camino: Es "metanoia", de "meta" (cambio, o transformación) y "noia" (mente).

Queda claro, entonces, que el arrepentimiento bíblico implica un cambio de parecer; una nueva comprensión que resulta en la transformación del ser y la conducta.

Cuando Felipe Melanchton, hábil profesor de griego, compartió la antedicha definición del arrepentimiento con su colega Martín Lutero (que ya sospechaba que el arrepentimiento era más que hacer penitencias a secas), se dice que Lutero saltó de alegría. ¿Y nosotros? ¿No reaccionamos igual? Sí, el arrepentimiento genuino es una experiencia transformadora: *Arrepentíos y convertíos para que sean borrados vuestros pecados* (Hechos 3:19).

Si atamos cabos teológicos en esta presentación, vemos que la experiencia del arrepentimiento viene con baterías integradas; es insospechadamente poderosa.

¿Que cómo podemos decir algo así? Porque Dios no nos exiges un arrepentimiento a secas, de manufactura humana. Las Buenas Nuevas son siempre mejores de lo que imaginamos. El apóstol San Pablo nos abre los ojos a la gracia preveniente de Dios operante en el fenómeno que llamamos arrepentimiento: *¿O menosprecias las riquezas de su benignidad, paciencia y longanimidad, ignorando que su benignidad te guía al arrepentimiento?* El amor de Dios nos toma de la mano y nos "guía" hacia la experiencia transformadora.

Para ello vino Jesús a esta tierra. Es decir, amable lector, vino para buscarte a ti y a mí. Tú y yo hemos sido la oveja ausente de la conocida parábola. Y Jesús, el Buen Pastor, movido por su infinito amor, descendió a este mundo para llevarnos con Él al redil divino. Él es el Buen Pastor que te busca conmovido, que quiere tu salvación.

Dice el profeta Isaías, refiriéndose al Nazareno: *Todos nosotros nos descarriamos como ovejas, cada cual se apartó por su camino, mas el Señor cargó en Él, el pecado de todos nosotros* (Isaías 53:6).

Como la oveja de la parábola, también nosotros nos alejamos del redil. Nuestra fe se apagó, o se atenuó. ¿Qué fue lo que nos desvió del Señor? ¿Qué nos ha hecho desatender la voz del Buen Pastor? ¿Fueron las tentaciones que ofrece el placer barato? ¿Fue nuestro afán del dinero y de riquezas? Tal vez las preocupaciones de la vida pudieron tanto en nosotros, que nos olvidamos que había Uno en quien podíamos confiar más que en nosotros mismos.

¿Qué fue lo que nos alejó del redil de Dios? ¿Fueron acaso las veleidades de la llamada ciencia lo que nos encandiló? ¿Nos hemos sentido halagados con la idea de una creación sin Dios, y hemos echado por la borda nuestra fe, sin comprender que, al hacerlo, quedábamos librados a nuestra propia incapacidad y a un desamparo que estábamos lejos de imaginar? El caso es que el mal y el pecado pudieron más que nosotros. Y las corrientes de la vida nos empujaron por caminos no siempre rectos, y más de una vez sentimos la conciencia salpicada de lodo, y, a veces, lo que nuestra conciencia sufrió fue algo más que simples salpicaduras.

Pero el Divino Pastor no nos dejó abandonados a nuestra orfandad. Todo lo abandonó el Señor por venir a buscarnos. Todo lo sufrió por nosotros. Fue despreciado por los hombres, fue perseguido con saña, y finalmente, como lo había profetizado, el Buen Pastor dio su vida por las ovejas (San Juan 10:11).

¿Cómo reaccionaremos frente a una demostración tan palpable del amor divino? Decía Leonilda Peverini:

Un sol declinante por la serranía;
el lento rebaño se esponja al trasluz.
Prudente el cayado oscila y aguija
los blancos vellones de espuma y de tul.
Con paso cansino se van al aprisco;
los bosques y el risco se quedan atrás;
las cien ovejuelas suspiran y sueñan
con un paraíso de verdura y de paz.
¡Basta de tranqueras y de aguijonazos!
Dadme el bosque umbrío y el peñasco hostil
donde desperece mi afán de aventuras
y se fatiga mi sed de andarín.

Huye el rezagado sorteando los brezos
arrastra las zarzas queriendo brincar;
le clava su negro aguijón el espanto
al verse vencido por la soledad.
¡Qué ruidos extraños repite la noche!
¿Y ese rumor vago? ¡Qué hueca quietud!
¡Ah, si yo pudiera volver al aprisco

donde me esperaban los brazos en cruz!
Y baló el cordero en la sombra densa.
El eco, rodando, llegó hasta el redil,
y el pastor ansioso buscó al extraviado
a la luz temblona de un viejo candil.
¿Qué tienes, mi pobre y herido cordero,
que gimes y tiembla ante tu pastor?
Ven que entre mis brazos hallarás abrigo
¿no ves que destila ternura mi voz?
Yo te lo decía, no te alejes tanto. . .
La montaña atrae con magia sutil.
¡Cuántos corderillos murieron opresos
entre los zarzales ocultos allí!

¿Te duele la herida? ¿Te asusta la noche?
Reposa en mi hombro. . . Procura dormir.
Ya amanece. . . Duerme. . . Pronto llegaremos.
¡Ah, mi corderillo, si lloré por ti!
Sol tras las montañas bañadas de día
sobre las llanuras dilata su luz;
y el pastor rendido se lleva su oveja
echando una sombra en forma de cruz.

--"La Oveja Perdida," de Leonilda A. Peverini

27 ÁNGELES DELANTE DE TI

¿Ha sido el lector rescatado alguna vez de un peligro mortal? Si la respuesta es afirmativa, seguramente que usted sentirá una deuda de gratitud de por vida con ese héroe que propició su rescate.

Quien escribe tiene esa deuda desde los dieciséis años de edad. Y le sorprenderá saber que hasta la fecha no ha podido expresar formalmente su gratitud; por lo menos, no en persona. Es que no se trata de una persona; mi deuda es con un ángel, mi ángel de la guarda.

Quizás alguien esté pensando: pero, ¿hablar de ángeles en este Siglo XXI? ¡Don Frank, por favor! ¿No es hora ya de dejar atrás los cuentos de hadas?

Sí, estoy de acuerdo, pero le aseguro, lector amable, que no se trata de un cuento de hadas. Estos minutos que está usted dedicando a la lectura de este humilde libro son demasiado valiosos como para desperdiciarlos en vanas fantasías. Lo que sigue no es menos que evidencias sólidas y convincentes a favor de la existencia y acciones de estos seres maravillosos.

Ahora bien, ¿quiénes son los ángeles? ¿Creaciones de la fértil imaginación del ser humano? ¿Otra invención del panteón de la mitología? ¿Personificaciones imaginarias de la virtud? ¿Muertos que vuelven ya reencarnados y que han pasado a otra esfera espiritual (lo que muchas películas de Hollywood nos hacen creer)? No, ¡mil veces no! La Palabra de Dios es muy clara al respecto.

Los ángeles son criaturas reales que existen en regiones celestes. Ríen, lloran, aman, adoran, cantan, y en ocasiones intervienen en nuestras vidas con el cometido divino de consolarnos o salvarnos de algún peligro.

En una ocasión Dios le dijo a su siervo Moisés: *He aquí yo envío mi Ángel delante de ti para que te guarde en el camino, y te introduzca en el lugar que yo he preparado* (Éxodo 23:20).

Cuando el apóstol San Pablo y sus acompañantes se debatían, en medio de lo que la Biblia describe como "una tempestad no pequeña" en la que San Lucas confiesa "habíamos perdido toda esperanza de salvarnos", un ángel de Dios felizmente intervino. Dejemos que el Apóstol a las Naciones lo cuente: *Porque esta noche ha estado conmigo el ángel del Dios de quien soy... diciendo: Pablo, no temas; es necesario que comparezcas ante César; y he aquí, Dios te ha concedido todos los que navegan contigo* (Hechos 27:23 y 24).

"No temas", son las palabras usadas con mayor frecuencia por los ángeles de Dios.

J. S. B. de Zapata, Texas, era a la sazón un profesor que por cuatro años lidiaba una batalla contra la depresión. La incesante ansiedad lo había reducido a una bolsa de nervios. Su cuerpo también sufría los estragos de la depresión. Por ejemplo, ya había perdido casi toda su cabellera. Entonces, un día feliz aceptó a Jesús como su Salvador personal. Una noche, mientras dormía, lo despertó la música sublime que, pensó él, debió ser producida por muchas arpas. Nos decía: "Me desperté y miré por todos lados. De repente puede observar a mi lado a un ser de rostro sereno, cabello ondulado, y de atuendo largo y blanco. Me dijo: 'No temas'. Sentí mucha paz. Y entonces lo vi desaparecer, tan súbitamente como había aparecido".

Cuando el profeta Zacarías estaba más desalentado por las dificultades que un pueblo ingrato e incrédulo le planteaba a cada paso, obstaculizando su tarea de reedificar a Jerusalén, recibió ánimo de un ángel: *Y El Señor respondió buenas palabras, palabras consoladoras, al ángel que hablaba conmigo. Y me dijo... Clama diciendo: Así dice El Señor de los Ejércitos: Aún rebosarán mis ciudades con la abundancia del bien, y aún consolará El Señor a*

Sion, y escogerá todavía a Jerusalén (1:13, 17).

Dios envió ángeles para que confortaran a Jesús al término de los cuarenta días de ayuno en el desierto (véase San Mateo 4:11) y también recibió la compañía de éstos en su épica lucha en el jardín del Getsemaní, donde se jugaba el destino de la raza humana (véase San Lucas 22:43).

Amigo, amiga que lees, cobra ánimo. Dios tiene cuidado de nosotros. Le importan nuestros sentimientos. Sabe que no podemos vivir bajo continua ansiedad, y toma medidas para socorrernos. A veces se vale de ángeles para impartirnos consuelo.

¡Ah! Y no me he olvidado de la deuda que mencioné al comienzo de este mensaje. Esta es la historia verídica de un jovencito llamado Frank, y cómo la intervención de un ángel de Dios cambió su vida para siempre.

Amigo que lees, ¿alguna vez has presentado tú un pedido ante Dios repetidas veces, por años, sin tener respuesta? ¿Cuál ha sido tu reacción ante el aparente silencio de Dios? Cuesta mostrar paciencia y madurez, ¿no es verdad? Para un jovencito es casi imposible. Y cuando se trata de algo tan importante para un adolescente como el bienestar de su padre (ausente y preso político), el silencio divino resulta aplastante.

A los dieciséis años el Frank de nuestra historia ya había dejado de orar. Nunca perdió su creencia en Dios, pero ya ese dogma no llegaba a fe, pues, como dice San Pablo: *Pero sin fe es imposible agradar a Dios; porque es necesario que el que se acerca a Dios crea que le hay [es decir, que Dios existe] y que es galardonador de los que le buscan* (La Epístola a los hebreos 11:6).

Aquí se nos dice claramente que creer en la existencia de Dios no se constituye en fe al menos que también se crea que Él es "galardonador" de los que le buscan. En otras palabras, Dios desea una relación más íntima con nosotros. No se conforma con que demos asentimiento intelectual a su existencia. Él desea que creamos que es nuestro Dios.

Hemos de llegar a adquirir la convicción de Santo Tomás, quien al comprobar que Jesús ciertamente había resucitado, declaró: "Mi Señor y mi Dios". Sí, Dios existe y Él quiere que sepas que existe para ti; que sus recursos están a tu disposición. Él es tu Dios veinticuatro horas al día, siete días a la semana. ¡Qué maravilla!

El joven Frank nunca dejó de creer que hay un Dios, pero lo que ya no creía es que ese Dios se interesara en él. Quizás no tenía tiempo de ocuparse de tanta gente, como sugirió un familiar bien intencionado. Concluía que ante el trono de Dios había una larga línea de espera (por así decirlo) y, por ende, no podía atender todos los pedidos a la vez.

Para un joven educado en escuelas religiosas, como fueron la Academia del Perpetuo Socorro y otras, esa explicación no parecía comulgar con el catecismo ortodoxo. Dios es omnisciente (todo lo sabe y a la misma vez, lo presente y lo porvenir) y es omnipotente (todo lo puede). "Si Dios no me hace caso no es porque no pueda, se trata de que no le da la gana; de que no le importo un comino". A esa triste conclusión llegó nuestro Frank.

Mientras tanto, su tío y padre de crianza, a quien todos llamaban Pancho el médico, gozaba de un insospechado despertar religioso. Tanto el tío como el padre de Frank habían sido alérgicos a las iglesias, cultos, ceremonias y todo lo que tuviera sabor a religión.

A pesar de ello, a Frank no le pareció tan extraña la conversión de su querido tío. Frank siempre entendió que lo que el tío detestaba era la aparatosa y santurrona piedad de ese religioso que busca ser visto con su misal en la mano, o su Biblia bajo el brazo, pero que a todas luces carece de la piedad práctica que según el Buen Libro constituye la verdadera religión. Por su parte, el tío pediatra practicaba la medicina con la santa piedad de una Teresa de Calcuta. Su desinterés por el dinero y su solícito trato con ricos y pobres eran legendarios. Fue de su tío de quien Frank aprendería que *profesión es vocación*.

Pues bien, siguiendo con la historia, todos los sábados de tarde se esperaba la visita de un caballero muy espiritual y muy docto en las Sagradas Escrituras, para estudiar con el tío, su esposa e hijos. Y en este último rubro de "hijos" entraba Frank, pues su tío jamás lo trató de sobrino; siempre como hijo querido. Sin embargo, pese al amor y deferencia de Frank por su tío, era recalcitrante en la persistente negativa ante las repetidas invitaciones al estudio bíblico.

Con todo, Frank solía merodear cerca del cuarto de estudio. Sentado en la butaca más próxima a la pieza alcanzaba a oír lo que se discutía en aquella improvisada escuela. Todo parecía girar en torno a la gracia divina y el amor de Dios manifiesto en Cristo Jesús por los pecadores.

En cierto sábado surgió el tema de los ángeles. Se dijo que éstos eran seres celestiales a quienes Dios en ocasiones envía para consolar y para salvar del peligro a muchos: ángeles de la guarda. Se leyó el Salmo 91, que en el versículo 11 dice: *Pues a sus ángeles mandará acerca de ti, que te guarden en todos tus caminos.*

Frank seguía incrédulo. "Si Dios es amor, ¿cómo encuadra eso con mi padre preso? Que Dios se preocupe tanto por uno, al punto de asignar ángeles de la guarda para protegernos, ¡que fábulas!" Sin embargo, una pequeñita luz empezaba a parpadear en su lucífugo corazón.

Antes de veinticuatro horas, dramáticos sucesos pondrían a prueba las palabras del instructor bíblico. Sucedería algo que pondría al joven Frank cara a cara con la realidad del amor de Dios y de sus ángeles.

En cálida tarde de domingo, bajo amenazante nube de verano, Frank y su primo Javier pasaban el tiempo inventando juegos en el portal de la casa del tío, sin saber que la mayor tormenta urdía no en la referida nube, sino en los airados corazones de chicos afectados por la enfermedad del odio xenofóbico. Era una época de mucha tensión étnica en los Estados Unidos –y sobre todo en el sur del país— y estos pandilleros decidieron tomar medidas contra los hispanos recién llegados, considerados por ellos "una plaga peligrosa", "un cáncer" que había que extirpar.

Aparecieron como batallón de guerra. Un automóvil lleno, dos motocicletas y varias bicicletas. Eran más de una docena, portaban palos y cadenas en las manos, y odio en el corazón.

Javier, el primo de trece años, se echó a correr. No en son de fuga, sino para ver si José estaba en casa. José, el esposo de una prima, vivía al doblar de la esquina y de toda la familia era el mejor preparado para la guerra (¡el "Rambo" de la familia!). Recién egresado del ejército, era amante de las armas y su casa prácticamente era un arsenal de rifles y revólveres y hasta de granadas activas. Por suerte para todos, José no se hallaba en casa.

Pronto Frank se vio rodeado por esos pandilleros. Parecía que la muerte misma lo sitiaba. ¿Qué hacer? Sólo un milagro podía salvarlo. ¿Un milagro? Solamente Dios los hace, y ya por años Frank y Dios no se hablaban. Las palabras que había escuchado del instructor bíblico el día anterior pasaron por su mente. ¿Será verdad eso del ángel de la guarda? ¿Le importará a Dios lo suficiente la vida de Frank?

Nuestro Frank decidió que no había otra alternativa sino dirigirse a quien por años no se dirigía: "Si es verdad que te importo, que me amas, que tienes un plan para mi vida, pues... ¡qué mejor momento que éste para demostrarlo! ¡Quizás no tengas otra oportunidad! Y ese ángel de la guarda que supuestamente me has asignado, ¡más vale que aparezca, ya!

¡Vaya forma de dirigirse a Dios! Si Dios escuchara sólo las oraciones reverentes, la de Frank no hubiera encontrado respuesta jamás. Pero Dios no nos escucha porque le hablemos conforme a alguna fórmula protocolaria. ¡Él escucha siempre, porque nos ama!

Lo que sucedió después es difícil de explicar y más difícil aún de creer; algo de película, de guerra cósmica interestelar. Cada pandillero que se abalanzaba contra Frank, era disparado hacia atrás, como si una fuerza magnética o una mano invisible lo repeliera. Salían ilesos, aunque muy confundidos. Algo muy extraño, sin explicación lógica y natural acontecía. Frustrados y temblando de miedo subieron a sus vehículos. Dejaron a Frank solo, en medio de la calle, también confundido, pero convencido de que Dios y su ángel custodio habían intervenido para salvarle la vida.

Por supuesto, el próximo sábado de tarde Frank no pudo, como era su costumbre, rechazar la invitación de don Eladio Paulín (que así se llamaba el mencionado instructor). Tampoco pudo mantener su enojo con Dios, pues éste le había dado evidencias innegables de su amor.

Más tarde Frank comprendería que en Jesús, en la cruz del Calvario, todos tenemos la prueba definitiva de que Dios se propone salvarnos y darnos vida abundante y eterna. Años más tarde Dios usaría a Frank, como evangelista de los medios masivos, para comunicar el inmensurable amor de Dios a un público muy diverso, en treinta y cinco países, por las más de mil emisoras que difunden el programa radiofónico *La Voz de la Esperanza*.

Amiga, amigo, ¿por qué no abrir el corazón a la influencia de ese Dios de amor? De hacerlo descubrirás (como lo hizo el joven Frank) que has emprendido la aventura más gloriosa imaginable, la que el cielo ha preparado para ti desde antes de la fundación del mundo.

28 UN REFUGIO PARA TODOS

Guerra en el oriente medio, crímenes en casas particulares, desastres naturales. . . ¿Está Dios comunicándonos un mensaje?

Hay gente que no estaría dispuesta a aceptar un mensaje de Dios, aunque un ángel mismo descendiera del cielo para comunicárselo. Pero también hay muchos que se sentirían felices si un ángel bajara del cielo trayéndoles un mensaje personal de Dios. ¡Y en efecto, Dios tiene un mensaje para ellos!

Algunas de estas personas predispuestas a escuchar, son madres que luchan solas para mantener unida a su pequeña familia; otros son hombres que trabajan largas y duras horas para salir a flote con las finanzas del hogar; otros son enfermos hospitalizados que se preguntan si alguna vez van a mejorar; otros son palestinos hundidos en la pobreza y el terror por los tanques israelitas; algunos son israelitas que temen caminar hasta el almacén, por miedo a un bombardero suicida; o niños que no quieren jugar en la calle por temor a que un secuestrador los arrebate y se los lleve en su automóvil; otros son oficinistas que no se atreven a aceptar un trabajo que los obligue a estar en algún rascacielos de la gran ciudad donde viven; también hay presos encerrados en sus celdas, y hasta en confinamiento solitario, cuyas vidas se van consumiendo poco a poco.

Estos millones de seres humanos oprimidos claman con el rey

Sedequías, quien, ansioso, le preguntaba al profeta Jeremías: *¿Hay palabra del Señor?* (Jeremías 37:17). ¿Está Él acaso endurecido por el espectáculo diario de tantas miserias? No. El Dios que le respondió al rey Sedequías, tampoco se hace sordo a nuestras querellas.

Hay un libro que podría considerarse escrito especialmente para los temerosos, los que se sienten indignos; es el libro de los Salmos. Por ejemplo, el Salmo 46 puede aplicarse directamente a nuestros días, en los cuales vivimos temerosos de la guerra en el Oriente Medio, de actos terroristas al acecho, de crímenes en nuestro propio vecindario, del próximo huracán, terremoto o inundación, o de las travesuras climatológicas del "Niño".

No necesitamos ostentar un diploma especial que certifique nuestra santidad antes de leer este precioso Salmo que consideramos un mensaje que nos llega directamente del corazón de Dios y se dirige a nuestro propio corazón indigno. Es intensamente personal, y está dirigido a todos los que estén dispuestos a aceptarlo. Cuando dice "nuestro" o "nosotros", se refiere con perfecta ecuanimidad a todos los habitantes de este planeta poblado de espantos.

El primer versículo del famoso Salmo 46 tiene especial significado para quien escribe, pues era el favorito de su madre, tejido por ella para un cuadro que colgaba prominente de la más vistosa pared. El mismo reza así: **Dios es nuestro amparo y fortaleza, nuestro pronto auxilio en las tribulaciones.**

A veces, David (el autor titular de los Salmos) dice que Dios es una torre o un castillo en el cual podemos refugiarnos en tiempo de guerra; y las puertas de esa fortaleza están abiertas día y noche a fin de socorrernos del caos de aflicción en que nos hallábamos. La idea es que *Dios recibe a los pecadores* (San Lucas 15:2). La idea es que Él es el Señor del castillo, que sienta a ricos y pobres a su mesa, y que procura con entrañas de Padre serles guarida, defensa y abrigo.

Oh, sí, hay que decirlo, muchos entran, se llenan hasta el hastío, y luego se van sin dar muestra alguna de agradecida correspondencia a las bondades y gracia del Rey. No obstante, Cristo murió por "todos" nosotros; y si bien es cierto que muchos resultan ingratos, gracias a Dios que no todos lo son. No son pocos los corazones que son tocados por su gracia. Y esa gracia *nos enseña a renunciar a la impiedad y a los deseos mundanos, y a vivir en este siglo sobria, justa y piadosamente, mientras aguardamos la bendita esperanza, la gloriosa aparición de nuestro gran Dios y Salvador Jesucristo; quien se dio a sí mismo por nosotros, para redimirnos de toda iniquidad y purificar para sí un pueblo propio, celoso de buenas obras* (Tito 2:11-14).

A Dios le complace presentarse a los amedrentados y afligidos de la Tierra como un "refugio", porque en la Biblia leemos no menos de 37 veces que Él abre la puerta de su "refugio" (Cristo Jesús) desde donde nos llama y solicita con amor entrañable.

Hace mucho tiempo que el Señor procuró impresionar con esta verdad el corazón de su pueblo ya firme plantado en la tierra prometida. Lo hizo estableciendo seis ciudades especiales distribuidas a intervalos convenientes por todo el país, las cuales fueron designadas como "ciudades de refugio".

Por ejemplo, si usted estaba cortando un árbol, y se le resbalaba el hacha y, con vuelo fatal ésta hería de muerte a otra persona, el pariente más cercano al muerto tenía no sólo el derecho, sino la obligación, de tomar venganza. Felizmente, gracias a la provisión divina, el autor del accidente podía dejarlo todo y darse fuga a la "ciudad de refugio" más cercana; allí hallaba descanso y guarida mientras la corte determinaba su inocencia. Las puertas de aquellas ciudades tenían abiertos todos los pasos y portillos a toda desdicha. Todo esto ponía en relieve, tanto para ellos como para nosotros, la actitud del amante Padre celestial quien no desecha de Sí a ninguno; Quien nos admite con entrañas paternales, y Quien tiene sus delicias con el más pequeño e indigno. Sí, vayamos al Señor, Él es la verdadera Ciudad de Refugio, nuestro poderoso Ayudador en tiempos de angustia y dolor y ansiedad.

Por eso, no temeremos, aunque la tierra sea removida, aunque se traspasen los montes al corazón del mar, aunque bramen y se agiten sus aguas, y tiemblen los montes a causa de su furia (Salmo 46:2).

La gente que ha experimentado un terremoto de más de 6.9 en la escala de Richter, informan que la sensación producida por las sacudidas de la tierra bajo los pies, hace temblar las carnes y el corazón de espanto con el miedo de la muerte. Pero nuestro Salmo dice que no temeremos ni siquiera ante circunstancias así de angustiosas. Nada debe causar temor a los hijos de Dios. No hay razón para andar cargado de mil miedos y de vivir en desasosiego y temor. Las promesas divinas destierran del alma toda desconfianza y nos hacen huir de toda pusilanimidad.

Un incidente tomado de la vida de Jesús sirve para ilustrar lo antedicho. Después de un día de trabajo intenso, el Salvador se valía de un bote pescador para tomar el poco sueño que tenía de costumbre. Mientras dormía, se produjo en el lago una terrible tormenta. Con los vientos violentamente alborotados, y las olas subidas hasta las estrellas, aquella barquilla misionera andaba como cáscara de nuez. Tal era el desconcierto, que los discípulos esperaban por momento la muerte, viéndose mil veces debajo de las olas sumergidos.

Para asombro de todos, Jesús dormía a sueño suelto con todo el descuido del mundo. Pronto los discípulos se desgargantaban a voces para despertarlo. Quejándose a gritos decían desentonadamente, "Señor sálvanos, ¿acaso no ves que perecemos?" Entonces el Salvador les respondió: *¿Por qué teméis, hombres de poca fe? Seguidamente, se levantó, reprendió al viento y al mar; y se produjo una completa calma* (San Mateo 8:23-27). El Verbo de la creación no sólo había ejercido su poder sobre la furia del viento y las ondas, no sólo había deshecho aquellos nublados, pero, más importante aún, había serenado los corazones.

Nuestro Salmo 46 nos invita a vivir nuestras vidas en serena calma a pesar de la mar de males al acecho. Dice que tendremos miedo de nada, porque sabremos que, **¡El Señor del universo está con nosotros!** (Salmo 46:11).

Alguien podría señalar: "Han sucedido terribles desastres, y en ellos han perecido personas que rogaron a Dios que las salvara". No, la Biblia no enseña que "perecer" es lo mismo que "morir". El que cree en el Salvador y descansa en Él, nunca perece; simplemente, se duerme hasta la mañana de la resurrección. El punto es que el Salmo 46 nos participa las Buena Nuevas que nos libran de la peor esclavitud dable: el temor a la muerte eterna, la segunda muerte (véase La Epístola a los hebreos 2:15; Apocalipsis 20:14).

Nuestro Salmo 46 habla de **la ciudad de Dios, la santa morada del Altísimo. Dios está en medio de ella, no será conmovida. Dios la ayudará al clarear la mañana** (versículos

4 y 5). Esa "ciudad" no ha de hallarse en ningún lugar etéreo sobre las nubes (aunque existe, por cierto, la "ciudad santa, la Nueva Jerusalén"). Es aquí, en este mundo, donde Dios tiene una "ciudad", a saber, su iglesia. "Dios está en medio de ella, no será conmovida".

La verdadera iglesia que es leal a Jesucristo, el Autor y Consumador de la fe de ella, que cree en su verdad; que guarda todos los mandamientos de Dios, es una moderna torre de refugio para los pecadores que caen en cuenta de sus maldades, que con corazones humillados procuran huir de los caminos del pecado. Es el "cuerpo de Cristo", del cual Él es "la cabeza", "y cada uno de vosotros es parte de Él" (1 Corintios 12:12, 27).

Esto significa que no podemos ser "bautizados en Cristo" sin ser también "bautizados en un cuerpo", esto es, en la iglesia. Ni siquiera nuestro dedo meñique puede vivir si se lo separa del cuerpo; necesita que circule por él la sangre, y que los nervios estén conectados. Todos nosotros necesitamos la comunión de nuestros hermanos y hermanas "en Cristo", en su iglesia.

Al ver que el Salmo 46 dice: **No será conmovida**, nos sentimos animados, como cuando Jesús dice en San Mateo 16:18: *Sobre esta Roca edificaré mi iglesia, y las puertas de la muerte no prevalecerán contra ella*. En todas las generaciones, con las alas de su protección, Dios ha preservado a un pueblo que cree en su Palabra. Cuando Dios llamó a Abrahán a salir de su ciudad, Ur de los caldeos, le prometió a él y a su progenitura espiritual: *Por medio de ti [esto es, en su iglesia] serán benditas todas las familias de la tierra* (Génesis 12:3).

Así como tú, amigo o amiga, estás leyendo estas líneas, hay muchos otros que ya las han leído, y puedes estar seguro que en algún lugar de tu comunidad hay un grupo de creyentes cuyos corazones responden al mensaje de Dios para estos días finales. Te significará una gran bendición unirte a ellos para adorar a Dios.

Finalmente, nuestro salmista, lleno de un espíritu profético y alumbrado con la luz del cielo, vaticina esa feliz ocasión cuando el Señor hace **cesar las guerras hasta los fines de la tierra. Quiebra el arco, corta la lanza, y quema los carros en el fuego** (versículo 9). Cuando Jesús vuelva en las nubes de los cielos, conforme a su promesa, lo anunciado en este pasaje recibirá su glorioso y cabalísimo cumplimiento. San Juan lo afirma:

Vi un cielo nuevo y una tierra nueva, porque el primer cielo y la primera tierra habían desaparecido ... Y oí una gran voz del cielo que decía: 'Ahora la morada de Dios está con los hombres, y Él habitará con ellos. Ellos serán su pueblo. Y Dios mismo estará con ellos, y será su Dios. Y Dios enjugará toda lágrima de los ojos de ellos. Y no habrá más muerte, ni llanto, ni clamor, ni dolor, porque las primeras cosas pasaron (Apocalipsis 21:1-4).

Y ahora, ¿qué podemos hacer nosotros? Volvamos al Salmo 46, y veamos el versículo 10, **Estad quietos, y conoced que yo Soy Dios. Exaltado seré entre las naciones.** Gran cosa la serenidad, cuando el alma se puede conservar en ella en todo sosiego y quietud.

Lector amable, en medio del tráfago y bullicio de tu vida, haz una parada; permite que tu palpitante corazón se aquiete; relaja tus nervios sobreexcitados; "conoce" que tu Padre celestial se encarga de ti; que eres su hijo o hija. Permite, pues, que de tu corazón deshecho en amor y agradecimiento brote la siguiente plegaria:

Amante Padre celestial, gracias por permitirme venir a ti en el nombre de Jesús. Gracias por haberme adoptado como integrante de tu familia en Cristo. 'En el día en que temo, yo en ti confío' (Salmo 56:3). Creo que Jesús murió por mí, que pagó la pena por todos mis pecados, que me ama y me ha salvado para siempre. ¡Gracias Padre! Permite que lo que he aprendido viva siempre en mi corazón y sea una bendición para muchos otros. Gracias por escucharme y por responder a mi plegaria. Te lo ruego en el nombre de Jesús, Amén.

29 PARA QUE HAYA PAZ EN TI Y EN TU MUNDO

Había en Belén un movimiento inusitado. Desde hacía varios días la pequeña población experimentaba un flujo ininterrumpido de viajeros heterogéneos de todas partes del imperio. Todo tenía aspecto de fiesta. Al fin y al cabo, para una fiesta nunca falta el pretexto, y en el caso que nos ocupa se trataba de un decreto de empadronamiento que debía ser cumplido por todos.

Cuando la Virgen María y José llegaron a Belén, la población ya rebosaba de gente. Confiaban que, a pesar de ello, hallarían lugar propicio en el mesón, que les permitiera reposar del cansancio del viaje, y donde pudiera nacer el Niño esperado. Recorrieron, lo ancho y lo largo de la antigua Belén en procura de un lugarcito por humilde que éste fuera. Vano empeño. Lo que no estaba ya ocupado había sido reservado por personas de influencia. Ayer como hoy, todo se supedita a los intereses de los de arriba.

Para la sagrada pero humilde familia no había lugar en el mesón. Lo había, sí, para los opulentos, para los ricos propietarios, para los relumbrones, para los vanos, para los que iban en busca de holgorio y de liviandad. Al Niño Jesús se le negaban, para nacer, hasta las mínimas comodidades que podía ofrecer una posada de hace dos mil años.

Y nació en un establo. ¡Bendito mil veces aquel establo de Belén, purificado por la santidad de aquel alumbramiento! ¡Con qué cariño reverente estrechó la madre al Hijo de Dios que venía para salvar y redimir la humanidad! ¡Con qué asombro contempló José la inmaculada belleza y la divina serenidad que ya irradiaba el Niño Jesús! Hasta las bestias del establo parecían intuir la grandeza y la solemnidad de aquel instante de milagro, y contemplaban al Niño con ojos que parecían casi humanos. Había nacido el Niño Jesús.

¿Quién dijo, con acentos alegres, que traía un mensaje de "nuevas de gran gozo, que será para todo el pueblo"? ¿Fue un apóstol? ¿Acaso un profeta? ¿Se trataba de algún sacerdote o predicador? No, ¡Fue un santo ángel de Dios que anunciaba el nacimiento del Salvador del mundo! Su seráfico vuelo hasta este mundo obedecía a las plegarias de un grupo de humildes pastores para quienes el futuro se presentaba como la noche, ominoso y fantasmagórico, algo así como nosotros nos sentimos ante los rumores de guerra del Medio Oriente y la omnipresente amenaza de un terrorismo siempre al acecho.

Mientras vigilaban bajo las estrellas, guardando a sus ovejas de fieras nocturnas, los pastores entretenían el tiempo alargando pláticas sobre las condiciones del mundo: la crueldad y el poder del Imperio Romano, y cómo el pueblo de Dios, el antiguo Israel, se mantenía oprimido y desanimado, sin ninguna esperanza para el futuro, como no fuese la tan largamente esperada aparición del Mesías prometido (lo cual tampoco parecía asomarse en el horizonte). ¿Acaso recordaban ellos las profecías del capítulo 9 de Daniel, que predecían con exactitud el momento de su aparición? De ser así, sin duda que se preguntaban cuánto faltaría para todo eso.

En estas cavilaciones congojosas estaban cuando, repentinamente, fueron cercados de repente por un resplandor divino, tras el cual, se oye la voz angelical que anunciaba: *No temáis; porque he aquí os doy nuevas de gran gozo, que será por todo el pueblo: que os ha nacido hoy, en la ciudad de David, un Salvador, que es Cristo el Señor* (Lucas 2:10 & 11). Y pronto se sumó al ángel una multitud de las huestes celestiales, que alababan a Dios, y decían: *¡Gloria a Dios en las alturas, y en la tierra paz, buena voluntad para con los hombres!* (San Lucas 2:10-14).

Había nacido el Niño Jesús. Las palabras milenarias que lo anunciaban se habían cumplido. La sabiduría divina hablaría por su boca y llamaría a los hombres a la realidad de una vida espiritual más profunda y más sincera. La divinidad había tomado nuestra naturaleza enferma y minada de pecado para redimirla y alejar de ella la maldición de la muerte.

La divinidad de Jesucristo se reveló, no sólo en su nacimiento, sino en toda su vida y luego en su muerte. Sanó enfermos, resucitó muertos, aplacó las furias del viento y del mar, y hasta las tenebrosas tinieblas del mal lo reconocían como Dios y lo temían. Reivindicó las demandas de la ley divina, desfiguradas por escribas y fariseos. Magnificó la eterna ley de los Diez Mandamientos, de la cual dijo que mientras que hubiera cielo y tierra no perdería "ni una jota ni una tilde".

Allá en Belén nació el Salvador que nos enseñaría el profundo contenido de la palabra del perdón, que nos enseñaría que su evangelio es la paz, que su ley es amor, y que, por lo tanto, deberíamos amarnos los unos a los otros.

Los pastores que estaban en el campo lo dejaron todo y corrieron al establo de Belén para postrarse ante el Niño y adorarlo. Más tarde, los magos, reyes de misteriosos reinos, salieron tras la estrella guiadora para llevar a Belén los presentes de su amor y de su acatamiento. Y, nosotros, ¿qué hemos hecho? ¿Qué estamos haciendo por el Salvador? ¿Tiene siquiera un lugar en nuestro corazón? ¿Le negamos una morada en nosotros como los mesoneros de antaño? ¿Vivimos sólo para las cosas materiales? ¿Estamos llenos de ridículos prejuicios nacidos de conceptos estrechos y ramplones?

Contemplemos con admiración el milagro de Belén de Judá. Allí nació nuestra posibilidad de vida eterna. Allí se cumplió la promesa dada a nuestros primeros padres y pasada de generación a generación a toda su progenitura. Allí nació el Salvador de la humanidad, allí nació Jesús de Nazaret, allí nació la esperanza.

¿Qué es la Navidad para nosotros? ¿Qué clase de Navidad es la nuestra? Decía un editorial de un periódico latinoamericano: "... apenas pasadas las horas de grata recordación, y las escenas familiares que nos traen en una hermosa resurrección, las escenas del maravilloso portal de Belén, los hombres vuelven a sus pequeños intereses, a sus viejas incomprensiones, y todo regresa al cauce del turbulento río de esta vida inquieta del mundo actual. "¿Por qué?"

Ésa es la pregunta del editorialista: "¿Por qué?" ¿Por qué? Porque la Navidad, más que un recuerdo potente y regenerador ha llegado a ser una tradición difusa e incolora; porque en nosotros no hay gratitud hacia el sacrificio hecho por el Nazareno. Volvemos a la rutina de rigor porque carecemos del verdadero amor cristiano: amor hacia Dios y amor hacia el prójimo... amor hacia los que nuestras emociones y relaciones de rigor han marginado, por equis razón.

Enrique Van Dyke, tras afirmar que más que observar el día de Navidad vale observar la Navidad misma, pregunta: "Para observar la Navidad, ¿estás dispuesto a olvidar lo que has hecho por otros y a recordar lo que los demás han hecho por ti?"

Somos muy dados a recordar las cosas malas de los demás, el mal que nos hacen o que creemos que nos hacen. ¿Por qué no usar esa buena memoria para recordar las cosas gratas, para recordar el bien recibido de aquellos que nos prodigan tantas atenciones?

Agrega Van Dyke: "¿Estás dispuesto a cerrar tu 'libro de quejas' contra el Creador del universo y a tratar de descubrir algún lugar donde puedan cosecharse algunas semillas de felicidad?"

Con frecuencia vivimos desconformes con todas las cosas, quejosos por cuanto nos ocurre, descontentos con cuanto nos rodea, y cuando nuestro prójimo no nos basta para hacerlo responsable de las cosas que nos ocurren, responsabilizamos a Dios, y en nuestra osadía hasta pretendemos exigirle cuentas. Y no comprendemos que los primeros responsables de lo que nos ocurre somos nosotros mismos. No comprendemos que las cosas suelen ser como nosotros las hacemos y que casi siempre somos los responsables de lo que nos pasa, sea bueno o malo. Se vive sin pensar en Dios. Olvidamos hasta que existe. Y cuando nuestros errores nos conducen a situaciones difíciles, nos escabullimos de responsabilidad propia para proyectarla sobre el único Ser inocente y puro.

¿No sería mejor "cerrar el libro de quejas" como aconseja Van Dyke, y tratar de descubrir entre todas las cosas algunas buenas, algunas que inspiren, que eleven, que ennoblezcan?

"¿Estás dispuesto –pregunta Van Dyke—, a despabilar tu lámpara para que dé más luz y menos humo, y a llevarla delante de ti para que tu sombra quede detrás?"

¡Cuán hermoso es este pensamiento: despabilar nuestra lámpara

para que dé más luz, y luego, llevarla delante de nosotros para que nuestra sombra quede detrás; para que queden detrás nuestros errores; nuestras equivocaciones; nuestras querellas; todo lo sombrío de nuestra existencia; mientras nos extendemos hacia el futuro iluminado!

Y añade Van Dyke: "¿Estás dispuesto a creer que el amor es lo más fuerte que existe en el mundo, más fuerte que el odio, que el mal, que la muerte, y que la bendita vida que llegó a Belén hace veinte siglos es la imagen y el resplandor del amor eterno? Si estás dispuesto a todo esto, puedes celebrar la Navidad".

La celebración de las fiestas de Navidad se presentaba muy problemática allá por el año 1818 para la pequeña población Salzburguesa de Oberndorf, en Austria: el órgano, el viejo órgano de la iglesia no producía sonido alguno. Las partes que hacían falta para repararlo no habían llegado y la Navidad ya estaba encima.

José Mohr, a cuyo cargo estaba la iglesia, mientras consideraba el problema con el organista, Francisco Gruber, de pronto se sintió inspirado. Se sentó a su escritorio, y línea tras línea al cabo de pocos minutos, terminaba una composición. Se la pasó a Gruber. Se titulaba: Noche de Paz.

Gruber leyó aquellos versos tan sencillos como sinceros, y tomando una guitarra, único instrumento que tenía a mano, comenzó a ensayar las diferentes posiciones para que dicha composición pudiera cantarse. Uno tras otro, los acordes fueron surgiendo dulces y armoniosos.

Y así nació, en aquella pequeña población austriaca, un himno que, por su belleza, por su intensidad, por su limpio sentimiento cristiano, y por la inspirada armonía de su música, ha recorrido el mundo hallando en todo lugar el camino del corazón de quienes lo cantan y de quienes lo escuchan. Hoy, casi tres siglos después de aquel milagroso alumbramiento musical, sigue siendo el himno predilecto de la Nochebuena y de la Navidad. Una de las traducciones al castellano más populares reza así:

Noche de paz, noche de amor.
Todo duerme en derredor.
Entre los astros que esparcen su luz,
bella anunciando al niñito Jesús,
brilla la estrella de paz,

brilla la estrella de paz.

Noche de paz, noche de amor.
Oye humilde, fiel pastor:
Coros celestes proclaman salud,
gracias y glorias en gran plenitud,
por nuestro buen Redentor,
por nuestro buen Redentor.

Noche de paz, noche de amor.
Ved qué bello resplandor
luce en el rostro del niño Jesús,
en el pesebre, del mundo la luz;
astro de eterno fulgor,
astro de eterno fulgor.

30 PREPARACIÓN PARA LA CRISIS FINAL:
ANTE EL PEOR "TIEMPO DE ANGUSTIA" DE TODOS LOS TIEMPOS

En agosto del año 2003, los estadounidenses sufrieron la más desastrosa interrupción de los servicios eléctricos en toda su historia. En cosa de minutos, el sector Nordeste del continente se vio súbita e inesperadamente transportado a la vida del siglo 17.

Por ejemplo, en los aeropuertos afectados, los viajeros entraban a los baños, pero no había forma de lavarse las manos porque los sensores electrónicos ya no funcionaban. En los lujosos rascacielos, ni una gota de agua fluía por las cañerías al no generarse suficiente presión. Si el apagón se hubiera prolongado por algunas horas más, hasta los inodoros habrían dejado de funcionar... ¡Imagínese, lector, el problema!

Un escritor del *Wall Street Journal* resumió así lo acontecido: "A la Era Electrónica se le quemó un fusible. Estando desenchufados, hasta las tareas más sencillas se vuelven imposibles".

Entre los exóticos antojitos de la era electrónica que quedaron inutilizados figuraron: los cuartos en los hoteles con cerrojos electrónicos, los teléfonos inalámbricos, las redes de telefonía celular, al quedar saturadas éstas por el exagerado número de llamadas, las bombas de las gasolineras, y mucho más.

El mencionado artículo relataba el caso de una dama de casa que, tras una larga búsqueda, halló por fin una tienda de víveres que todavía usaba una caja registradora de uso manual, pero no pudo comprar las papas que procuraba porque la balanza era... --adivine adivinador—, sí, la misma historia.

Afortunadamente, el gran apagón duró dos días como mucho, según la localidad y a medida que los operadores de la red se las arreglaban para reconstituirla (Se usa la palabra "red" para describir el complejo conjunto de estaciones generadores y líneas de alta tensión que alimentan las diversas regiones del territorio. Todos los componentes de esta "red" están intercomunicados, como los nervios de nuestro organismo). Algunos periodistas advirtieron que el apagón estuvo a punto de extenderse de costa a costa. La hábil y oportuna intervención de habilísimos ingenieros obvió el desastre mayor.

Todo esto dio lugar a cavilaciones de mayor envergadura: ¿qué si un apagón como éste se extendiera en duración? ¿Y qué pasaría si una organización terrorista provocara una parálisis similar? Si bien el siglo 17 carecía de las conveniencias modernas, también se veía exento de los efectos secundarios de nuestro "progreso".

La Biblia nos dice que se avecina el mayor de los desastres. No podemos leer muchas páginas de la Escritura sin encontrar advertencias acerca de un "tiempo de angustia" que vendrá sobre este mundo, como nunca antes ha sucedido en toda la historia, del cual el apagón de agosto del año 2003 fue tan sólo un débil indicio. Dice la Palabra de Dios: *Y será tiempo de angustia, cual nunca fue desde que hubo gente hasta entonces* (Daniel 12:1). Jesús también lo refirió, diciendo: *Porque habrá entonces una gran tribulación, como nunca hubo desde el principio del mundo, ni habrá después* (San Mateo 24:31). Y agrega: *Porque esos son días de castigo, para que se cumpla todo lo que está escrito... Habrá señales en el sol, en la luna y en las estrellas. En la tierra las naciones estarán en angustia, perplejas... Los hombres desfallecerán por el temor y la ansiedad de lo que vendrá sobre la tierra, porque las virtudes del cielo serán conmovidas* (San Lucas 21:22-26).

Si queremos estar preparados para un apagón de la energía eléctrica, necesitamos fósforos, velas y botellas de agua. Pero nuestra preparación para el tiempo de angustia que se avecina, requerirá algo más que fósforos.

La Biblia dice que "Dios es amor" (1 San Juan 4:8). Y en el "tiempo de angustia" venidero, Dios no habrá olvidado su carácter amante. Seguirá amando a la gente que esté experimentando gran tribulación. El profeta Amós dice que *irán errantes de mar en mar, desde el norte hasta el oriente discurrirán buscando Palabra del Señor, y no la hallarán. En aquel tiempo las doncellas hermosas y los jóvenes desmayarán de sed* (Amós 8:12 y 13).

Dios no habrá dejado de amar a toda esa gente que andará de un lado a otro, presa de la angustia; muchos serán gente que habrá escuchado advertencias como éstas, pero que no respondió oportunamente. La enorme y maciza "puerta" de acceso al arca de salvación habrá sido cerrada por manos angélicas. Una vez más, "como en los días de Noé", así volverá a ocurrir.

Las molestias de los repentinos apagones de la electricidad, la escasez de gasolina, la falta de protección policial, los horrores de la violencia, todo ello palidece comparado con la verdadera razón de la angustia que se sentirá. El problema fundamental será que "la Palabra del Señor" por tanto tiempo descuidada y despreciada, ya no estará disponible.

No significa ello que no habrá Biblias para leer. Es que una persona puede leer la Biblia veinticuatro horas por día, sin obtener provecho alguno de su lectura, a menos que el Espíritu Santo esté presente para hacer que su mensaje cobre significado personal. La presencia del Espíritu Santo es para el alma humana lo que el tocadiscos digital es para un disco compacto. No sirve de nada tener una torre de discos tan alta como una casa, si no se tiene el aparato necesario para tocarlos.

En esto días finales, justo antes del "tiempo de angustia" que se acerca, una vez más el Espíritu Santo se verá obligado a realizar algo que no le gusta hacer: partir.

Pero no tendrá otra alternativa, tal como Jesús tampoco la tuvo cuando el pueblo gritó a Pilato: "¡Crucifícalo!" El mundo rechazó a Cristo entonces; y ahora, en estos últimos días estamos acercándonos al momento cuando por última vez y para siempre, el mundo rechazará una vez más a su Santo Espíritu. No es que Él quiera retirarse, sino que habrá sido rechazado.

El propósito de estas advertencias provenientes de Jesús y del profeta Amós, es recordarnos que el Espíritu Santo es un don de Dios. Es una Persona que puede ser contristada; y si se lo entristece, puede apartarse de nosotros para no volver nunca más. Eso es precisamente lo que sucedió cuando Jesús, esa última semana que pasó en Jerusalén, echó una última mirada al bello templo de los judíos, y luego dijo con profunda tristeza: *Vuestra casa os es dejada desierta* (San Mateo 23:38). El Salvador nunca volvió a entrar allí.

Ni los fósforos ni las linternas son preparación suficiente para el gran apagón final que sufrirá el mundo. Necesitamos acumular una buena provisión del Espíritu. Pero, ¿cómo hacerlo? La Biblia señala el camino a seguir:

(1) **Escuchemos hoy su voz.** El libro de los Proverbios es uno de los lugares donde podemos obtener el conocimiento que necesitamos. Allí se usa con frecuencia la palabra "sabiduría", nombre que designa al Espíritu Santo: *La sabiduría clama en las calles, da su voz en las plazas, clama en los principales lugares de reunión, en las puertas de la ciudad da sus razones. '¿Hasta cuándo los simples amarán la simpleza, los burladores se complacerán en burlarse, y los sensatos aborrecerán la ciencia? Si respondéis a mi reprensión, derramaré mi Espíritu sobre vosotros, y os haré saber mis palabras* (Proverbios 1:20-23).

(2) **Estudiemos la Palabra de Dios, la Biblia.** Acabamos de leer la promesa divina según la cual Dios dice: "Os haré saber mis palabras". Usted tiene en sus manos la Biblia; digamos que la palabra de Dios es el disco. Ahora, el Espíritu Santo ha prometido que Él nos dará a conocer su mensaje. El Espíritu equivale, entonces, al tocadiscos. Pero la única forma en que podemos "oír" es leyendo y estudiando la Palabra. Antes, eso sí, debemos confesar que necesitamos que Él sea nuestro Maestro. Antes de abrir las sagradas páginas del buen Libro, debemos hacer una pausa para orar con sencillez y fervor: "Señor, no sé cómo leer este Libro. Mi mente divaga; constantemente se me vienen al pensamiento imágenes de cosas que he visto en la televisión, o me acuerdo de problemas de mis negocios que me tienen preocupado, o alguna necia melodía comienza a sonar

en mis recuerdos. Sé que no es bueno leer en forma mecánica, aunque pase toda la noche haciéndolo. Te ruego que me salves de mí mismo ahora, al abrir este Libro. ¡Enséñame, Señor! Desfallezco por falta del Pan de Vida, y ni siquiera me doy cuenta de mi necesidad. ¡Sálvame, te ruego, antes que sea demasiado tarde!" Dios oirá tu ruego.

(3) **Respondamos a las convicciones que Dios ponga en nuestro corazón que apuntan a nuestro deber.** La madre de Jesús dijo algo muy sabio en el único sermón que se le atribuye. En la fiesta de bodas celebrada en Caná de Galilea, les dio instrucciones a los siervos en cuanto a qué hacer para obtener vino: *Haced todo lo que Él os diga* (San Juan 2:5). Puedes estar seguro, lector amigo, amiga lectora, que el Señor Jesús, por medio del Espíritu, quiere prepararte para lo que sobrevendrá a este mundo durante el tiempo de angustia que se aproxima. Él no se propone retirar a su pueblo del mundo antes del tiempo del tiempo de angustia, sino que se compromete a estar con ellos *en la tribulación*, para salvarlos. *Por cuanto en mí ha puesto su amor, yo también lo libraré; le pondré en alto, por cuanto ha conocido mi nombre. Me invocará, y yo le responderé; con él estaré yo en la angustia; lo libraré y le glorificaré. Lo saciaré de larga vida, y le mostraré mi salvación* (Salmo 91:14-16).

31 EL "VARÓN DE DOLORES"

Para el "Varón de dolores", la espantosa prueba comenzó el jueves por la noche en el jardín del Getsemaní, inmediatamente después que instituyera la Cena del Señor con sus discípulos. Un pesar misterioso, como nunca había sentido antes el Maestro, comenzó a sobrevenirle. *Estoy abrumado de tristeza, hasta el punto de morir*, declaró sorprendido (San Mateo 26:38).

Cristo anhelaba algún consuelo humano, un gesto de comprensión y compasión humanos, pero sus discípulos, de quienes los procuraba, dormían. Comenzó a sentirse aplastado por el peso horrible de los pecados de todo el mundo, incluso, por anticipado, el Holocausto y las masacres de Kosovo, entre otros. La angustia del mundo se posaba, abrumante e inclemente, sobre su sagrado corazón y, sin nada que la interrumpiera, extendía sus horrores, haciéndolos discurrir por cada átomo de su inmaculado ser. Sentía como si Él mismo fuera el pecado del mundo, y le parecía que la luz del rostro de su Padre celestial hacía su lenta pero fatal retirada, como espantada ella también por la vileza del pecado amontonado. *El Cordero de Dios que quita el pecado del mundo* (San Juan 1:29), los "quitaba" del mundo cargándolos sobre sí (intercambio feliz para nosotros, pero el mismísimo infierno para Él).

Es éste el momento sagrado cuando Cristo pasa a "ser hecho" pecado por nosotros, al decir del apóstol San Pablo: *Al que no conoció pecado, por nosotros* [El Padre celestial] *lo hizo pecado, para que nosotros fuésemos hechos justicia de Dios en Él* (2 Corintios 5:21). Aquí no nos atrevemos a entrar en forma

175

descuidada, pues la suerte del mundo entero temblaba en la balanza. ¿Decidirá Cristo beber la amarga copa? ¿O decidirá volverle la espalda a la agonía del infierno?

Tres veces brota la plegaria de su corazón destrozado, *Padre mío, si es posible, pase de mí esta copa* (San Mateo 26:39). Luego, finalmente, resuelve seguir adelante con el plan. Significará para Él la condenación absoluta, el mismo infierno, despedirse de la vida. Pero, tan grande era su amor por nosotros que lo impulsó a tomar la decisión de aceptar el sacrificio supremo. Ése fue el momento de la verdad para el mundo. Y lo es también para nosotros.

Y luego vino el espectáculo ignominioso de la Cruz del Calvario. Nunca desde el comienzo de la historia, se había producido tal crisis. El cielo y la tierra contuvieron el aliento. Los ángeles velaron sus rostros, contemplando horrorizados cómo el divino Hijo de Dios clamaba en su agonía: "¡Padre! ¿Por qué me has desamparado?" Mientras Jesús sufría en la cruz, el destino del mundo y del universo entero pendía en la balanza.

Cuando Jesús murió en la cruz, ¿cuál fue su logro? La respuesta es: ¡todo! Antes de su muerte, el Salvador declaraba a su Padre celestial: *He acabado la obra que me encargaste* (San Juan 17:4 NRV). Fue ése, el momento cumbre del tiempo y la eternidad, porque había un enemigo en guerra abierta contra Dios. El pecado amenazaba con causar la ruina de todo lo que Dios había creado. Sólo por el sacrificio de sí mismo podría el Hijo de Dios hacer que el universo volviera a ser un lugar seguro. Y con su sacrificio nuestra salvación eterna también fue asegurada.

En la cruz, ¿*logró* Cristo algo real, tangible y consecuente, a favor de todos los seres humanos, o simplemente *trató* de hacerlo? La Biblia enseña que mirar a la cruz nos trae salvación. Y no es asunto de magia o superstición, sino que allí es donde vemos el amor de Dios revelado a nosotros en suprema e insuperable plenitud.

Con toda certeza, Cristo logró algo a favor de toda alma humana, más allá de proveer una mera posibilidad de salvarnos. La Biblia nos asegura que el Salvador *es la víctima por nuestros pecados. Y no sólo por los nuestros, sino también por los de todo el mundo* (1 San Juan 2:2). Así como *todos pecaron,* también *todos son justificados gratuitamente por su gracia* (Romanos 3:24). *Por la justicia de Uno solo, vino a todos los hombres la justificación que da vida* (Romanos 5:18). *Porque ciertamente Dios estaba en Cristo reconciliando al mundo a sí, no imputándoles sus pecados, y puso en nosotros la palabra de la reconciliación* (2 Corintios 5:19). ¡Preciosas expresiones! ¿A todos los hombres? ¡Sí, a todos!

La Biblia añade algo importante, dice que Cristo gustó la muerte por todos (La Epístola a los hebreos 2:9). Aquí hay algo importante que urge comprender. De paso, es imposible arribar a una compresión cabal del logro de Cristo en su cruz a menos que lo entendamos. ¿Cuál muerte fue la que Cristo experimentó? ¿Se trata de nuestra muerte común? Y, de ser así, ¿qué de nuevo habría en ello? ¿O estamos hablando de una muerte completamente distinta?

La Biblia menciona dos clases de muerte (sorpréndase usted, amigo lector). Lo que nosotros llamamos muerte, la Biblia lo denomina "sueño". Pero desde la creación del mundo, ningún ser humano ha tenido jamás que sufrir una muerte en la cual sintiera la absoluta agonía que los perdidos tendrán que sufrir cuando afronten "la segunda muerte", aquella en la cual la persona se despide para siempre de la vida; la muerte del dolor sin barreras ni posibilidad de alivio.

Moisés lo explicó al pueblo en Deuteronomio 21:22 & 23, y posteriormente el apóstol San Pablo repitió esta verdad en el Nuevo Testamento, en Gálatas 1:3. La idea es tan simple como es terrible. Moisés dijo: *Si alguno comete algún pecado digno de muerte, un pecado capital, y el juez lo condena a ser muerto colgado de un madero... un hombre colgado es maldición de Dios.* El ajusticiado no podía orar. Dios no lo oiría, porque estaba bajo "la maldición de Dios". Pero si el juez decía: "Debes morir apedreado, o decapitado, etc., el pobre condenado podía sentirse feliz y agradecido, porque podría orar; Dios lo perdonaría y él moriría en paz.

Recordemos la muerte de Absalón, el hijo del rey David que se rebeló contra su padre. En la batalla decisiva huyó por entre el bosque cabalgando en una mula. Pero se le enredó la cabeza en una encina, y la mula siguió su camino dejándolo allí colgado. Joab, el general del ejército del rey, lo vio allí y supo al instante que era una señal de que Dios había maldito a Absalón. Por eso consideró que era su deber ejecutarlo sin pérdida de tiempo, a pesar de que el rey le había dado órdenes explícitas al mismo de que debía hacer todo lo que estuviera a su alcance por preservar la vida de su hijo.

177

Ahora bien, Pablo nos hace ver la asombrosa verdad de que la muerte que Jesús sufrió en la cruz era la que implicaba la maldición divina: *Cristo nos redimió de la maldición de la Ley, al hacerse maldición por nosotros, porque escrito está: Maldito todo el que es colgado de un madero* (Gálatas 3:13). Jesús se hizo "maldición por nosotros". ¿Apreciaremos su sacrificio?

Una idea común es que el sacrificio de Cristo no hace nada por nadie si primero la persona no hace algo y "acepta Cristo". Según este concepto popular, Jesús se mantiene lejos, con sus divinos brazos cruzados, y espera que el pecador se decida "aceptar" su oferta. En otras palabras, la gente que cree esto se imagina el proceso como una máquina lavadora en una lavandería pública. El negocio ha hecho provisión de máquinas, pero su uso es condicional. Si no se ponen las monedas, uno se puede quedar esperando todo el día, sin que pase nada. ¿Será ésta una ilustración apropiada para describir el sacrificio de Cristo en la cruz? A muchos les parece razonable, por cuanto explica superficialmente que algunos se perderán en el día final supuestamente porque "no pagaron el precio".

En primer lugar, Cristo no limitó su sacrificio para beneficiar únicamente a cierto grupo de personas. Al gustar la segunda muerte "por todos" (La Epístola a los hebreos 2:9), padeció el castigo por el pecado que le corresponde a cada uno.

En segundo lugar, así como "todos" han pecado, también "todos" "son justificados gratuitamente por su gracia" (Romanos 3:24). Esto es lo que sucedió en la cruz. Cuando Dios abrazó a su Hijo, abrazó al mundo entero. ¡Jesús llego a ser uno con nosotros!

En tercer lugar, debido al sacrificio de Cristo, Dios no les estaba "atribuyendo a los hombres sus pecados". Por el contrario, se los atribuyó a su Hijo.

¿Significa esto que todos serán salvos? No. Es cierto que Dios anhela que todos se salven, pero no todos elegirán ser salvos. La razón de ello es más profunda que una mera falta de conocimiento o de prontitud en aprovechar la oferta. Los que se pierdan al fin habrán resistido activamente y rechazado reiteradas veces la salvación que Cristo les concediera libremente. Dios ha tomado la iniciativa en el empeño de salvar a "todos los hombres"; pero los seres humanos tienen el poder, la libertad de estorbar y vetar lo que

Cristo ya ha hecho por ellos, y de tirar como inservible aquello que ya se les había colocado en sus manos. Gracias a los logros de Cristo en su cruz, Dios nos ha devuelto la facultad de escoger. No salvará a nadie contra su voluntad.

¡Cristo ya es *el Salvador del mundo*! (San Juan 4:42). ¡Te ruego que no escojas la incredulidad, que no te permitas vetar lo que Cristo ya es! Deja que te tome de la mano y te guíe al fin de la jornada.

32 EL AUTOR Y CONSUMADOR DE NUESTRA FE:

¿QUIÉN FUE JESÚS?

Todos parecen tener su propia opinión del Rabí de Nazaret. Decía Tyler Roberts (que pasó al descanso el 3 de junio del año 2021 a la temprana edad de 61 años de edad), teólogo, conferenciante y que a la sazón fungía como director del Departamento de Religión de la Universidad de Harvard: "Le pregunté a mi clase, '¿Quién es Jesús?' La mayoría declaró que lo consideraban un personaje religioso. Algunos dijeron que era un filósofo, y lo compararon con Sócrates. También dijeron que Jesús había sido un dirigente político; uno de los alumnos lo comparó con Mao y Stalin" (Revista Life, diciembre de 1994, página 76).

Dice la introducción del artículo citado: "Para algunos, Jesús es el Hijo de Dios... el Ungido. Para otros, es simplemente un hombre que inspiró, a través de sus enseñanzas y su vida ejemplar, varias creencias ahora incorporadas al cristianismo. Y para otros, todavía es un mito, un invento novelístico de San Pablo y de los autores de los evangelios, que requerían un ancla carismática para sus nacientes iglesias" (Id., pág. 67).

Uno de los entrevistados, Seyed Hossein Nasr, que es mahometano, dijo: "El Islam no acepta que Cristo haya sido crucificado y haya muerto, para luego resucitar; creemos que fue llevado al cielo, sin morir, sin sufrir el dolor de la muerte" (Id., pág. 80).

Otro autor, James F. Hind, define a Jesús desde un punto poco común: "En sólo tres años, Cristo definió una misión y formó estrategias para llevarla a cabo. Con un equipo de doce hombres poco apropiados, organizó el cristianismo, que hoy tiene sucursales en todos los países del mundo y abarca un 32,4 % de la población mundial, el doble más de su rival más cercano. Los dirigentes modernos desean que los individuos se desarrollen hasta que alcancen su máximo potencial, tomando gente ordinaria y transformándola en extraordinaria. Esto es lo que Cristo hizo con sus discípulos. Jesús fue el ejecutivo más eficaz de la historia. No hay nada que se iguale a los resultados que logró" (Id., pág. 79).

Por su parte, Susan Haskings, autora de la obra *María Magdalena: Mito y Metáfora,* afirma refiriéndose a Jesús: "Era un feminista. Curaba a las mujeres enfermas, permitiéndoles convertirse en gente que relataba sus verdades. Perdonó a una prostituta arrepentida, y le permitió que lo tocase. Muchas mujeres donaban su dinero para ayudarle. María Magdalena fue la primera en testificar de la resurrección, ¿y qué hay más importante que eso en el cristianismo? Ella fue apóstol a los apóstoles, al cumplir el pedido de Cristo para anunciarles que él había resucitado. Hoy debería existir un papel de enseñanza y predicación para las mujeres, pero demasiado a menudo se les niega tal papel" (Ibid.).

Es fácil proyectar sobre la figura de Cristo nuestras propias preferencias. Pero, si nuestros conceptos acerca de Cristo no guardan relación con la realidad, corremos grave riesgo de transformarlo en un ídolo más en un mundo ya repleto de ellos.

Por eso, te invito a meditar en la pregunta que el mismo Jesús les hizo cierto día a sus discípulos. Se dirigían a la región de Cesarea de Filipo, y el Salvador les preguntó: *¿Quién dicen los hombres que es el Hijo del Hombre? Ellos dijeron: Unos, Juan el Bautista; otros, Elías; y otros, Jeremías, o alguno de los profetas.* Entonces, Jesús les hizo una pregunta mucho más directa, más personal: *Y vosotros, ¿quién decís que soy Yo?* (Mateo 16: 13-15).

Nuestra respuesta tiene importancia eterna. Si Jesús es lo que dijo ser, no es otra cosa que nuestro único Salvador. En sus manos trae el don de la vida eterna para los que crean en él y le obedezcan.

Por otra parte, si no fue más que un filósofo, uno de muchos maestros religiosos, un revolucionario político o un gran organizador, entonces fue el peor ser humano que haya existido. Decimos esto, porque si dijo ser el Salvador del mundo, el Hijo de Dios, y no lo fue, entonces millones de seres humanos han vivido engañados, cifrando en él sus esperanzas de recibir perdón, salvación y vida eterna. Si el Carpintero de Nazaret no era lo que decía ser, entonces fue el mayor fraude, el engañador más cruel de la historia. Ni siquiera el haber muerto en la cruz lo eximiría de este juicio severo.

Cuando Jesús hace la pregunta: "Y vosotros quién decís que soy Yo?" Simón Pedro le dice, con íntima convicción: *Tú eres el Cristo, el Hijo del Dios viviente* (San Mateo 16:16). El Salvador, al oír esas palabras tan categóricas de su discípulo, le dijo: *Bienaventurado eres, Simón, hijo de Jonás, porque no te lo reveló carne ni sangre, sino mi Padre que está en los cielos* (vers. 17).

Si Cristo no fuere quien Él mismo dijo que era, si los discípulos hubieran inventado todos sus milagros, sus profecías y sus enseñanzas; si todos los sucesos maravillosos conectados con su nacimiento, su bautismo, su ministerio, su pasión, su muerte, su resurrección y su ascensión fueran sólo fábulas piadosas; y si la Sagrada Escritura fuera una colección de cuentos sin base, entonces podríamos tener alguna justificación para dudar.

Pero la vida de Cristo transformó la historia de la humanidad como ninguna otra, y cumplió a la perfección y en detalle todas las profecías que anunciaban la venida del Mesías y su ministerio; y el poder de su ejemplo personal y la sabiduría de sus enseñanzas siguen hoy transformando, sanando y restaurando incontables vidas y relaciones.

Y la única esperanza verdadera que se abre en el futuro de la humanidad, brota de las promesas sublimes que el Salvador nos dejó consignadas en los escritos de sus seguidores: *He aquí yo estoy con vosotros todos los días, hasta el fin del mundo* dice Jesús en San Mateo 28:20. Y en San Juan 14:1-3, el Salvador nos exhorta categóricamente a que, así como creemos en Dios, creamos también en Él. Y luego nos asegura: *Voy a preparar lugar para vosotros. Y si me fuere y os preparare lugar, vendré otra vez, y os tomaré a mí mismo, para que donde yo estoy, vosotros también estéis.*

Al examinar los hechos, no nos queda otro camino que hacer nuestras las definiciones de Jesús que nos ofrece Él mismo y los testigos presenciales, los que expresaron su fe y convicción en sus encuentros con Jesús.

Con los ángeles del cielo, proclamemos: *Ha nacido hoy… un Salvador, que es Cristo el Señor.*

Con Simeón, el piadoso anciano que esperaba la llegada del Mesías, digamos de Jesús: *Han visto mis ojos tu salvación, la cual has preparado en presencia de todos los pueblos.*

Con San Pedro confesemos que Jesús es "el Cristo, el Hijo del Dios viviente". Escuchemos al Salvador afirmar: *Vosotros me llamáis Maestro y Señor; y decís bien porque lo soy* (Juan 13:13).

Y el ciego al cual Cristo le dijera que fuera a lavarse al estanque de Siloé, cuando obedeció, recobró la vista. Más tarde, se encontró con Jesús, y el Salvador le preguntó: *¿Crees tú en el Hijo de Dios? Respondió él y dijo: ¿Quién es, Señor para que crea en él? Le dijo Jesús: Pues le has visto, y el que habla contigo, Él es. Y él dijo: Creo, Señor, y le adoró* (Juan 9:35-38). Del mismo modo, nuestro encuentro con Jesús no puede ser un mero ejercicio académico, como sucede al estudiar la vida de Sócrates, de Confucio o de Mozart. El encuentro con Cristo demanda de nosotros una respuesta individual que afectará profundamente nuestra vida futura.

Amigo, amiga, permítete un encuentro con Jesús tu Salvador. Ábrele tu mente y tu corazón. Como lo hiciera el ciego que recibió la vista, póstrate a sus pies para adorarle, y con Tomás, el incrédulo convertido, dile: "¡Señor mío, y Dios mío!"

¿Quién es Jesús?

Para el arquitecto, es la principal Piedra de esquina.
Para el panadero, es el Pan vivo.
Para el banquero, es el Tesoro escondido.
Para el albañil, es el seguro Fundamento.
Para el médico, es el gran Médico.
Para el educador, es el gran Maestro.
Para el agricultor, es el Sembrador y el Señor de la mies.
Para el floricultor, es el Lirio de los Valles y la Rosa de Sarón.
Para el juez, es el Juez justo.

Para el jurisconsulto, es el Consejero, el Legislador, el Abogado.
Para el periodista, constituye las Buenas Nuevas de gran gozo.
Para el filántropo, es la Dádiva inefable.
Para el predicador, es la Palabra de Dios.
Para el hombre solitario, es el Amigo en quien hay más conjunto que un hermano.
Para el criado, es el Buen Señor.
Para el cansado, es el Consolador.
Para el enlutado, es la Resurrección y la Vida.
Para el pecador, es el Cordero de Dios que quita el pecado del mundo.
Para el cristiano, es el Hijo del Dios viviente, el Salvador, el Redentor y el Señor...
¿Quién es Jesucristo para ti?

33 PARA SER SALVO

Cuando el carcelero de Filipos inquirió de los discípulos, "¿Qué debo hacer para ser salvo?" recibió de ellos la única respuesta dable: *Cree en el Señor Jesucristo, y serás salvo tú, y tu casa* (Hechos 16:31).

La pregunta fue clara y directa, y no extraña que lo fuera, si se trata de la más importante que podríamos formularnos. La respuesta también tenía que ser clara y directa. . . y algo más. . . debía ser la verdad y sólo la verdad.

La Palabra de Dios hace el único diagnóstico confiable: *Por cuanto todos pecaron y están destituidos de la gloria de Dios* (Romanos 3:23).

Ninguna cantidad de buenas obras puede revertir esta situación. Pero hay Buenas noticias. El remedio ya existe. Alguien autorizado ha cambiado las cosas 180 grados. El versículo que sigue a la declaración citada lo expresa con meridiana claridad: *Siendo justificados gratuitamente por su gracia, mediante la redención que es en Cristo Jesús (24)*.

Decía C. I. Scofield: "La justicia de Dios no es ni un atributo de Dios, ni tampoco el carácter transformado del creyente, sino Cristo mismo, quien satisfizo completamente, en nuestro lugar y a favor nuestro, todas las demandas de la ley". Y el gran predicador puritano John Bunyan añade: "El creyente en Cristo se halla ahora protegido por una justicia tan completa y bendita que en ella no puede hallarse defecto ni disminución alguna (de la sagrada ley de Dios). A esto se le llama: la justicia de Dios por la fe".

"¿Qué debo hacer para salvarme?" La respuesta que recibimos hoy es la misma que oyera aquel hombre en aquella antigua mazmorra: "Cree en el Señor Jesucristo, y serás salvo tú, y tu casa".

Cristo fue un gran maestro – lo fueron también Confucio, y Gautama Budda – Zoroastro – Laotsé, Sócrates, etc., pero Cristo es algo más, algo que ninguno de los célebres filósofos de la antigüedad ni pretendió ser: Cristo era, y es, el Salvador, el Salvador del mundo. Aquel ángel de la Noche Buena no se equivocaba al afirmar:

Y llamarás su nombre JESÚS, porque Él salvará a su pueblo de sus pecados (San Mateo 1:21).

Cristo da más que instrucción, da libertad; Jesús enseña algo más que principios elevados y conceptos morales, que el hombre desvalido, y sin ayuda, jamás podría alcanzar. Cristo da poder para vencer, da poder sobre el pecado y los malos hábitos – poder para vivir los principios.

Un gran hombre estaba a punto de morir, y uno de sus familiares se adelanta para preguntarle: ¿Tienes fe? ¿En qué crees? El anciano levanta los ojos, y después de considerar el asunto responde: "Cuando era joven, andaba cargado de un centenar de doctrinas; al llegar a los treinta años, éstas se habían reducido a la mitad, a los cincuenta sólo me quedaban diez, y ahora que he llegado al término de mi vida, tengo sólo una doctrina". Y cuando le pidieron que la expresara dijo: "Ahora que llego al valle de la sombra, creo únicamente que soy un gran pecador, pero que Cristo es mi poderoso Redentor".

Y ésa, amigo, amiga que lees, ésa es la doctrina de las doctrinas. Es la que predicó San Pablo a la luz de las antorchas en la cárcel de Filipos: *Cree en el Señor Jesucristo, y serás salvo.*

Un joven se dio a la mala vida, consumiendo tiempo y dineros inútilmente. La madre le prodigaba el amor y el consejo que convenía a su gravedad. Pero, con él los consejos andaban sobrando. Y para no tener que escucharlos, decidió irse muy lejos de la influencia materna. Los resultados no se hicieron tardar. En poco tiempo había llegado a la ruina total, económica y espiritual. Por fin, se propuso dar fin a su aborrecible y triste vida. Se dirigió a la pequeña habitación que ocupaba en los altos de una casa, y se dejó caer sobre la cama. Al hacerlo, un objeto que estaba sobre un armario cayó al suelo, pero no sin antes pegarle en la cabeza.

Molesto, lo arrojó con violencia al lado opuesto del cuarto. Luego se volvió para ver qué era, y ¡se halló con un libro! El golpe con el suelo lo había abierto al lugar preciso donde, escritas en el margen de la página, estaban las palabras maternas: "Hijo mío, jamás podrás alejarte de las plegarias de tu madre".

El joven no pudo contener dentro del corazón ni las lágrimas ni el arrepentimiento. Allí mismo cayó de rodillas y con sincera humildad se entregó a Cristo pidiéndole ayuda para vivir una nueva vida. Tiempo después, su anciana madre declararía: "Yo sabía que no podría irse tan lejos que mis súplicas a Dios por él no le encontraran". Ella nunca había dejado de orar por su hijo ni renunciado a su futuro en Jesús.

Formulemos ahora la antigua pregunta que se halla en el libro de Job 9:2: *¿Cómo se justificará el hombre con Dios?*

Que el hombre puede llegar a ser justo se establece en 1 Corintios 6:9-11, donde dice el apóstol Pablo: *¿No sabéis que los injustos no poseerán el reino de Dios? No erréis. . .*

Luego de enumerar a algunos de los más empedernidos pecadores del mundo, agrega las siguientes palabras: *Y esto erais algunos: mas ya sois lavados, mas ya sois santificados, mas ya sois justificados en el nombre del Señor Jesús, y por el Espíritu de nuestro Dios.*

Como se ve, aquellas personas habían sido terribles pecadores, pecadores depravados, pero se había operado en ellos un gran cambio. El apóstol dice que habían sido **lavados, santificados**, **justificados** en el nombre del Señor Jesús y por el Espíritu de Dios.

Esto debe sonar gratamente en nuestros oídos, por cuanto todos hemos pecado y estamos destituídos de la gloria de Dios. (Romanos 3:23). Nadie tiene por qué desesperarse y decir, "Me he hundido hasta tal punto que ya no hay esperanza para mí". Si los pecadores de Corintio pudieron ser justificados en el nombre del Señor Jesús, también podemos serlo nosotros. Nadie puede hundirse tan profundamente que Dios no pueda levantarlo.

Pero la pregunta es "¿Cómo puede realizarse este milagro? ¿Cómo llega el hombre a la justificación?"

No puede justificarse mediante la ley de Dios, ya que ésta condena a todo el que la viola. Tampoco puede justificarse mediante sus buenas obras, puesto que la paga del pecado no consiste en obras, sino en la muerte. Y nadie puede morir por su pecado y levantarse luego de la muerte por su propio poder.

Sólo existe un medio para que el hombre llegue a la justificación, y ello es que alguien, exento de pecado, y santo, asuma la culpabilidad de todos los pecados del hombre y cumpla el castigo, que es la muerte. ¿Hay alguien que desee hacer tal cosa a favor del pecador condenado? Sí lo hay, ¿quién es? Quienquiera que sea, sabemos que no puede ser un pecador, y los hombres todos han pecado, y todos están bajo sentencia de muerte, como lo leemos en Romanos 5:12: *De consiguiente, vino la reconciliación por uno, así como el pecado entró en el mundo por un hombre, y por el pecado la muerte, y la muerte así pasó a todos los hombres, pues que todos pecaron.*

Quien muera en nuestro lugar debe ser alguien cuya vida equivalga a todas las vidas condenadas. El único capacitado para hacer eso es Jesús. Puesto que en él, como Creador que es, *vivimos, y nos movemos, y somos* (Hechos 17:28). Él es la fuente de toda vida (Salmo 3:9) y todo ser creado depende de él para su existencia. Él paga en la cruz el castigo de nuestros pecados, y muere para que nosotros podamos vivir.

Queda, pues, aclarado cómo se realiza esa justificación ante Dios, y se ha visto que ella depende de lo que Jesús haga por nosotros, y no de lo que obtengamos mediante nuestras propias obras.

En Isaías 53:11, se encuentra la siguiente profecía acerca de Jesús: *Del trabajo de su alma verá y será saciado; con su conocimiento justificará mi siervo justo a muchos, y él llevará las iniquidades de ellos.*

Por el hecho de llevar nuestras iniquidades, o pecados, Jesús justifica al hombre. El amado Hijo de Dios ocupa nuestro lugar, sufre por nosotros el castigo que exige la ley transgredida. *La paga del pecado es muerte,* (Romanos 6:23) y Jesús, que no había hecho pecado, murió. Dice San Pablo que *Cristo fue muerto por nuestros pecados,* (1 Corintios 15:3) y *el pecado es la transgresión de la ley.* (1 San Juan 3:4). Al vivir una vida sin pecado, Cristo tejió el perfecto manto de nuestra justicia.

Al morir, lo que la Biblia llama la segunda muerte, la condenación total, el desamparo divino que nosotros merecíamos, Cristo "fue tratado como nosotros merecemos a fin de que nosotros pudiésemos ser tratados como él merece".

Cuando con espontánea voluntad, aceptamos por fe lo que el Salvador ha hecho por nosotros; dejamos de estar bajo la condenación judicial de la ley. El castigo del pecado no pende ya sobre nuestras cabezas, como una nueva espada de Damocles. El precio ha sido pagado por otro. "Todo debo a él, pues ya lo pagó; de las manchas del pecado cual nieve me lavó".

Eso es lo que quiere decir el apóstol San Pablo cuando declara en Gálatas 3:13: *Cristo nos redimió de la maldición de la ley, hecho por nosotros maldición; (porque está escrito: Maldito cualquiera que es colgado en madero).*

Sí, somos nosotros aquellos por quienes Dios dio a su Hijo, y debemos creer en Jesús quien murió para librarnos de nuestros pecados. No es mediante grandes y heroicos esfuerzos, ni por grandes obras de caridad, ni castigándonos con sentimientos de culpabilidad como hemos de llegar a la vida eterna, sino por la fe sencilla en Cristo nuestro Salvador que murió en la cruz por nosotros.

Que esta verdad se abra paso hasta tu corazón, con el resultado de que tu fe en el Redentor sea más viva y más firme que nunca.

Bendito sea el Señor, porque no permaneció en la muerte, porque como lo había profetizado, al tercer día se levantó de la tumba para regresar a su Padre, y vivir eternamente para interceder por aquellos por quienes había venido a salvar.

Es nuestro ruego que el sacrificio infinito de Jesús no haya sido en vano para ti. Que impulsado por la gratitud puedas decir con el poeta:

En la herida abierta
De tus manos recias,
Floreció el milagro
Del amor divino.

En la herida abierta
De tus manos recias
La vida entre sombras
Halló su camino.

Por la herida abierta

De tus manos recias,
Se vació en el mundo
Toda la dulzura.

Por la herida abierta
De tus manos recias
Se vació en el mundo
Belleza y ternura.

Por tus manos recias
Cristo, traspasadas,
Hubo amaneceres
Llenos de armonía.

Y la vida toda
Tan gris y tan pobre
Se llenó de intensa
Claridad de día.

-"En la Herida Abierta", de Francisco E. Estrello

34 ANTE EL RECHAZO DE OTROS Y EL PROPIO

De todos los fracasos que podamos imaginar, el caso de la protagonista de nuestra historia se lleva la palma; es fácilmente el más calamitoso. A tal punto, que la Biblia dice que llegó a estar poseída de "siete demonios". En otras palabras, ¡un caso perdido *in extremis!* ¡El diablo la controlaba de pies a cabeza! (San Lucas 8:2). Pero la misma Biblia también dice que Jesús logró echar fuera a los siete demonios que la poseían (San Marcos 16:9). El Nazareno fue la prueba contundente, en carne y hueso, de que para Dios nada es imposible.

María de Betania, que ha pasado a la historia como María de Magdala o María Magdalena llegaría a ser una persona muy especial, porque Jesús dijo de ella algo que nunca dijo de ningún otro ser humano. Declaró que dondequiera que se prediquen las gloriosas nuevas de su Evangelio, en todo el mundo, el relato debe incluir la historia de la transformación de ella: *Os aseguro que dondequiera que se predique el evangelio en el mundo, se contará lo que ella hizo, y se la recordará* (San Marcos 14:9).

Pensemos en esta promesa asombrosa de Jesús. Lo que hizo fue el equivalente de poner a esta dama en un pedestal. Desde luego, no con el fin de que se le adore o reverencie, sino como un ejemplo de lo que su gracia puede lograr en vidas que el mundo los considera casos perdidos.

¿Quién era esta extraña mujer? ¿Y qué razones tuvo Jesús para alabarla en términos que podrían parecer excesivos? ¿Qué hay en su vida que entusiasma a ese grado? Los elementos del relato están todos en el Nuevo Testamento, y es fascinador seguir todas las pistas, porque nos llevan a un relato sumamente interesante.

Primera pista: María creció en un suburbio respetable de la ciudad de Jerusalén, llamado Betania. Allí vivía la gente acomodada. Era algo así como el "Beverly Hill" de Jerusalén.

Segunda pista: El hogar del cual venía ella, no tenía nada de malo o inadecuado, porque leemos que su hermana Marta era una respetada maestra culinaria, que organizaba banquetes para gente importante, como Simón el fariseo. Esto lo encontramos en San Juan 12:1 y 2. El mismo texto nos dice que su hermano era un respetado ciudadano de Betania, cuyo nombre era Lázaro.

Tercera pista: Lázaro era prominente, porque en el capítulo once de San Juan se nos dice que "muchos judíos" irían a su funeral, y que fue colocado en un sepulcro costosísimo. En otras palabras, en cuanto a ventajas, María las tenía todas; todo apuntaba a que llegara a ser una dama tan feliz como triunfadora. En cambio, llegó a estar poseída de esos "siete demonios". ¿Qué anduvo mal?

Cuarta pista: Fue víctima del abuso sexual. Al reunir todos los indicios, esta conclusión resulta ineludible. No sabemos si fue violada, o si fue seducida a participar voluntariamente en una aventura. Pero el que le arruinó la vida fue un clérigo, uno de aquellos fariseos santurrones que les encantaba proclamar su justicia por las calles. Eran los hipócritas a quienes Jesús nos advierte no imitar (San Mateo 6:2; 23:13). Eran, como algunos clérigos modernos que, tristemente lo decimos, se aprovechan sexualmente de adolescentes vulnerables y luego aparecen en los titulares de los periódicos. Más adelante veremos la evidencia que nos permite identificar quién sedujo a nuestra María.

Quinta pista: Tal fue su vergüenza, a juzgar por los hechos, que sintió la necesidad de abandonar el hogar; se nos dice que vino a parar en un lugar llamado Magdala. Allí se sentía como una doña nadie rumbo a la nada; como quien deambula por un callejón sin salida y sin luz. Cada día que pasaba en aquel lugar de mala muerte, la hundía más y más en la arena movediza de la desesperanza. En el ámbito psico-socio-emocional, María sentía que perdía humanidad en todo lo que hacía y vivía.

Sexta pista: Un síndrome común de casos como éste, es que la víctima, a partir de su abuso le resulta imposible confiar en varón alguno. Pero en el caso de María sucedería algo maravilloso. María tuvo la dicha de conocer a un Hombre como ningún otro, conocido o por conocer. Uno que se interesó en su alma y no en su físico.

Jesús oró por ella. Lenta pero seguramente, María empezaba a permitirse la posibilidad de convertirse en una mujer digna y honorable. En el extremo del túnel largo y obscuro que había sido su vida comenzó a emerger una lucecita de esperanza.

El relato bíblico nos participa cómo Jesús expulsó de ella no uno, ¡sino siete demonios! Pero no todos salieron de una sola vez. Y, hay que decirlo, nuestra María reincidía. Siete separadas veces oiría ella el clamor intenso y urgente del Hijo de Dios, que rogaba a su Padre celestial por la liberación total y permanente de la mujer más perdida de la historia.

Por fin, el último demonio fue exorcizado. Aunque resulta difícil identificar la naturaleza del espíritu malévolo aquí referido, después de muchos años de aconsejar tanta gente con serios problemas, pienso que bien podría tratarse del profundo resentimiento que, es de suponer, María sentía contra el hombre que había provocado su ruina. Cuando por fin pudo llegar al punto de perdonarlo, al reconocer que ella no era mejor que él, por ser ambos pecadores; cuando pudo simpatizar con sus debilidades al darse cuenta de las suyas propias, entonces recibió, tardía pero felizmente, la anhelada libertad.

Séptima pista: ¿Cómo se siente usted hacia alguien que le ha salvado la vida y lo ha rescatado de un abismo emocional y espiritual, restaurándolo a todos los gozos y las bendiciones de la vida? Desea agradecerle, ¿no es verdad? María también quería hacerse predicadora de este maravilloso triunfo del Salvador del mundo y de su alma; su alma se lo decía.

Pero había un obstáculo no pequeño en su camino. No sólo por ser mujer le estaba prohibido hablar en público, sino que, para rematar, su mala fama le precedía. Ya lo dice el dicho: "Cría fama y échate a dormir". Nuestra María había perdido hasta la última partícula de su buena reputación. "¿Cómo hacer para mostrarle a Jesús mi gratitud?" –pensaba y pensaba. Pero el tiempo pasaba y nada ocurrente entraba en sus cavilaciones.

De repente se acordó de un detalle que Jesús había mencionado en más de una ocasión, pero que los discípulos habían pasado por alto. El Salvador había dado a entender que su muerte se avecinaba. Los discípulos apartaron de sí el pensamiento, pero a María no se le había escapado. "Haré provisión para cuando venga el momento – pensó– y estaré preparada para ungir su cadáver con ungüentos olorosos".

Octava pista: Ya en la tienda del perfumista, la evidencia indica que María no quiso ni ver los productos baratos y comunes que se ofrecían a precios especiales. Por el contrario, insistió en comprar lo más fino, el perfume reservado para reyes y gobernantes. San Mateo y San Marcos dicen que era "de mucho precio". El costo era enorme: trescientas monedas de plata (leemos esto en San Marcos 14:5), llamadas *denarius*, una de las cuales representaba el salario de un jornalero por un día completo de dura labor (San Mateo 20:2). Por lo tanto, 300 denarios representaban el salario de un obrero ¡por todo un año! El perfumista no lo podía creer. ¿Cómo puede una mujer de pocos recursos incurrir en un gasto como éste? Es una buena pregunta. ¿Acaso le habrá pedido un préstamo a su familia rica? No sabemos. La Biblia guarda silencio en este detalle.

La razón que tenía la mujer más perdida de la historia, ahora arrepentida y convertida, para incurrir en un gasto tal, era que se había propuesto hacer algo especialísimo por el Hombre más especial de todos los siglos: el Hombre-Dios Jesucristo, Salvador de ella y de todo pecador que arrepentido. Pero tenía que esperar hasta el momento terrible de su muerte. "Ojalá que nunca llegue", se decía. Pero, ella no estaba en el hábito de descreer las palabras de su Maestro. Y, como dijimos ya, Jesús había anunciado su muerte reiteradas veces.

Novena pista: Ahora, la trama de esta historia verdadera, pero más fantástica que la mejor novela de ficción en su librería local o en su pantalla de televisión, adquiere un extraño matiz. El hombre que había arruinado la vida de María se perfila ahora en el escenario del Nuevo Testamento. (La versión que ofrece San Lucas de esta historia suple los detalles que faltaban; véase San Lucas 7:36-50).

El hombre aludido, Simón el fariseo, había caído bajo el peso de su propia culpabilidad. ¡Había arruinado la vida de una mujer! En el día sonreía y bromeaba en el trabajo con sus compadres fariseos, pero por la noche se sentía miserable. Estaba como el rey David cuando oraba acerca de su adulterio y asesinato; lo dice el Salmo 32 de su autoría: *De día y de noche se agravó sobre mí tu mano* (versículo 4).

Cuando llevamos por mucho tiempo una carga de culpabilidad no resuelta, el órgano más débil de nuestro cuerpo se ve afectado primero. Simón se vio obligado a abandonar su hogar, sin esperanza de un retorno, agobiado por lo que parecía a todas luces ser una maldición divina, le acaeció una terrible enfermedad que la Biblia llama lepra (San Mateo 26:6; San Marcos 14:3).

Pero también él fue bendecido al encontrarse con el mismo Hombre que le había salido al paso a María. Jesús también se compadecería de él (¿de quién no?) y lo sanó plenamente, sin reparos ni condiciones, sin hacerle confesar su gravísimo pecado y sin que tuviera que admitir que Jesús su Sanador era también el Mesías prometido y su Salvador.

Simón también quiso dar gracias (evidentemente, lo canalla no quita lo cortés). Organizó un banquete en honor de Jesús. Todos sus colegas y familiares invitados, excepto su sobrina y protagonista de nuestra historia. María brillaba por su ausencia entre la lista de invitados.

Sin embargo, María supo de la fiesta, y concibió una idea brillante. ¿Para qué esperar a que Jesús muriera para ungirlo? Armada de valor y de su frasco de perfume precioso irrumpió en la sala del banquete. San Lucas describe así la dramática escena: *Una mujer de la ciudad, que había sido pecadora, al saber que Jesús estaba a la mesa en casa del fariseo, trajo un frasco de alabastro con perfume. Se puso detrás de Él, a sus pies, y empezó a llorar, a regar con lágrimas sus pies, y a enjugarlos con los cabellos de su cabeza. Y besaba sus pies, y los ungía con el perfume* (7:36-38).

San Marcos nos dice cuál fue la reacción de los circunstantes: *Y algunos de los presentes se enojaron, y dijeron dentro de sí: '¿Para qué este desperdicio de perfume? Se podía haber vendido por más de trescientos denarios, y haberse dado a los pobres'. Y murmuraban contra ella* (14:4 y 5).

Pero Jesús no se sumó a la crítica santurrona. El Maestro reprendió a los críticos, y derramó alabanzas sobre María. Dice San Marcos: *Pero Jesús dijo: 'Dejadla. ¿Por qué la molestáis? Buena obra me ha hecho... Se anticipó a ungir mi cuerpo para la sepultura* (14:6-8). Y, seguidamente, le hizo la consabida promesa de que, dondequiera que se predicara el evangelio, por todo el mundo, la historia de lo que ella hizo se habría de contar a la par con la suya. ¡Increíble!

¿Por qué? Es que Jesús vio en el acto de María un reflejo de lo que Él estaba a punto de hacer por la humanidad. En el frasco de alabastro que yacía quebrado en el suelo, Cristo vio un emblema del cuerpo suyo, que pronto sería quebrantado por nosotros. En el perfume "de mucho precio" que corría por el suelo, vio un emblema de su propia sangre preciosa que derramaría por la salvación del mundo, y que muchos despreciarían. Y, en la extravagancia del acto, Jesús vio un reflejo de su propia extravagancia, ante la cual sólo un puñado de pecadores le darían las gracias.

Lector amigo, ¿eres uno de los que aprecian lo que hizo nuestro Salvador?

35 CUANDO LA TRAGEDIA NOS REHACE

Algunos de los programas más interesantes de la televisión no son las historias ficticias, sino los sucesos reales. Uno de ellos es la serie de "transformaciones", lo que se conoce en inglés como "makeovers". Llevan a un pobre vagabundo que recogieron en la calle, le dan un baño, lo llevan a la peluquería, le hacen la cirugía plástica y le compran una colección de ropa nueva. Luego le dan un rollo de billetes para hacerlo sonreír. Y las vistas de "antes" y "después" mantienen a los televidentes pegados al canal.

¿Hace Dios cosas como éstas? Y de ser así, ¿se complace en ellas? Y, ¿qué diferencias hay entre las tomas de "antes" y "después"?

La verdad es que Dios sí hace ese tipo de transformaciones y, al lograrlas, se goza. La gran diferencia es que los cambios que vemos en los programas de televisión duran, a lo más, unos pocos meses, puesto que son superficiales; pero las transformaciones que realiza Dios son permanentes y llegan hasta el fondo del carácter, produciendo un cambio total, que va de la miseria a la felicidad y de las tinieblas a la luz. Son transformaciones espirituales, lo que la Biblia llama "regeneración".

Uno de los mayores éxitos que ha tenido nuestro Dios en su programa de transformaciones, fue el caso del apóstol San Pablo. Y durante la mayor parte de los últimos dos mil años, millones de personas han "visto" el resultado.

Pensemos, ante todo, en el "viejo" Pablo, mejor identificado por su nombre hebreo "Saulo". Para conocer mejor a este hombre, recordemos su época, que era la de Roma con sus césares, con su férreo dominio y su omnipresente degradación. Las legiones romanas paseaban sus águilas triunfales a lo largo y lo ancho del imperio. Y los caminos de toda la tierra desembocaban en Roma, y por ellos discurrían el esfuerzo y la riqueza del resto del mundo.

San Pablo vivió en Roma en la época del emperador Nerón, bajo cuyo reinado murió en el martirio, ¿en el año 67 de nuestra era? Decir que Pablo vivió y murió en la época de Nerón, es decir mucho. Fue una de las épocas más degradadas del Imperio Romano. Nerón fue hijo de Agripina, lo que quiere decir que era pariente cercano del emperador Calígula, de triste y espantosa memoria en la historia romana. El padre de Nerón fue Domicio Enobarbo. Tanto Agripina como Domicio llegaron al matrimonio manchados ambos por el incesto. Humanamente hablando, ¿qué podía esperarse de un hijo de ambos? Su propia madre, Agripina, murió por industria de él. Lo fue Octavia su virtuosa esposa, a quien para complacerlo Tigelino acusó de adulterio. Decenas, centenares, miles, muchos miles de personas murieron como resultado de las intemperancias y de los desvaríos de aquel emperador. El vicio, el exceso, la dureza, eran moneda corriente en aquellos días. Y el mundo todo sufría el dominio de ese despotismo.

El pueblo hebreo no era una excepción. Otra vez era un pueblo esclavo, y otra vez soñaba con la libertad como lo había hecho muchas veces en el pasado. De nuevo suspiraban por un profeta que les quitara el yugo gravísimo que les tenía puesto los romanos; de nuevo pedían un Gedeón. Y sufrían a Roma y la odiaban.

En esta época nació nuestro Saulo. Su nombre en hebreo significa "pedido", "solicitado". En la última parte de su vida, se le conoció por su nombre griego "Pablo" que significa "pequeño". El nombre de "Pablo" ¿se le dio también al nacer o lo tomó más tarde al comenzar su trabajo cristiano entre los gentiles? No está esto bien definido. Sea como fuere, Saulo nació de una familia farisea residente en Tarso, Cilicia, lugar que se distinguía por su cultura y su elevada civilización. Tarso era un famoso centro universitario al cual asistían alumnos de todo el mundo, con el fin de estudiar y obtener un grado equivalente a lo que hoy conocemos como doctorado en filosofía. De estas ventajas se aprovechó Saulo. Heredó de su padre la ciudadanía romana que concedía no pocos privilegios. Pertenecía él a la tribu de Benjamín y a cierta edad fue enviado por sus padres a la ciudad de Jerusalén para que allí completara su educación religiosa bajo la dirección del gran maestro Gamaliel, prominente rabino de aquel entonces. Instruido por padres y maestros en todas las tradiciones de su pueblo, se muestra inteligente, despejado, activo y discreto.

Pero entonces, ¿por qué necesitaba ser transformado? La respuesta, dada por el mismo Saulo de Tarso, ya convertido en el San Pablo querido, reza así: *Hermanos, pensad lo que erais cuando fuisteis llamados. No erais muchos sabios según la carne, ni muchos poderosos, ni muchos nobles. Antes, lo... débil del mundo eligió Dios, para avergonzar a lo fuerte; y lo vil del mundo y lo menospreciado eligió Dios* (1 Corintios 1:26-28).

Los nobles y los poderosos son los más difíciles de alcanzar, porque aman su dinero y su prestigio y su poder. En el capítulo 2, San Pablo dice que fueron "los príncipes de este mundo" quienes crucificaron al Señor (versículo 8).

Así sucede hoy. La gente acomodada, a menudo se halla tan apegada a sus posesiones y a sus amistades, que le vuelven la espalda a Jesús. Pero Dios ama a los ricos tanto como ama a los pobres. Jesús murió por todos. Y algunos están listos para responder cuando Jesús toca a sus puertas. Saulo de Tarso fue uno de ellos.

Dios no se vale de forcejeos para hacernos seguir a Jesús, lo que sí hace, sin falla ni falta, es prender y cautivar nuestros corazones con el poder irresistible de su amor. Bien sabía Él que, en lo profundo de su corazón, ese duro fariseo que perseguía con tanto celo a su pueblo fiel, era en resumidas cuentas una persona sincera. La conversión de Saulo sucedió como sigue:

Los dirigentes de los judíos arrestaron a Esteban, uno de los evangelistas de mayor éxito de la emergente iglesia cristiana, y lo condenaron a morir apedreado. Saulo presenció el martirio, y hasta veló sobre las túnicas de los apedreadores. Cuando el mártir estaba por morir, Saulo oyó a Esteban decir: *Veo los cielos abiertos, y al Hijo del Hombre que está a la diestra de Dios.* Seguidamente, cuando el mártir cae al suelo bajo la lluvia de proyectiles, éste llama a las puertas de la divina clemencia diciendo: *¡Señor, no les tomes en cuenta este pecado! Y al decir esto, entrega su último suspiro*

(Hechos 7:55-60).

Saulo nunca pudo olvidar lo que vio. ¡Nunca había oído a la víctima de un asesinato rogar por sus asesinos! Día y noche ese cuadro extraño ocupaba su memoria e inquietaba su corazón.

De todos los modos procuró Saulo ahogar la convicción de que Esteban había dicho la verdad, es decir, que había visto a Jesús a la derecha del trono de Dios. Para escabullirse de aquella creciente convicción, retoma ahora con aun mayor ahínco la tarea de perseguir a quienes él inculpaba de "herejes" y "blasfemos". ¿Qué podría hacer Dios para hacerlo entrar en razón?

Armado con documentos legales que lo avalaban viaja a caballo rumbo a Damasco. Él mismo nos cuenta lo que pasó entonces: *Iba yo a Damasco con poder y comisión de los principales sacerdotes. Y al mediodía, oh rey, yendo por el camino, vi una luz del cielo, más resplandeciente que el sol, que me rodeó a mí y a los que iban conmigo. Y habiendo caído todos nosotros en tierra, oí una voz que me dijo en hebreo: 'Saulo, Saulo, ¿por qué me persigues? Duro te es dar coces contra el aguijón'* (Hechos 26:12-14).

El resplandor de la visión y la voz celestial lo asustaron de tal modo, que de su alta cabalgadura vino de un golpe, caballo y arrogancia abajo a la tierra. Sus compañeros también cayeron. Saulo exclamó: *¿Quién eres tú, Señor?* Y el Señor le dijo: *'Yo soy Jesús, a quien tú persigues'* (versículo 15).

Acto seguido, nuestro Saulo humilló su corazón. Escogió creer; fue convertido. Lo primerísimo que salió de sus labios fue la pregunta más necesaria de todas las que jamás podamos hacer: *Señor, ¿qué quieres que yo haga?* (Hechos 9:6).

Amigo lector, he ahí la pregunta indispensable; la que recibe respuesta inmediata del Señor. En el acto, Dios le dio instrucciones claras y contundentes. Había sido escogido como un instrumento especial para esparcir las Buenas Nuevas del Salvador a todas las naciones.

Saulo volvió a Jerusalén, donde le costó no poco esfuerzo ser admitido por los creyentes, la presencia de él echaba sal fresca a la memoria de sus malas acciones. Pero quien regresaba no era ya aquel Saulo de Tarso perseguidor, ahora era San Pablo, el gran apóstol a las naciones, el que realizaría una obra maravillosa para honra y gloria de Dios; obra que justificaría con creces la confianza que nuestro Señor Jesucristo depositara en él cuando allá en las proximidades de Damasco lo llamó a servirle.

Debemos destacar que el recién convertido Pablo hizo algo que la mayoría de los nuevos conversos raramente hacen. Dedicó tiempo a estudiar profundamente, a comprender bien el mensaje del evangelio. En su carta a los gálatas nos dice que pasó tres años en el desierto de Arabia (Gálatas 1:17 y 18). Allí escudriñó las profecías del Antiguo Testamento referentes a Jesús y el evangelio, y ponderó su significado. Al hacerlo, encontró el evangelio plasmado en las páginas del Antiguo Testamento. Comprendió que la salvación siempre ha sido totalmente por la gracia divina y no por las obras humanas. Descartó por falsa la escuela de pensamiento que ve en el antiguo pacto, una "dispensación" que habría de durar sólo hasta la muerte de Cristo en la cruz; por el contrario, vio que el llamado "antiguo pacto" no era otra cosa sino la estéril experiencia de confiar en sí mismo, que ha sido una plaga para los cristianos nominales desde el tiempo de Agar e Ismael, mientras que el nuevo pacto es la bendita promesa dada a Abrahán, y dada también a cada uno de nosotros hoy. Supo entonces que nuestra salvación no depende de nuestras promesas *a* Dios, pero sí de que creamos en las promesas *de* Dios. (Tesis que discutimos más a fondo en *Diez promesas milagrosas,* Pacific Press, 2000).

El giro de ciento ochenta grados que hiciera en el camino a Damasco habría de perdurar a lo largo de su vida. Es el mismo vuelco que debemos experimentar nosotros: la fe de Jesús, su obediencia perfecta a todos los mandamientos de su Padre que es nuestro título al cielo, y la presencia poderosa suya en nosotros por el Espíritu Santo que produce en nosotros obediencia a todos los mandamientos de Dios, incluso el cuarto, olvidado por tantos hoy. La verdad sin adornos es que todos nos hallamos camino a Damasco. Ricardo Nieto lo expresa con poética elocuencia:

Yo también, como Saulo, iba sobre el corcel de la locura hacia Damasco, la ciudad distante. ¡Y era mi corazón como una tumba! ¡Saulo! ¡Saulo! La voz era tan suave como el rumor lejano de una música que flota entre las alas de la brisa en la callada soledad nocturna... Y mis ojos se abrieron. Y mis manos al oír esa voz se

FRANK GONZÁLEZ

hicieron súplica. Y mis labios dijeron: ¡Jesús mío, habla a tu siervo que tu siervo escucha!

Finalmente llegó el día cuando un soldado golpeó a la puerta del calabozo de San Pablo, en la Cárcel Mamertina de Roma. "Tenga la bondad de salir conmigo", le dijo el soldado. El santo apóstol de Dios obedeció sin hacer preguntas. "Tenga la bondad de poner su cabeza sobre este bloque de madera", agregó el romano. Y San Pablo obedeció sin protestar. Y al caer la hoja y agolparse las sombras de la muerte sobre su mente en ese momento final de lucidez, sólo Jesús cabía en sus cavilaciones, *quien me amó y se entregó a sí mismo por mí* (Gálatas 2:20). No hacía mucho que le había escrito a su amigo Timoteo, diciendo: *Por lo demás, me está aguardada la corona de justicia, que me dará el Señor, Juez justo, en aquel día.*

Y en ese último testamento del santísimo apóstol hay gloriosas buenas nuevas para todos, porque San Pablo añadió esta frase: *Y no sólo a mí, sino también a todos los que aman su venida* (2 Timoteo 4:8). ¡Gloriosa inclusión! ¿No le parece?

36 COMO EN LOS DÍAS DE NOÉ...

Una vez más, Hollywood ha hecho lo que Hollywood sabe hacer: tomar "todo lo que es verdadero, todo lo honesto, todo lo puro, todo lo que es amable y de buen nombre" y ... ¡echarlo a perder! Porque, cuando se trata de vender *tickets* y engrosar sus cofres, nada es sagrado en "Tinsel Town".

Ajústese el cinturón ahora, porque la versión, o, mejor dicho, la "*tergi*-versión" hollywoodense del patriarca Noé ha llegado al cine de su ciudad, sino a su televisor.

Dicen que el precio de producir esta monstruosidad asciende los 125 millones de dólares. Y, por lo que se puede ver a todas luces, no vale ni el precio de admisión.

Un amigo mío que la vio (mal que ahora le pese), me dice que (para sorpresa de nadie), el Noé de la película no se parece ni en pintura a su homólogo bíblico. Las disimilitudes son demasiadas como para enumerarlas, y cruzan la raya de lo absurdo. Pero, nada de lo que vio mi amigo produjo en él tanta indignación como la imagen que emerge del carácter, de la humanidad del propio Noé. Se le presenta como un hombre frío, duro, severo, de armas tomadas y de corta chimenea, cascarrabias, que se da a su tarea refunfuñando y malgeniado.

¿Cuál tarea? pregunta usted. La de construir el arca, por supuesto, pero el filme le achaca otra: asegurarse que nadie sino su familia entre en el arca. El Noé de la película resulta ser ¡un perfecto anti-evangelista! ¡Qué infamia! Nada está más lejos de ser verdad. Yo puedo probarle a usted, amable lector, todo lo contrario. El Noé verdadero, el que leemos en las páginas del sagrado Libro, fue mucho más que un profeta malagüero; su verdadera misión, según lo que dice la Epístola a los hebreos, capítulo 11 y versículo 7, fue testificar y predicar "la justicia que viene por la fe".

No. Noé no trabajaba para mantener a la gente fuera del arca. Por el contrario, dedicó 120 años de su vida a exhortar a los antediluvianos a que reconocieran su necesidad de Dios y aceptaran el medio de salvación propuesto por Él para salvarlos. Y había ternura en su voz y amor en su corazón al hacerlo. Noé conoció y predicó, en dicho y en hecho, la gracia y las misericordias del "evangelio eterno".

Pero, pastor Frank, qué si Noé hubiera sido tan exitoso como Billy Graham. ¿Entonces qué? ¿Cómo meter tanta gente en aquella arca de limitado cupo? ¿No implica ello que la gente estaba predestinada a perderse? ¿Los había "programado" o "hardwired" Dios para la destrucción? ¡No! ¡Mil veces, no! Veamos lo que dice una escritora muy sabia en uno de sus muchos libros, Patriarcas y Profetas:

Si los antediluvianos hubiesen creído la advertencia y se hubiesen arrepentido de sus obras impías, el Señor habría desistido de su ira, como lo hizo más tarde con Nínive (páginas 84 y 85).

No se trataba el diluvio de algo ineludible, ingeniado por un Dios empecinado en genocidio. Si aquellos antediluvianos hubieran creído y obedecido al predicador de la gracia, "de la justicia que viene por la fe", todos hubieran sido salvos. Pero, desafortunadamente, eso no fue lo que sucedió. Sigamos leyendo el párrafo citado de Patriarcas y Profetas:

Pero con su obstinada resistencia a los reproches de la conciencia y a las advertencias del profeta de Dios, aquella generación llenó la copa de su iniquidad y maduró para la destrucción (página 85).

De paso, Noé no fue el único evangelista enviado por Dios durante aquel período de la gracia. Resulta que Noé tuvo sus colaboradores. Entre ellos figuraron Matusalén y sus hijos quienes asistieron a Noé tanto en la obra de construir el arca, como en la tarea evangelizadora.

Todo parece indicar que Matusalén sobrevivió a sus hijos. ¿Quién fue este hombre que el mundo conoce por aquel dicho: "más viejo que Matusalén"? La Biblia nos dice que Matusalén era hijo de Enoc y tátara, tátara, tátara, tataranieto de Set, aquel otro hijo de Adán y Eva.

Nadie en la historia vivió más que este hombre de Dios que alcanzó los 969 años de edad. Una tradición confiable dice que murió una semana antes de que cayera el diluvio.

No debe sorprender. Porque todo esto concuerda perfectamente con el significado que tiene el nombre "Matusalén" en el idioma hebreo original. Se traduce así: "cuando el muera, vendrá".

Fue la misericordia de Dios por aquella rebelde generación lo que explica la largura de vida del hombre más longevo de la historia. ¿No es Dios maravilloso?

Pero, ¿qué incumbencia tiene todo este renovado interés en Noé, el patriarca? Mucha. Más de lo que imaginamos. No lo decimos nosotros, lo dice Jesucristo. Leamos lo que dijo nuestro Señor en el Evangelio según San Mateo, capítulo 24, y versículos 37 al 39: *Mas como en los días de Noé, así será la venida del Hijo del Hombre. Porque como en los días antes del diluvio estaban comiendo y bebiendo, casándose y dando en casamiento, hasta el día en que Noé entró en el arca, y no entendieron hasta que vino el diluvio y se los llevó a todos, así será también la venida del Hijo del Hombre.*

¿Qué significa todo esto? ¿Qué de malo hay en comer y beber? ¿Acaso no son actividades necesarias? Y, el matrimonio, ¿no fue Dios mismo quien lo instituyó?

No. Nada de malo hay en estas cosas como tal. Dios quiere que comamos y bebamos, siguiendo los linderos del buen gusto, por supuesto, con temperancia y moderación, y, también ve con buenos ojos que nos casemos, siempre y cuando lo hagamos como Él manda.

Claramente, estas actividades no son malas de por sí. Entonces, ¿qué es lo que el buen Maestro encuentra objetable en estas cosas? Hay dos posibles significados, y hacemos bien en acatar los dos:

Primero, nadie negaría que es posible comer y beber en demasía. Le llamamos borrachera y glotonería. Y resulta claro, que un proceder así nada aprovecha a quienes deben mantenerse alertas, esperando la Segunda Venida de Cristo a esta tierra. Casarse con gente que se mofa de Dios y que se obstina en la incredulidad, tampoco resulta beneficioso para quien espera su advenimiento. Es precisamente lo que dice San Pablo en su Epístola a los Romanos en el capítulo 13, versículos 11 al 14: *Y esto, conociendo el tiempo, que es ya hora de levantarnos del sueño; porque ahora está más cerca de nosotros nuestra salvación que cuando creímos. La noche está avanzada, y se acerca el día. Desechemos, pues, las obras de las tinieblas, y vistámonos las armas de luz. Andemos como de día, honestamente; no en glotonerías y borracheras, no en lujurias y lascivias, no en contiendas y envidias, sino vestíos del Señor Jesucristo, y no proveáis para los deseos de la carne.*

No dudo que los antediluvianos andaban de fiesta en fiesta, de trago en trago, y de falda en falda (con casamiento o sin casamiento). Estas cosas son importantes. Habría que admitir, sin embargo, que, para un cristiano adventista, como es el caso de este servidor quien escribe, estas advertencias casi que andan sobrando.

Pero, hay otro significado dable en las palabras de Jesús que se aplica a todos nosotros, aún al más piadoso y fiel. En esto de "comer y beber y darse en casamiento" hay otro peligro: el de permitir que la vida se nos torne en rutina, en tejemaneje, en tira y jala, en sube y baja, en un va y un ven, en un entra y un sale, en una tómbola vertiginosa que da más vueltas que un trompo y que en cuya vorágine absorbente no hay tiempo para pensar y mucho menos estudiar las señales de los tiempos y la condición del corazón. Esto le puede pasar tanto a santo como a pecador.

Díganme si me equivoco, pero a veces hasta el día de reposo se nos deteriora en ajetreo, algo que, por cierto, nos apresuramos a cubrir con manto de piedad, pero que, sumido en la hiperactividad, deja de entregarnos las delicias, las bendiciones y la santificación que son dables al que "entra en su reposo".

"Queda un reposo para el pueblo de Dios", dice el autor de *La Epístola a los hebreos*. No te prives de él, amiga, amigo mío. Úsalo para consagrarte a Dios y alistarte para aquel anhelado Retorno de Su Hijo.

Los antediluvianos hicieron caso omiso a las advertencias e imprecaciones del patriarca Noé. Despreciaron las misericordias del Infinito. Hasta que cayó el diluvio. Entonces todos querían entrar al arca, pero ya era demasiado tarde. La puerta maciza del arca, cerrada por una mano invisible, los dejó del otro lado de la salvación.

Cristo dice que *como fue en los días de Noé... así será la venida del Hijo del Hombre.* Y San Pedro añade: *Por la palabra de Dios . . . el mundo de entonces pereció anegado en agua: Mas los cielos que son ahora, y la tierra, son conservados por la misma palabra, guardados para fuego en el día del juicio, y de la perdición de los hombres impíos* (2 Pedro 3: 5-7).

Resulta tan penoso como alarmante señalar que los mismos pecados que acarrearon la venganza sobre el mundo antediluviano, existen hoy. El temor de Dios ha desaparecido de los corazones de los hombres. La intensa mundanalidad de aquella generación es igualada por la de la presente. Si Dios no envía a su Hijo pronto, tendrá que pedirle disculpas a los diluviados.

Hoy, el engaño, el soborno y el robo se cometen libremente y con impunidad entre humildes y encumbrados. La prensa abunda en noticias de asesinatos y crímenes ejecutados tan a sangre fría y sin causa, que parecería que todo instinto de humanidad hubiese desaparecido. A lo inmoral se le llama moral y a lo moral inmoral.

Pero, hay buenas noticias aún. Porque, donde abunda el pecado, sobreabunda la gracia. Tú y yo somos Noé. A nosotros también se nos han dado las Eternas Buenas Nuevas para predicarlas a toda nación, tribu, lengua y pueblo.

Es hora que nos levantemos de sueño; del estupor estupefaciente que produce la vida absorbente y la actividad incesante. Aun cuando se trate de cosas buenas pero que no dan lugar a la reflexión espiritual y a la obra que sí debe ocuparnos más de lo que nos ocupa actualmente: la de predicar "la justicia que viene por la fe".

No lo decimos en son de alarma, y menos aún para inundar de sustos al lector, sino con miras de ayudar a las almas sinceras, pero. . . un día se cerrará otra puerta, la de la gracia. Cristo dejará su papel de Intercesor para asumir otro, el de Juez de Jueces y Señor de Señores. Entonces se escuchará la irrevocable sentencia divina registrada en el último capítulo de las Sagradas Escrituras: *El que es injusto, sea injusto todavía; y el que es inmundo, sea inmundo todavía* –otra versión dice 'el que es sucio ensúciese todavía'--; *y el que es justo, practique la justicia; y el que es santo, santifíquese todavía. He aquí yo vengo pronto, y mi galardón conmigo, para recompensar a cada uno según sea su obra.*

¿Qué tiene que ver esto con el mensaje que predicara Noé y que se nos ha dado a nosotros predicar, a saber, "la justicia que viene por la fe"?

Cristo nos explica cual es "la obra" que es recompensada por el Cielo: *Entonces le dijeron: ¿Qué debemos hacer para poner en práctica las obras de Dios? Respondió Jesús y les dijo: Esta es la obra de Dios, que creáis en el que él ha enviado* (San Juan 6:28, 29). ¿Crees tú? ¿Crees de corazón?

¿Qué es lo que nos hace justos? Y, ¿qué nos hace "sucios" o "inmundos" a los ojos de Dios?

El profeta Isaías dice, también hacia el final de su libro, en el capítulo 64: 5b y 6: *He aquí tú te enojaste porque pecamos; en los pecados hemos perseverado por largo tiempo; ¿podremos acaso ser salvos? Si bien todos nosotros somos como suciedad, y todas nuestras justicias como trapo de inmundicia...*

Tú y yo necesitamos "la justicia que viene por la fe"; la que *perdona todos nuestros pecados y nos limpia de toda maldad* (1 Juan 1:9). Para recibirla, tenemos que "confesar nuestros pecados". Y para eso, hace falta un pare, una pausa, un momento de reflexión que pueda hacer salvas nuestras almas. Darle oportunidad al Espíritu Santo para que te convenza de pecado y de tu necesidad de la justicia de Cristo, la que Él da gratuitamente a todo quien la quiera de todo corazón, la que, con ella, trae un Cristo activo y poderoso a tu corazón. Ese Cristo que anhela morar en tu corazón puede limpiarte por dentro y por afuera. Los teólogos le llaman a esto: justificación y santificación, es decir, la justicia imputada e impartida de Cristo, nuestra justicia. Imputada porque nos acredita la obediencia perfecta de Jesús (inversamente, nuestros pecados les fueron imputados a Èl). Impartida porque, como ya mencionamos, nos imparte en nuestro fuero interno, la presencia poderosa de Cristo, quien no hace otra cosa que obedecer cabalmente los mandamientos de su Padre. La primera justicia (la imputada) se constituye en nuestro *derecho* al cielo, la segunda (la impartida) redundará en nuestra *idoneidad* para el cielo.

¿No es maravilloso esta obra de Dios en Cristo Jesús *por* nosotros y *en* nosotros?

Ahora mismo, te invito a que le digas a Cristo tu Salvador, en las sentidas palabras de aquel conocido corito cristiano: "Entra Jesús, entra Jesús, en mi corazón, Jesús, estate aquí, y mora en mí, en mi corazón Jesús".

37 CUMPLAMOS NUESTRO DESTINO

Decía Luis Lope de Mesa: "Ninguna satisfacción iguala a la de cumplir nuestras aspiraciones, y ninguna aspiración es superior a la de nuestros propios destinos". Tomás Carlyle lo puso de esta manera: "Ten un propósito en la vida, y teniéndolo, lánzate a la lucha por él con toda la energía y todos los talentos que el Señor te ha dado".

El apóstol San Pablo nos remite a la única fuente de todos nuestros destinos al decir: *Habiendo sido predestinados conforme al propósito del que hace todas las cosas según el designio de su voluntad* (Efesios 1:11). ¿No será que "cuando el alma pide reposo" lo que pide en en el fondo, lo que requiere más que cualquier otra cosa, es cumplir su destino?

Decía Tagore:

Tengo sobre la mesa una cuerda de violín. Está suelta. Retuerzo un extremo de ella y responde. Está suelta, es decir, libre, pero no libre para responder como cuerda de violín. . . o sea para producir un sonido musical. La tomo entonces, la coloco en el instrumento y doy vueltas a la clavija hasta que la cuerda está bien tensa. Sólo entonces queda libre para desempeñarse como cuerda de violín.

Así sucede con nosotros, cuando no tenemos compromiso alguno en la vida, somos libres, pero esencialmente no poseemos libertad para ser lo que estamos destinados a ser. La verdadera libertad no consiste en hallarse libre de algo, sino libre para cumplir alguna obra.

El famoso filósofo inglés Bertrand Russell, quien falleciera a la edad de 97 años, comentando sobre el secreto de la longevidad, sentenció:

—Lo que sostiene la vida es un objetivo, un ideal.

Dijo además que si el hombre tiene conciencia de que se lo necesita para que lleve a cabo alguna misión, eso lo sostiene y prolonga su existencia.

"Si usted no tiene un ideal que lo anime y sostenga su vida es un fracaso" —sentenciaba Stuart Sherman-, "lo mismo a los 30 años que a los 40, los 50, los 60, o los 70, si usted no cuenta para empezar el día con un noble aliciente, está perdiendo algo mejor que cualquier otra cosa de que disponga".

Así es. En el caos de un millar de distracciones el ideal es un algo bendito que lo capacita a usted para olvidar todo lo demás. El ideal es la voz íntima que lo incita a realizar lo más y lo mejor que está a su alcance. Es lo que lleva vigor y resistencia a sus fibras y lo que enciende de nuevo en sus ojos la luz de la esperanza; es lo que lo hace salir de su languidez, de su indiferencia, de su apocamiento de corazón, y lo usa, por decirlo así, lo consume adecuadamente de modo que todo el material acumulado en su vida —su sabiduría, su experiencia- se incendia y da luz, calor, vehemencia, y la belleza y las rojas alas de la llama.

Decía el admirado y recordado Albert Schweitzer:

La humanidad no es tan materialista como constante y tontamente se afirma. El agua de los arroyos es pequeña en cantidad si se la compara con la que corre por debajo de tierra. Así, el idealismo que se hace visible es pequeño en cantidad si se le compara con el que hombres y mujeres llevan encerrado en su corazón, y al que sólo dan escasa salida, o no dejan escapar nunca. Poner en libertad lo que está preso, sacar a la superficie el agua subterránea... la humanidad está siempre en ansiosa espera de todo lo que pueda realizar ese prodigio.

Lo mismo expresó Ricardo León con la sublime hermosura de pensamiento y la palabra exaltada que le caracterizaba:

El ideal es la verdad inmutable, la pura representación de la verdad en sus últimos y cabales desarrollos; la perfección concebida por el entendimiento, a cuyo fin tiende la naturaleza, es decir, la realidad. Lo ideal es el único objeto de lo material, no una fórmula abstracta, sino aquello que puede, que debe, que será realizado. Los ideales duermen en las cosas concretas, como las mariposas en las crisálidas. El hombre materialista deja de ser hombre porque abdica de la más noble parte de sí mismo; cavando en la grosera materialidad, sin poner más altos los ojos, concluye por abrir la sepultura a todos sus sueños, a su felicidad, a su propia vida. Fundar ambiciones en la tierra es labrar alcázares para la muerte; quien tiene alas, huye de las tumbas y cuelga su nido en las estrellas".

La mención de "estrellas" nos recuerda a dichos de dos grandes escritores norteamericanos. El primero, el gran poeta Ralph Waldo Emerson, que decía, "Una usted su destino al de una estrella". El otro, el historiador Carl Sandburg quien lo expresó así: "Los ideales se parecen a las estrellas en que nunca las alcanzamos pero, como los navegantes en mar proceloso, dirigimos por ellas el rumbo de nuestra vida".

La gran y maravillosa verdad es que todos somos como aquella cuerda de violín que refería Tagore, que aunque suelta, esperaba ser colocada y retorcida al instrumento para cumplir su destino. O digámoslo así: El ideal no se busca; se descubre; se despierta; tiende a imponerse, pues lo lleva uno consigo mismo. Veamos un ejemplo.

Entre los años de 1830 y 1831 había un alumno en West Point, la Academia Militar de los Estados Unidos, que no se distinguía por su brillante comportamiento. Cierto que estudiaba con aplicación y que incluso demostraba gran disposición para las matemáticas. Pero le faltaba algo... ¿Vocación? Tal vez. En las clases de ejercicios físicos actuaba con desgana, logrando las notas más bajas; en cambio, cuando estaba solo se entregaba a cualquier esfuerzo muscular, desde trepar a los árboles a darse grandes carreras por el campo.

No era, no, un buen alumno. En las clases de táctica parecía dormirse. Los jefes lo consideraban curiosamente, pues, en el fondo, sentían una extraña simpatía por él, debida acaso a las agudas respuestas que más de una vez les daba.

En West Point, como en todas las academias militares, existe una puntuación relativa al "espíritu de mando", esto es, a la capacidad de dirección sobre los otros hombres, esencialísima en el oficial. El alumno en cuestión tampoco se distinguía en ese aspecto; y como sus notas descendiesen en forma temerosa, el director de la Academia le llamó y le habló paternalmente. ¿No se daba cuenta de lo importante que ello era en la carrera militar? ¿No comprendía la necesidad de adquirir esa fuerza de voluntad, de sugestión y de autoridad que significaba el mando? El alumno le miró serenamente y contestó:

–No. En mi caso no lo creo necesario...

West Point tuvo que dejarle por imposible. En julio de 1831 fue expulsado. Y uno de los profesores, justamente el que le había manifestado siempre mayor simpatía y admiración, por descubrir en él una fuerza imaginativa poco común, y un gran amor a la soledad perfectamente sincero, comentó, entre dolorido y feliz: "No será soldado... Tendrá que ser un poeta".

El alumno se llamaba Edgar Allan Poe.

A la manera que el río hace sus propias riberas, así el destino legítimo forja sus propios caminos y conductos.

Decía Horacio Peroncini, "Nunca iniciamos un camino; solamente lo continuamos: nos viene de antes y de otros". Según Pedro Salinas, "Lo que llamamos más o menos vagamente nuestra vida es una energía, un poder hacer que se nos entrega en cuanto nacidos". De ahí que "el hombre puede tener o no tener obligaciones explícitas, pero siempre tendrá deberes en la exacta proporción de su potencia" (Luis López de Mesa). Frase que adaptaríamos un poco para que diga, "el hombre... tendrá deberes en la exacta proporción *a la tarea que el Cielo le ha predestinado*". Entonces se cumpliría lo que dice el escritor Lin Yutang en su obra *La Importancia de Vivir*: "La sinfonía de la vida debería terminar con un gran final de paz y serenidad y comodidad material y contento espiritual, y no con el estampido de un tambor que se rompe o un címbalo que se quiebra" (página 213).

Sí, el hombre no puede vivir y respirar libremente sino en la atmósfera de su propósito divino; asumiendo el teatro de operaciones por el cual fue puesto aquí en cumplimiento del beneplácito de Aquel *que hace todas las cosas según el designio de su voluntad* (Efesios 1:11).

Escuchemos de nuevo el consejo del gran Tomás Carlyle: "Ten un propósito en la vida, y teniéndolo, lánzate a la lucha por él con toda la energía y todos los talentos que el Señor te ha dado".

La joven llevaba dieciocho años sin hablar una sola palabra. No es que fuera muda, sino que una bruma mental le negaba la lucidez necesaria para armar frases y ordenar pensamientos. La comunicación para ella quedaba relegada a la sonrisa suave, al gesto torpe, a una cacofonía de sonidos ininteligibles que sólo mamá sabía interpretar.

Una montaña enorme de rezos incontestados había sepultado, tiempo ya, la esperanza de un milagro. A madre e hija la vida había enseñado a postergar el milagro para el "más allá", al universo perfecto del reino sin defecto, a aquel otro mundo donde los ciegos ven, los mudos hablan, los cojos saltan... y, por fin, el pecado y su autor se verán desterrados hasta de la memoria.

Mientras tanto... resignación. Hay que aceptar pacientemente lo que la vida depara. ¿No comulga ello con lo que dijera el Maestro? Hay que buscar primeramente el reino de Dios y su justicia. Fue precisamente la razón que las trajo a las conferencias de *La Voz de la Esperanza* en Tuxla, México, territorio casi exclusivamente Maya, un pueblo de profunda espiritualidad.

Ha llegado la hora del llamado. Este evangelista que escribe ha predicado y ahora extiende una invitación a los congregantes a que acepten a Jesús como el Señor y el Salvador de sus vidas. La madre y la hija de nuestro relato se han puesto de pie. Hay lágrimas derramándose por sus mejillas; el corazón, ensanchado de amor y fe cristianos, late más fuerte. Sí, ellas desean seguir el reino de Cristo y su justicia cueste lo que cueste. Y, al pasar al frente durante el llamado, se llenan de satisfacción al saber que lo están declarando públicamente (en verdad, es a los cuatro vientos a los que quisieran gritarlo).

Pero, faltaba algo. El mismo Cristo que enseñó a buscar el reino de Dios y su justicia, también había agregado: *Y las demás cosas os serán añadidas* (S. Mateo 6:33). En este caso, lo que Dios añadiría no se haría esperar. En presencia de todos, y, ante las lágrimas de felicidad de su madre, la joven empezó a hablar con perfecta lucidez. Tenía tanto que decirle a esa madre amante que siempre le había prodigado el más tierno de los tratos; y ahora, por fin, la hija agradecida podía hacerlo.

Amigo, amiga que lees, nos permitimos una última pregunta: ¿Hay alguna necesidad imperiosa en tu vida que sólo Dios puede "añadir"?

Te invito, a que tú también procures el reino de Dios y su justicia como nunca antes. De hacerlo así, tú también podrás esperar que Dios añada "las demás cosas" habilitando así el cumplimiento de tu destino feliz.

38 EL PODER DE UNA NUEVA VISIÓN

Años atrás, un periódico latinoamericano ofrecía el siguiente titular: "Diez mil ojos azules inútiles en el hospital". Cierto médico los había comprado con la idea de trasplantarlos cuando fuera necesario. Pero, hasta entonces, no había usado ninguno.

¿Y los nuestros? ¿Cómo están? ¿De qué modo los usamos? ¿Necesitaremos acaso un trasplante de "visiones"?

José Luis Martín Abril contaba: "Tengo un amigo ciego e intelectual, sabio y dominante, conocedor de rincones, de países y de ciencias diversas. En cierta ocasión me dijo que ellos, los ciegos, también saben ver los espectáculos. Pero de otra manera. Que ellos saben lo que es un barco, una mujer, un árbol. Y que ven lo mismo que ven los poetas: la vida presentida. Porque parar ver, lo más importante es el corazón".

Sí, así también lo decía Saint-Exupéry: "Sólo se ve bien con el corazón. Lo esencial es invisible a los ojos". Por eso, quizá, el recuerdo que nos queda de lo que hemos visto, a menudo es más bello o más feo de lo que en realidad fue. La imagen "entró" por los ojos, pero se "filtró" en la impresión óptica que nos causó. Por ello debemos ser cuidadosos con las imágenes que dejamos entrar en el alma.

Hay quienes, en base a su ambición, a sus deseos de notoriedad –aun por motivos inconfesables— producen o participan en la ejecución de películas o de literatura francamente dañinas. Exponen el sexo y la violencia en una demoledora sucesión de odios, venganza, brutalidad, infidelidad matrimonial, indecencia, y cuanta pasión destructiva se amontonan en el basural y sumidero que es el corazón del hombre natural.

La psicología de hoy reconoce un hecho que la Biblia enseña desde hace siglos: que por medio de la contemplación somos transformados (2 Corintios 3:18). La contemplación de escenas de violencia o de sexo, aunque se haga con la intención de mitigar tales impulsos, sólo logra acentuarlos y afirmarlos en el subconsciente.

El mensaje que nos hace llegar la Biblia es diferente al de cualquier otro libro: nos dice que hay vida en una mirada. Una y otra vez el Buen Libro invita al lector a: "mirad y ved". Por ejemplo, Isaías 45:22: *Miradme a mí, y sed salvos, todos los términos de la tierra.* San Juan, por su parte, proclama: *¡Mirad qué gran amor nos ha dado el Padre, que seamos llamados hijos de Dios!* (1 San Juan 3:1).

También tenemos el relato de las serpientes ardientes, en el Libro de Números, capítulo 21. Cuando la gente comenzó a ser mordida por esas serpientes de veneno mortífero, Moisés hizo erigir una serpiente de bronce. *Y cuando alguien era mordido por alguna serpiente, miraba a la serpiente de bronce, y vivía* (versículo 9). Clara y bien clara está la aplicación para quien sabe percibir los misterios del reino de los cielos. La señaló Jesucristo con meridiana claridad en San Juan 3:14 y 15: *Como Moisés levantó la serpiente en el desierto, así es necesario que el Hijo del Hombre sea levantado, para que todo el que crea en Él, tenga vida eterna.* ¿Qué cosa podría ser más fácil para un israelita en el desierto, mordido por una serpiente venenosa, que "mirar y vivir?"

El problema de la humanidad es que anda a tientas, palpando en las tinieblas, mirando hacia abajo en vez de alzar los ojos al único lugar dable de salvación. No estamos viendo aquello que Pedro aprendió a ver. Su historia es la de un hombre que, hundido en desesperanza inimaginable, fue salvado por hacer algo muy sencillo: mirar el rostro de Jesús.

Dondequiera que se congregan los rudos pescadores podemos ver reflejados al Pedro inconverso: un hombre dado a la botella, de ojos enrojecidos, con su lenguaje salpicado de palabrotas, ajeno a todo refinamiento, que no puede hacer nada más que decir: "Me voy de pesca", y después: "Me voy de parranda". Así hubiera sido nuestro

Pedro, si no se hubiera arrepentido de haber negado a su Maestro con expletivos groseros, y rabiosas maldiciones, para colmo. Despeñándose en su perdición, ¡estuvo a punto de perderlo todo!

Amable lector, entretejidas en esta historia escucharemos, a manera de canto tema, las Buenas Nuevas que Dios quiere hacernos llegar, las mismas que transformaron para siempre al soberbio, crudo e iracundo pescador de Galilea.

La historia del futuro San Pedro comienza como la de cualquier pescador que, tras una noche de infructuosa pesca, da rienda suelta al enojo, hasta que éste le hace reventar y, seguidamente, maldecir de quinta carta a amigo y colega (sin imaginar jamás que la amargura de un fracaso infinitamente peor estaba en su futuro).

Con todo, nuestro Pedro poseía un rasgo exquisitamente redimible: quería creer en Dios y en su Palabra. Tenía una vaga idea del poder del Dios de Israel. Viene a la mente el verso del conde de La Chabeaussière publicado en 1795 en el *Catecismo republicano, filosófico y moral*, que dice:

No sé lo que es, pero veo su obra;
a mis ojos sorprendidos todo denuncia su grandeza,
mi corta inteligencia no puede explicarlo mejor,
pero, aunque escape a mis sentidos,
le oigo hablar en mi corazón.

Es de suponer que Simón Pedro, como buen israelita que era, albergara la esperanza generalizada de que las promesas de Dios a Israel resultarían auténticas, y que el cumplimiento de las mismas era tan inexorable como inminente. Lo que explica que cuando su hermano Andrés le declaró de plano: "Hemos hallado al Mesías", Pedro, que lo sabía serio y ponderado y no dado a exageraciones ni a creer en necedades, no arguyó, no se resistió, no trató de dejarlo para otra ocasión, sino que accedió de inmediato acompañarle y así ver por sí mismo lo que había provocado tanta excitación en su hermano, por lo demás tranquilo y apacible. El pescador de Betsaida tomaba así sus primeros pasos en el camino a la santidad. Así debemos también responder nosotros en cuanto comenzamos a oír la verdad de las Buenas Nuevas.

¿Qué sucedió después? El Evangelio según San Juan nos lo

participa. Por alguna sabia razón, Jesús decidió echarle al discípulo, como quien dice, un jarro de agua fría allí mismo, al comienzo de su asociación con Él. Al mirar al futuro San Pedro, el Salvador leyó su rostro como libro abierto. Supo que Simón era honrado y de buen corazón, pero que también era impulsivo y lleno de suficiencia propia, un hombre que constantemente corría el riesgo de tropezar y caer. A menos que Simón recordara cuán fácil era que cometiera alguna tontería, Satanás lo destruiría. Por eso, Jesús lo hizo detenerse y pensar, al mismo comienzo, dándole un nombre nuevo.

Andrés "lo llevó a Jesús. Y al mirarlo, Jesús le dijo: *'Tú eres Simón, hijo de Jonás. Tú serás llamado Cefas', que significa Pedro* (San Juan 1:42).

En griego, *petrós* significa guijarro, piedra pequeña, del tipo que uno puede lanzar con una honda. La felicidad y utilidad de Pedro dependería de que recordara que él no era una grande y sólida roca (como Jesús dijo, refiriéndose a sí mismo con el término griego *petra*). El pescador debía recordar que dejado a sí no era más estable que un guijarro.

Ningún ser humano es fuerte por sí mismo; la fortaleza de todo creyente se halla solamente "en Cristo". Desde entonces, Pedro tendría éxito sólo en la medida que recordara su verdadero nombre (la piedrecita que debía apoyarse sobre la Roca). La misma Roca sobre la cual habremos de edificar nosotros también nuestra "casa" espiritual.

Decía Gonzalo Báez Camargo en su poema "El artista":

Cuando el cincel hirió por vez primera
el bloque de granito,
un hondo grito
lanzó, como si fuera carne viva,
de aquella roca la partida entraña:

--¡Piedad, Señor! ¿Qué saña,
qué furia cruel y loca
te anima contra mí? ¿Por qué me hieres?
En el regazo de mi madre roca,
yo me hallaba feliz, en mi existencia
tranquila y olvidada...

¡Feliz en la inconsciencia de mi nada,
y nada en lo feliz de mi inconsciencia!
Mas hoy, tu hierro en chispas encendido
¡con qué furor insano
arranca trozos de mi pecho herido!
¡Aparta! ¡Déjame! ¡Detén tu mano!
¡Un golpe! ¡Y otro golpe!
¡Otro más! ¡Otro! ¡Y otro! ¡Y otro todavía!

El artista callaba y proseguía...
Aunque tenía el propio corazón pungido
por el dolor de aquella piedra que gemía...

Y así del bloque aquel surgió una forma
en que alentó la vida.
En el pecho de piedra,
pulsó, vivo, caliente, enternecido,
al fin un corazón...

En los ojos de piedra
una caliente lágrima brilló...
En los labios de piedra,
agradecida, reverente, humilde,
tembló por fin la voz:

--Perdóname, Divino
Artista del amor y del dolor...
¡Perdóname, Señor! ¡Yo no sabía!
El Artista callaba y sonreía...

39 LA MUERTE DE LA MUERTE

Un verso de César Vallejo da voz a la frustración universal de la humanidad ante la muerte: "¡Tanto amor, y no poder nada contra la muerte!" "Nada", dice el poeta peruano. Nada que no sea el oficio y ejercicio de la reminiscencia: "Hoy recuerdo a los muertos de mi casa", dice Octavio Paz en otro verso.

Desde tiempos inmemoriales el hombre se pregunta si realmente hay vida después de la muerte. Los aborígenes de la isla de Borinquen (Puerto Rico), pensaban que los españoles eran inmortales. Para cerciorarse, acordaron someter a prueba a don Diego Salcedo, quien a la sazón estaba por visitarlos. Llegado el español, los indígenas lo trataron magníficamente, pero al despedirlo, tomándole por sorpresa, lo sumergieron en el río Gurabo durante un buen rato. Luego lo sacaron, y le pidieron perdón, pero ya don Diego no podía contestarles, y, menos aún, perdonarles.

Alguien ha escrito –con algo de humor en el tintero- que en la vida hay dos cosas que no se pueden evitar: los impuestos y la muerte. Habría que admitir, sin embargo, que no falta quien haya podido, armado de astucia y de abogados sin escrúpulos, evitar el pago de uno y que otro impuesto. Pero, ante la muerte, no hay astucia ni abogado que ayude.

La muerte ha triunfado siempre. Llega tarde, o llega temprano, pero llega, siempre llega, indefectiblemente llega. Se impone ante todo artificio humano por evitarla, se ríe de la ciencia, de las riquezas, de la soberbia del poderoso y de la impotencia del marginado.

La muerte no perdona; no hace acepciones ni excepciones; no la mueve la maldad del malo ni la bondad del bueno. La muerte no tiene amigos ni enemigos, sólo víctimas. Se lleva a los de arriba y a los de abajo con fría ecuanimidad. La muerte es un enemigo contra el cual luchamos con todas nuestras armas en una batalla campal en la que finalmente todos resultamos vencidos.

El dolor martiriza la carne. La enfermedad doblega el cuerpo. Y, llevamos a nuestro amado doliente a la ciencia del médico que lucha con todo su saber y con toda su nobleza por alejar el mal. A veces lo consigue, siquiera momentáneamente. Pero la ley se cumple, y más tarde o más temprano el golpe cruel nos hiere. Entonces, a pesar de la medicina, a pesar del médico, a pesar de la desesperación con que hemos querido retenerlo junto a nosotros, se nos va; se nos va al silencio, se nos va al vacío, se nos va a la nada. Y, rodeamos un hoyo abierto en la tierra al que, anonadados de angustia, y vencidos, le entregamos a quien tanto hemos amado.

Repito, la muerte ha triunfado siempre. Es la triste historia de los siglos.

Pero cuando nuestro Señor Jesucristo venga, con las palabras del apóstol San Pablo podremos decir jubilosos y triunfantes: *¿Dónde está, oh muerte, tu aguijón? ¿dónde, oh sepulcro, tu victoria?* (1 Corintios 15: 55). **Y *el postrer enemigo* que será destruido *es la muerte*** (1 Corintios 15:26).

El valor de la esperanza cristiana se aprecia en los momentos de más profundo dolor. Su hondura se mide frente a una tumba abierta cuando tenemos que separarnos irremediablemente de un ser a quien hemos querido con toda el alma, cuando vemos cómo la tierra cae sobre el ataúd que encierra los despojos de un ser querido, cuando en esos momentos el corazón parece desgarrarse y nuestra existencia queda como suspendida en un vacío inexorable y eterno, entonces, lo único que vale es la esperanza cristiana, que nos da la seguridad de que la tumba no es el fin, que más allá de ella puede haber una vida, una vida gloriosa y sublime con Dios, y que quien se nos va no nos deja para siempre, sino que cuando venga el Salvador, tal como lo ha prometido, volveremos a vernos con nuestros amados en el Reino venidero donde viviremos para siempre jamás.

Sin caer jamás en la desesperanza, la Palabra de Dios enseña que nuestros días serían parecidos a los días en que vivió Noé. Dice que *como los días de Noé... así será también la venida del Hijo del Hombre* (véase San Mateo 24:37-39). Y en aquella hora obscura de la humanidad, Dios no olvidó a Noé. Lo preservó para un mundo nuevo. Y en la hora presente el Creador tampoco olvidará a los suyos. Hará que lleguen a la tierra que será renovada. El arca protegió a Noé de la destrucción, y, en los días finales los cristianos podrán decir con el salmista: *Porque él me esconderá en su tabernáculo en el día del mal; me ocultará en lo reservado de su morada; sobre una roca me pondrá en alto* (Salmo 27:5).

Sí, amigo mío, "gloriosa será la liberación de los que han esperado pacientemente y cuyos nombres están escritos en el libro de la vida" (*El Conflicto de los Siglos*, página 602).

Los nombres de todos aquellos que aman a Dios están escritos donde nadie puede borrarlos. Escribió el profeta Malaquías: *Entonces los que temían a Jehová hablaron cada uno a su compañero; y Jehová escuchó y oyó, y fue escrito libro de memoria delante de él para los que temen a Jehová, y para los que piensan en su nombre. Y serán para mí especial tesoro, ha dicho Jehová de los ejércitos, en el día en que yo actúe; y los perdonaré, como el hombre que perdona a su hijo que le sirve* (Malaquías 3:16,17).

Amiga lectora, lector amigo, ¿quieres ir a esa patria del alma? ¿Deseas que Dios se acuerde de ti como se acordó de Noé? ¿No deseas hallarte entre aquellos a quienes Dios recuerda? ¿No deseas que tu nombre figure en el libro de la vida? Pon tu confianza en el Señor y no desmayes nunca, ni aún en la aflicción, pues Dios cuidará de ti.

El caso de Enoc, el séptimo patriarca después de Adán, es tan fascinante como relevante para nosotros hoy. La Epístola a los hebreos dice de él: *Por la fe Enoc fue trasladado sin ver la muerte, y no fue hallado, porque Dios lo trasladó. Y antes de ser trasladado, tuvo testimonio de haber agradado a Dios* (11:5). Lo mismo expresa el libro de Génesis, en estas palabras: *Enoc anduvo con Dios 300 años... y desapareció porque Dios lo llevó* (5:21-24).

Este mismo bendito desaparecimiento será el glorioso fin de una incontable muchedumbre cuando Jesús venga por segunda vez. Dice el amado apóstol San Pablo: *Por eso os decimos en Palabra del Señor, que nosotros que vivimos, que habremos quedado hasta la venida del Señor, no precederemos a los que durmieron. Porque el mismo Señor descenderá del cielo con voz de mando, con voz de arcángel y con trompeta de Dios, y los muertos en Jesucristo resucitarán primero. Luego nosotros, los que estemos vivos, los que hayamos quedado, seremos arrebatados junto con ellos a recibir al Señor en el aire. Y así estaremos siempre con el Señor* (1 Tesalonicenses 4:15-17).

El plan que Dios tiene para ti y para mí es que "caminemos con Dios" tal como Enoc lo hiciera hace muchos siglos. Estamos viviendo muy cerca del día del Retorno de nuestro Señor y Salvador. Esta idea de "caminar con Dios" te puede parecer una novedad, pero es lo que la Biblia llama "verdad presente" para nuestros días. Ahora, en este "tiempo del fin" que menciona Daniel 12:4, justo antes de la segunda venida de Cristo, Dios nos está llamando a caminar con Él en forma especial, como lo hiciera Enoc. Eso significa acatar lo que Dios dice en su Palabra, y así andar por las sendas de justicia a su lado.

Acerca de la manera como vendrá Jesús, el Sagrado Libro no puede ser más claro. No se trata de un Retorno velado y oculto y visto solamente de un grupo selecto. Será visible para todos. Dice la Escritura: *He aquí que viene con las nubes, y todo ojo le verá, y los que le traspasaron; y todos los linajes de la tierra se lamentarán sobre Él* (Apocalipsis 1:7).

Así pues, tengamos bien presente que veremos el Segundo Advenimiento de nuestro Señor Jesucristo con nuestros propios ojos. ¿Quiénes? Todos.

Vendrá el Señor, grandioso y magnificente. Siendo el mismo Jesús, ¡cuán distinto será de los días en que estuvo antes sobre esta tierra! Entonces vino como Cordero que iba a inmolarse para salvar al hombre. Fue despreciado y perseguido. Fue objeto de incauta mofa. Muchos ricos despreciaron su pobreza, y, muchos pobres resentían su dignidad principesca. Muchas mentalidades microscópicas se permitieron juzgarlo y despreciarlo. Y después de ser llevado de Pilato a Herodes, y de Herodes a Pilato, lo sacrificaron en una cruz. Pero cuando vuelva por segunda vez, vendrá como Señor de señores y Rey de reyes.

Lector amable, tú podrás estar firme si hoy abres tu corazón a la renovadora verdad que establece que tu Salvador, el mismo que murió por tus pecados y vivió para obtener tu derecho al Cielo, Él mismo vendrá muy pronto a esta tierra.

Tú podrás estar firme si conmovido por esta verdad caes de rodillas ante Él y le entregas tu corazón, tu espíritu, alma y cuerpo. Si lo haces, te encontrarás entre aquellos que, en el día de su Venida, se les oirá decir: *He aquí éste es nuestro Dios, le hemos esperado, y nos salvará: éste es el Señor a quien hemos esperado, nos gozaremos y nos alegraremos en su salvación* (Isaías 25: 9).

Deslumbrado por esta esperanza bienaventurada, decía Julio Macías Flores:

¡Oíd, oíd, ya suena la trompeta;
clamad, clamad, con frenesí:
la mies está madura y Cristo viene
a llenar su alfolí!

Escúchase en el fondo de las tumbas
el canto victorioso y triunfador
de las huestes de santos que durmieron
en la paz del Señor.

Los reinos de la tierra se han airado
y pronto, ya muy pronto van a ser
los reinos del Señor, en donde Cristo
reinará con poder.

Mirad, mirad, ya viene el Rey de gloria
en medio de su corte angelical;
proclamad su inminente advenimiento
en un himno triunfal.

En fe y en gracia el santo pueblo aguarda
al victorioso Mártir de la cruz:
desciende y ven, que ansioso te esperamos.
"Ven, sí, ven, Señor Jesús!"

EL REY DE GLORIA

40 "¡LEVÁNTATE!"

Decía Blas Pascal:

¡Qué manera de monstruo es el hombre! ¡Qué novedoso, qué torcido, qué caótico, qué paradójico, qué prodigioso! ¡Juez de todo, débil gusano, depositario de la verdad, sumidero de la duda y el error, gloria y basura del universo!

¿Exageraba el reconocido genio, filósofo y matemático francés del Siglo XVII? Los logros de la ciencia y del modernismo, ¿acaso no han hecho caducar el diagnóstico que hace Pascal del ser humano? Julián Huxley ya declaraba en 1959: "El futuro de nuestra tierra ahora yace *en las manos del hombre*".

"¡Gloria al hombre en las alturas! Porque el hombre es el señor de todas las cosas..." Con este extraño *gloria in excelsis* Swinburne da loores al ídolo "de oro" que emerge de la fragua darvinista (porque Dios y Moisés quedan relegados a la "montaña" del olvido).

Sin embargo, décadas más tarde, vale preguntar: ¿Ha mejorado el mundo en las manos del hombre? ¿Es mejor? ¿Por dentro y por fuera?

Es cierto que el teléfono, la radio y el micrófono han fortalecido su voz y sus oídos; el auto y el avión han alargado sus piernas y las medicinas han prolongado su vida. La investigación científica le ha permitido surgir de los valles estancados de la superstición y lo ha colocado sobre montes diáfanos donde se respira el aire fresco del análisis creativo y del estudio objetivo. También se ha librado del agarre paralizador que ejercía sobre él la iglesia medieval oscurantista, con su actitud recalcitrante y su inquisición intolerante.

Ciertamente, hay mucho que celebrarle al hombre moderno. Los adelantos científicos y tecnológicos que ha logrado son impresionantes. Pero... insistimos, ¿es mejor?... En las cosas que más importan... ¿Ha mejorado? ¿Es más sabio, más noble, se sabe más moral, y más optimista? La loada ciencia, ¿puede redimirlo?

Irónicamente, los mismos estudios científicos especializados que supuestamente han de rescatarlo, le presentan un cuadro que lo reduce y lo rebaja. La genética lo describe como un accidente biológico; la antropología lo cree nada más que un mono evolucionado; la historia le dice que es decadente y la filosofía lo declara insignificante. Los instrumentos que ayer se admiraban con reverencia esperanzada, hoy se temen por su potencial de traer una muerte cósmica con sólo apretar un botón fatídico. Resulta que el hombre no sabe cómo salvarse de sí mismo; cómo vivir con el "Frankenstein" que ha creado.

El general estadounidense, Omar Bradley, quien presenciara con inquietante cercanía los horrores horripilantes de la Segunda Guerra Mundial, un salvajismo de armas tomadas y moral pisoteada, lo expresó con estas palabras insuperables:

Nuestro conocimiento de la ciencia ha sobrepujado nuestra capacidad de controlarla. Tenemos muchos hombres de ciencia y pocos hombres de Dios. Hemos entendido el misterio del átomo y nos hemos desentendido del Sermón del Monte. El hombre de hoy juega con los secretos de la vida mientras anda a tropezones en una oscuridad espiritual... El nuestro es un mundo de gigantes nucleares y de enanos morales.

Tenía razón el general. Hemos conquistado la tierra y hasta el espacio exterior. Pero, ¿qué del espacio interior? ¿Cómo va esa conquista? ¿Estamos perdiendo esa "guerra"?

De ese irreductible sustrato, nadie se escapa. Al decir de Goethe, "en todas las cosas, cada cual queda, en último extremo, reducido a sí mismo".

El hombre moderno ha descubierto, mal que le pese, que ni su cultura, frágil barniz que no va más allá de la piel, ni su ciencia, que usa para mal, y con frecuencia ni siquiera su religión, diluida en dogmas que no viven, pueden arrancar su mal y hacerlo bueno. Combaten el él todas las intemperancias. Lo agitan todas las angustias. Le salen al encuentro todas las infelicidades y aflicciones, que están lejos, pero muy lejos, de ser compensados con los malos placeres con que se aturde, aunque sean muchos, mientras que son pocos los buenos, que no siempre sabe valorar. El hombre moderno se cree radiante perfil de van Gogh, pero no es más que pintura negra de Goya.

Molesto ya porque su reloj atrasaba o adelantaba, pero nunca estaba en hora, un hombre arrancó las dos manecillas y las llevó al relojero. Naturalmente, este último nada podía hacer con ellas. "Necesito todo el reloj –le dijo–, pues la falla no está en las manecillas sino en el mecanismo *dentro* del reloj".

Nosotros, que juzgaríamos simple al hombre aquel, nos parecemos a él más de lo que suponemos. Si estamos enfermos, aliviamos los dolores con un calmante, y pensamos que estamos curados. Y si lo que está enfermo es nuestro mundo, hacemos como con el reloj; arrancamos las manecillas de la situación social y económica, y pretendemos que los dirigentes las arreglen de una vez. Y pocas veces consideramos que el mal no está en el síntoma que lo anuncia.

Decía Thoreau que "por cada mil que machetean contra las ramas malas, sólo hay uno que va buscando la raíz", es decir "uno en mil".

Amable lector, ese *Uno* es Jesús. Él sabía poner el hacha "a la raíz de los árboles" y reconocer exactamente dónde estaba el mal. De ahí sus palabras: *Lo que del hombre sale, eso contamina al hombre. Porque de dentro del corazón de los hombres salen los malos pensamientos, los adulterios, las fornicaciones, los homicidios, los hurtos, las avaricias, las maldades, el engaño, la lascivia, la envidia, la maledicencia, la soberbia, la insensatez. Todas estas maldades de dentro salen, y contaminan al hombre* (San Marcos 7:20-23).

El filósofo Pascal, que citamos anteriormente, apunta a la solución también. Carlos Fuentes señala que este último "exalta la figura de Cristo como hombre activo, inconforme, exigente con su tiempo, el modelo que ya hemos encontrado sin saberlo, pero que debemos perseguir para tener conciencia de lo que cada uno de nosotros puede ser, puede agotar o debe renunciar" (*En esto creo*, página 278).

El protagonista de nuestra historia es un hombre sin nombre. Se le conocía simplemente como "el paralítico". Es que, ya ve usted, amable lector, lo que la vida nos hace, golpe por inexorable golpe, adquiere más importancia ante los ojos ajenos que lo que nos sabemos ser en nuestro interior. Poco a poco nuestra condición nos va definiendo, reduciendo y deshumanizando sin dejar piedra sobre piedra de la dignidad y admiración pasadas; como una arena movediza en esteroides, se lo traga todo: carne, hueso, nervio . . . ¡todo!

De ahí que, en vez de llamársenos por nuestro nombre, se nos llame: huérfano, o, refugiado, o, adicto, o, alcohólico, o, divorciado, o, víctima, o, pobre, o, inválido, o... *paralítico*.

Es entonces que las palabras de aquel canto de Jim Croce cobran especial significado; las que dicen: "¡Tengo nombre! ¡Yo tengo nombre! (Es decir, ¡llámeseme por mi nombre!")

Jesús le daría al hombre de nuestra historia un nuevo y maravilloso nombre; felizmente, se trata del mismo nombre que quiere darte a ti y a mí; Jesús le llamó "hijo".

En ese momento, y a la velocidad de un rayo, el sin-nombre y sin-rumbo y sin-casa, el don nadie de nuestra historia se convierte, en un abrir y cerrar de ojos, en hijo-príncipe del Rey de reyes y Señor de señores.

¡Qué maravilla! La Biblia afirma, *Mas a todos los que le recibieron, a los que creen en su nombre; les dio potestad de ser hechos hijos de Dios* (San Juan 1:12). Significa que podemos ser hijos de Dios en más que nombre solamente; podemos "ser hechos" hijos de Dios, en carne y hueso, en dicho *y* en hecho, en hecho y derecho, en casa, iglesia y calle.

Resulta curioso que este hombre desposeído de salud y virtud, había, sin embargo, logrado retener un valiosísimo tesoro: amigos genuinos, el tipo de amigo que está contigo llueve, truene o relampaguee. Y, de paso, he aquí una definición bíblica de cómo identificar al buen amigo: un buen amigo es aquel que te trae a

Jesús.

Veamos cómo lo relata la Biblia en San Marcos 2:1 en adelante: *Entró Jesús otra vez en Cafarnaúm después de algunos días; y se oyó que estaba en casa* ["la casa" y centro de operaciones del ministerio de Jesús, es a saber, la casa de Pedro en Cafarnaúm]. (2) *E inmediatamente se juntaron muchos, de manera que ya no cabían ni aun a la puerta; y les predicaba la palabra. (3) Entonces vinieron a él unos trayendo un paralítico, que era cargado por cuatro.*

¡Dios bendiga los buenos amigos! Retomemos nuestra lectura en el versículo cuatro: *Y como no podían acercarse a él a causa de la multitud, descubrieron el techo de donde estaba, y haciendo una abertura, bajaron el lecho en que yacía el paralítico.*

Estos hombres tomaron medidas extremas para llegar a Jesús. Lo que hicieron fue a todas luces radical, peligroso e irreverente . . . pero les trajo a Jesús.

Amiga, amigo, haz lo que tengas que hacer, pero ven a Jesús, o ayuda a un amigo a que lo haga. ¿Qué te impide, qué te obstruye? ¿Es un "algo"? ¿Es un "alguien"? Lo que sea, ponlo a un lado, quítalo, rómpelo, sácalo del medio, déjalo atrás, pero ven a Jesús. Y si estás teniendo dificultad en lograrlo, busca amigos cristianos que te ayuden (¿un santo equipo de demolición?).

La poca ceremoniosa y aparatosa entrada de estos extraños causó casi universal enojo en los circunstantes. San Pedro, quien a la sazón sufría de corta chimenea (al decir de mi abuela), estaba que le salía humo por los oídos. ¡Estaban rompiendo el techo de su casa, por favor!

Los demás se decían, "Y estos que llegan tarde, ¿quiénes son? ¿qué se traen? Y ¿qué se creen? Aquí todos hemos entrado correcta y legalmente, pero estos *ilegales* indocumentados, ¿qué derecho tienen a pasar a primera fila? Y, ¿cómo se les ocurre incurrir en algo tan peligroso?" A nadie le pareció gracioso el acto, excepto a Uno (Uno con u mayúscula). Ese Uno es Jesús.

Veamos como comienza el versículo cinco: "Al ver Jesús la fe de ellos". Jesús no se fija en la irreverencia, el peligro, el desorden, la elusión del protocolo; lo que vio Jesús fue: "... ¡la fe de ellos!"

¿Se ha dado cuenta usted, amable lector, que aún en nuestros mejores momentos y con las mejores de intenciones, invariablemente algo nos sale mal, algo en nuestra conducta resulta ofensivo a algún fulano o mengana que se da por agraviado? Sin proponérnoslo, alguien se ofende.

Qué gusto da entonces saber que lo que arresta y prende el interés de Jesús, lo único que le llama la atención, lo único que entra en su campo visual es la fe nuestra. Él es el Autor y Consumador de la misma. Y nada le produce mayor alegría que verla hacer asomos en nuestro corazón, aunque salga mal y cause tropiezo.

Pero, abróchate el cinturón ahora, amiga, amigo mío, ¡hay más milagros a la vuelta de la esquina! Ese milagro que tú procuras también está a la vuelta de la esquina. Y trae consigo más bendición de lo que imaginas.

Veamos lo que dice el resto del versículo 5: *Dijo al paralítico: Hijo, tus pecados te son perdonados.*

Ahora es Jesús mismo quien revuelve el avispero de la santurronería y la falsa piedad. *¿Por qué habla éste así? Blasfemias dice. ¿Quién puede perdonar pecados, sino sólo Dios?* (San Marcos 2:7). Tenía razón en lo que afirmaban, pero no en lo que negaban. Su teología era correcta: solo Dios puede perdonar. Pero su teología maestra estaba Maestro-ausente. Y las teologías sin Cristo, los sermones sin Cristo, la piedad sin Cristo, la obra misionera sin Cristo, sirven para poco, sino para nada; no atraen a nadie. . . ¡ni a las moscas!

Sin Cristo nada es bueno, nada sirve, nada vale, nada aprovecha, nada ayuda, nada perdura, todo fenece. Lo que no tiene a Jesús no tiene provecho alguno; carece de valor. Con Jesús todo, sin Jesús nada. ¡Incluye a Jesús en todo lo que digas y hagas! Para todo lo que nos acaece, el remedio es Cristo en el medio. Cristo arriba, Cristo abajo, Cristo al lado y al costado, Cristo y más Cristo hasta que como los discípulos en aquel monte de la Transfiguración veamos "a Jesús solamente".

El apóstol San Pablo lo pone así: *Mas, ¿qué dices? Cerca de ti está la Palabra, en tu boca y en tu corazón. Esta es la Palabra de fe que predicamos, que, si confesares con tu boca que Jesús es el Señor, y creyeres en tu corazón que Dios le levantó de los muertos, serás salvo* (Romanos 10:8, 9).

Y, tú, lector, lectora amable, ¿creerás?

ACERCA DEL AUTOR

Nacido en la bella isla de Cuba, y criado en Los Estados Unidos de Norteamérica, Frank González y Batista de la Red es mejor conocido por las casi dos décadas en que fue su honor y gozo fungir como director y orador de *La Voz de la Esperanza*, el programa radiofónico cristiano de alcance internacional más antiguo del mundo, gozando el mismo de difusión ininterrumpida desde su fundación en 1942.

La mayor satisfacción de su vida profesional, en su propia estimación, consiste en haber animado a incontables miles de almas sinceras a prestar oído a esa vocecita interior en el alma que invita a un reencuentro feliz con el Autor y Salvador de nuestras vidas.

Made in the USA
Columbia, SC
21 August 2024

40391246R10130